과학기술과 언론 보도

과학기술과 언론 보도

초판 인쇄　　2017년 10월 16일
초판 발행　　2017년 10월 20일

저자 조맹기 | **펴낸이** 박찬익 | **편집장** 권이준 | **책임편집** 조은혜
펴낸곳 패러다임북 | **주소** 서울시 동대문구 천호대로 16가길 4
전화 02) 922-1192~3 | **팩스** 02) 928-4683
홈페이지 www.pjbook.com | **이메일** pijbook@naver.com
등록 2015년 2월 2일 제305-2015-000007호

ISBN 979-11-955480-8-8 (93070)

과학기술과
언론 보도

조맹기

패러다임북

인공지능(cybernetics)에 관심을 가진 시기는 1982년 대학원 논문을 작성할 때였다. 그 후에 박사과정을 거치면서 과학철학에 관심을 많이 가졌다. 박사논문 또한 이 관심에서 멀리 벗어나지 않았다. 지금도 주 연구는 '조직 역사, 사상'에 머물고 있다.

이 책은 심재철 고려대 언론대학원장 재직 당시 행정학과의 대학원 협동과정 강의를 한 것이 직접 인연이 되어 쓸 수 있게 되었다. 그 후 서강대 언론대학원에서 '과학기술과 저널리즘'을 가르쳤고, 과거 과학철학을 공부할 때 남겨둔 서적을 바탕으로 강의노트를 작성하고, 책을 엮게 된 것이다.

사회의 저널리즘 관행은 참담하다. 지금까지 출입처 중심의 '발표 저널리즘', '권력기구의 나팔수' 등 언론이 갖고 있는 관행은 차마 지나칠 수 없이 참담하다. '세월호 사고', '성완종 게이트', '문창극 총리 낙마', '최순실 게이트' 등은 꼭 같은 수동적 언론 관행이 반복되었다. 취재원이 주는 것을 받아 취재하는 형태이다. 노무현정권 때 '출입처 앉아서 죽치고'라는 말이 지금도 설득력이 있다.

한 사람의 취재원 말을 듣고, '카더라'로 폭로를 일삼는다. 그러한 언론 숫자가 일인 미디어를 포함해 1만 5천개가 넘는다. '의회는 스피치와 언론의 자유를 방해하는 법을 만들 수 없다.'라고 하는 것을 남용하니, 언론규제법이 계속 생겨난다. 오보 내용이 진실인양 온 언론이 '패거리 보도'로 소란스럽다. 선전·선동술이 작동된다. 언론 보도의 인터뷰가 정확하고, 유익한 정보를 제공한다면 다행이지만, 아니면 '카더라'라는 언론이 된다.

이런 보도는 조선총독부 이후 별로 달라진 것이 없다. 자신의 생각을 객관화 시키는데 실패한 것이고, 저널리즘의 '공적 기능(a public service)'을 망각한 것이다. 공적 기능을 상실하니 신뢰는 바닥이다. 그 정도(程度)가 지나쳐 이젠 '탈진실'이 가장 심한 국가 중 하나로 공인을 받게 되었다. 비극 중에 비극 사태가 언론 보도 문제로부터 출발했다.

이명박 정권 때 종편 방송 4개를 허용하고, 연합TV뉴스까지 허용했다. 방송시장이 팽창되어 있다. 부지런한 기자는 독특한 소설을 썼다. 최영재 교수는 이를 정확하게 지적하고 있다. 즉, 그에 따르면 "한국 언론은 사실을 사실대로 객관적으로 엄정하게 보도하지 못하고 '아니면 말고'식의 느슨하기 짝이 없는 객관보도 원칙을 적용해 버리는 '사실보도 둔감증'과 정파와 이념에 따라 한쪽 편을 노골적으로 편드는 '정파적 편향증'의 함정에 걸려 여전히 허우적대고 있다. 언론의 사실보도 둔감증과 정파적 편향증은 엄청난 사회적 신뢰비용을 발생시킨다."라고 했다(최영재, 2007, 14쪽). 정확한 정보는 뒤로하고, 정파성의 잣대부터 들이댄다.

언론에 대한 사회의 불신은 극점에 달했다. 문제는 기자 개개인의 문제뿐 아니라, 출입처 문제까지 겹쳐 있다. '현장의 합리성'이 결여된 뉴스가 톱뉴스가 되고, 언론상까지 독차지 한다.

더욱이 그렇게 많은 언론이 '떼거리', '패거리' 오보를 하게 되니, 오보에 대한 수치감도 별로 없다. 자유를 누리지 못하는 언론인에게 책임은 어불성설이다. 언제까지 선배들의 무용담만 듣고 글을 쓸 수 있을까? 물론 제도적 장치가 언론인을 도울 수 있다. 하지만 현실은 그렇지 못하다. 언론 관련법, 신문윤리위원회, 방송위원회, 언론중재위원회 등은 있으나 마나 한 존재가 되었다. 당장 대중신문에 대한 반성이 있어야 한다. 인터넷 언론을 닮아 가는 대중언론이면 문제가 있다.

공영언론은 정파성의 정도가 심하다. 언론의 윤리나 책임의식이 난망이다. 그렇다고 객관보도도 여의치 않다. 언론인에게 과학기술보도는 지금까지 정부의 과학기술 정책, 의학 전문기자들에게 관심이 있는 분야로 여겨왔다. 다른 기자들은 별로 관심이 없었다.

취재방법에서 과학기술 사고에 대한 관심을 별로 가지지 않은 것이다. 필자는 '현장의 합리성' 복원에 관심을 가졌다. '발로 뛰는' 베테랑 기자가 많이 나와야 한다.

'현장의 합리성'은 기자가 사건을 볼 때 우선 지성과 직관을 사용하게 된다. 즉, 지성(knowledge about)과 직관(acquaintance with)의 문제이다. 전자는 전문가적 지식인 한편, 직관은 지식만으로 불가능하고, 끊임없이 경험을 쌓아 가면 그 경험을 바탕으로 순간적 판단을 할 수 있게 된다. 기자에게 붙어 있는 이름 중에 '견(犬)'과 관련된 것이 많다. 그 중에서 '냄새'를 맡는다는 뜻에서 '파수견(watchdog)'이라는 말을 쓴다. 이것은 직관의 영역이다. 지성은 끊어지지만, 직관은 연속, 지속성의 상태에서 사물을 관찰한다.

지성과 직관의 관점에서 사고와 사건을 바라본다. 뿐만 아니라, 그 사건에는 시간과 공간 안에서 콘텍스트가 있다. 출입처 '나팔수'들은 선전, 선동술을 발휘할 수는 있어도, 지성과 직관 그리고 콘텍스트로 독자에게 전하고, 신뢰를 얻기가 불가능하다.

한편 미국은 1933년 《뉴욕선》에서 대중신문을 시작했다. 그 때 그들의 관심은 부자들에게 관심을 갖기보다 미래의 주역인 대중들에게 더욱 관심을 가졌다. 그 때의 이슈는 '인간의 관심사'였다. 이 주제는 철저히 정치색을 배제한 삶을, '객관적'으로 표현하는 것이었다.

그 후 뉴욕에서 유행했던 콜레라 보도는 의학, 법 등 전문직의 소리를 대변하는 소리를 내어야 했다. 그러한 요구에 따라 전문직 기자가 등장했다. 대중신문과 과학기술보도가 함께 성장한 것이다. 그렇게 미국의 대중신문은 처음부터 과학적 방법론으로 분석을 하고, 예증을 하고, 통계를 분석하고, 인터뷰를 하고, 인과관계를 뽑아내는 작업을 했다. 기자는 현장에서나 얻을 수 있는 정보를 생동감 있게 수용자에게 보도해줬다. 그들의 훈련과정은 지역신문 인턴사원부터 시작했다.

미국 지역신문은 정부가 통제할 수 없는 커뮤니티 조성을 위한다. 저널리즘은 시민을 위해 존재한다(Bill Kovach & Tom Rosenstiel, 2014, p.15). 권력기구로 작동하는 현재 우리의 대도시 신문과는 개념 자체가 다르다.

앞으로 인공지능 시대가 되면서 언론의 보도가 많이 바뀔 전망이다. 알고리즘(algorism)의 글쓰기가 유행을 하고 있다. 이젠 누구나 컴퓨터를 사용하고, 그 내용은 컴퓨터에 기록이 된다. 컴퓨터는 기록된 사실을 바탕으로 정확한 분석을 한다. 그 사실이 '탈진실'이라면 그 기사는 엉터리 기사를 난발하게 된다. 컴퓨터의 인공지능은 '논리적 실증주의'를 바탕으로 하고, 철저한 현장성을 요구한다.

인터넷이 '지구촌'을 만들었다. 시공간이 제외된, 즉, 개인의 중추신경이 곧 바로 세계를 연결한다. 수많은 네티즌은 뉴스 만들기에 적극 참여하고, 알고리즘 기술은 그들을 분석하기 시작했다. 더욱이 새로운 미디어가 발전해 이젠 멀티미디어 모바일이 인기를 끌고 있다. 인터넷은 고도의 기술 세계이다. 더불어 알고리즘의 분석은 철저한 과학 마인드가 필요하고, 융합적 사고를 요구한다.

2진법의 수학적 기호 안에서 우리가 알고 있는 문자, 음향, 그래픽, 영상 등 상징의 대부분을 저장할 수 있다. 그 저장된 콘텐츠로 알고리즘은 완벽하게 능동적으로 분석해낸다. 또한 필자는 인터넷 시대를 염두해 분리된 5감을 함께 엮어낼 언론 취재관행에 관심을 갖는다. 또한 필자는 기술 결정론적 사고를 불식시키는 데 관심을 갖는다. 그렇게 해야 하는 이유는 기술, 즉, '권력에의 의지'를 넘어선 과학의 개념으로 볼 수 있는 기회를 갖기 위해서다.

기술과 과학의 개념 발전의 방향을 우선 개념 지을 필요가 있다. 기술은 그리스, 로마 때 발전한 개념이다. 아니, 인류가 지구에 살기 시작될 때부터 사용한 것이다. 그러나 과학은 16세기 천문학, 물리학, 생물학이 시작할 때 생겨난 것이다. 최근의 기술은 속도가 너무 빨라 과학이 뒷받침할 수 없게 되었다. 모바일이 성행하면서, 인간 삶의 형태를 무자비하게 변화시킨다. 맥루한은 脫인간으로부터 인간 유기체를 복원하는 기술에 관심을 가졌다.

한편 베르그송은 모든 감각을 분리시킴으로써 직관의 지속성의 힘을 차단시켰다고 평가했다. 인식에서 시간을 극도로 쪼갠 것이다. 물론 지속의 영역은 뉴스의 흐름이 유기체가 작동하는 원리이고, 시간과 공간이 함께 하게 한다. 현재 출입처 중심은 그 흐름을 계속 차단한다. '탈진실'이 일어나는 이유가 여기에 있다.

출입처는 시간과 공간의 의식과 행위의 영역을 단절시킨다. 알고리즘의 세계는 그 경향을 더욱더 가속화시킨다. 인간의 인지는 지성으로 대치한다. 따지고 보면 시간과 공간의 움직임은 물리학, 생물학 등 자연과학의 영역이다. 그 움직임은 인과관계로 풀어간다. 그 법칙이 적용되는 곳은 현장에서 일어난다. 세월호 사고는 현장에서 '평형수'를 빼면서 일어났다. 출입처에 충실한 기자는 당시 세월호 사고가 왜 났는지, 원인을 모르고 있었다.

미국의 1830년대 중반 대중신문은 '인간의 관심'을 다루면서 논리적 정당성을 확보하기 위해 과학정신을 대폭 수용했다. 과학적 정신은 능동적으로 뉴스를 모은다. 언론인은 수동적 수신자의 역할에서 벗어나 뉴스를 능동적으로 취재한다(Bill Kovach and Tom Rosenstiel, 2014, p.108).

대중신문은 과학과 더불어 발전한 것이다. 더 큰 맥락에서 필자는 왜곡된 시간과 공간을 다시 복원시켜 삶의 흐름을 본다. 그 흐름은 자연과학의 영역을 사회과학도 도외시할 수 없는 영역이다. 융합이 필요한 시점이다. 즉, 자연의 현상과 인간의 사고를 함께 어우러지게 하는 지혜가 필요하다.

그렇더라도 물리학, 천문학, 생물학은 넓은 영역이 존재한다. 필자가 우선 관심을 가진 영역은 체계 안에서 '논리적 실증주의', '반증주의'를 주장한 포퍼를 우선 다룬다. 다른 하나로 기술에 따른 패러다임, 프레임이 변화하는 것을 것에 관심을 둔 것은 쿤의 '과학혁명'에 관한 논의의 대상이다. 나머지 하나는 현장에서의 아나키즘 사고로 접근한다. 파이어아벤트는 직관을 통해 시간의 흐름을 적극적으로 수용하고 있다.

필자는 그의 아나키즘적 사고에 관심을 갖는다. 그러나 여러 학문을 융합적으로 풀어가니, 결론은 같아도 접근법이 전혀 다르다. 결론은 많은 부분 중복된 점이 있다. 설령 그렇다고 할지라도 시간과 공간을 함께 엮을 수 있는 논의이다. 이 논의는 이젠 기술의 속성을 분석하고, 그 사회가 갖고 오는 역기능을 분석하고, '확장'의 문제를 해결하는데 관심을 가질 필요가 있게 된다. 삶의 지식이 사회과학과 물리학, 자연과학, 생물학 그리고 사회과학이 융합으로 이뤄진다. 컴퓨터는 이런 융합을 받아내는 하나의 기술적 도구이다.

그 안에서 '현장의 합리성'으로 시간과 공간의 지속적 흐름을 포착할 필요가 있게 된다. 지금까지 언론은 권력기구로 작동했다. 그 많은 언론은 더 이상 권력을 나눌 수 없게 되었다. 그 후폭풍이 우리 사회를 엄습하고 있다. 언론을 믿지 않는 세상이 도래한 것이다. 사회에서 진정 언론의 역할이 무엇인지 성찰할 시기가 되었다. 발상이 전환이 필요한 시점이다.

이 책을 내도록 배려해주신 패러다임북 박찬익 사장, 권이준 편집장, 조은혜 책임편집자 등에게 이 자리를 빌어 감사드립니다. 아울러 이 책을 쓰도록 기회를 주신 심재철 · 최상옥 교수께도 감사를 드린다.

2017년 10월
저자

목차

1. 뉴스의 과학기술 사상

1) 뉴스 제작 관행의 한계

저널리즘을 과학기술적 요소를 포함시켜 역동적으로 연구할 시기가 되었다. 지금까지 저널리즘은 인공지능을 생각하지 않고 기사를 작성했다. 그러나 앞으로는 데이터 저널리즘이 활성화되고, 알고리즘(algorism)을 통한 글쓰기가 본격화될 것이다. 기사의 과학화가 필연적이다.

역사는 반복된다. 1919년 리프만(Walter Lippmann)은 《뉴욕 월드》 부주필 당시 다원주의 문화에서 '과학적 정신'을 이야기하면서, 공통의 지적 방법(a common intellectual method)을 사용하도록 했다(Bill Kovach and Tom Rosenstiel, 2014, p.102).

더욱이 1990년대 초 월드와이드 웹이 본격화됨으로써, '지구촌'이 본격화되었다. 지금까지 말로만 '신자유주의'를 이야기했고, 그 자체에 대한 거부 반응이 심하다. 그러나 전 세계가 '초연결망' 세계에 구성되어짐으로써, 구호만으로 '신자유주의'를 반대, 찬성하는 것은 의미가 없다. 지구촌의 삶은 개인의 삶의 일부가 되었다.

다른 영역의 경향이 '지구촌'화 되는데 언론이 국내에서만 머물 수 없는 것이다. 더욱이 삼성, 롯데, SK 등 국내 대기업은 이미 국내에서의 정치 · 경제 관계성을 넘어, 다국적 기업인들이 주식을 많이 보유하고 있어, 우리나라만의 기업이 될 수 없게 되었다. 그러나 국제 관계에 익숙하지 않는 언론은 자신들의 시각에서만 글을 쓴다면 문제가 아닐 수 없다.

영국의 가디언(Guardian)은 '살아있는 우리의 가치(living our values)'를 개입시켜왔다(ALex S. Jones, 2009, p.214). 이 신문은 비영리적 기업 활동을 하나, 그 가치를 팔면서 이익을 취한다. 그들은 정신적 가치로 운영한다. 한편 영국은 하나의 언론기구가 가치를 팔지만, 우리의 언론은 대부분이 그러한 형태를 보인다. 사고, 사건 기사에도 시도 때도 없이 의견을 개입시킨다.

공영방송, 공영신문 뿐만 아니라, 상업방송까지 이런 유형의 기사를 난발한다. 인터넷 언론까지 덧보태니 문제가 아닐 수 없다. '강철 팩트(a strong fact)' 선호 언론이 요구되는 시점이다. 1920년 리프만은 "커뮤니티 안에서 자유는 거짓말 정보를 걸러낼 때에만 보장된다."라고 했다(Walter, Lippmann, 1995, p.58 ; Bill Kovach and Tom Rosenstiel, 2014, p.99).

커뮤니티가 건전하게 발전해야 하고, 민주주의가 활성화되기 위한 조건으로 정확한 정보(facts, right information) 그리고 진실(truth)이 유통되어야 한다. 공중의 이익이 되는 정보를 'out there'로 객관화시킬 필요가 있다. 그 전제 조건으로 출입처가 아닌, '현장의 합리성'으로만 '강철 팩트'가 확립된다.

물론 뉴스 보도는 이슈를 중점으로 다루며, 그 장본인이 저널리스트이다. 이들 20세기 저널리스트는 선전가에 대항하여, 민주주의를 지키고자하는 사람 그리고 객관적, 독립 언론에 의해서 봉급을 받는 사람이다(James Carey, 1997, p.233; Bill Kovach & Tom Rosenstiel,2014, p.148). 한편 논설위원과 칼럼니스트는 "중립적(neutral)일 필요는 없으나, 그들의 신뢰는 정확성, 검증성 그리고 주로 공적 이해에 공헌을 한다. 이들은 다른 저널리스트에게 기고로 정보를 주기를 바란다."라고 했다(Bill Kovach & Tom Rosenstiel, 2014, p.142).

이런 역할을 하는 언론인의 현장 분석은 통제할 수 없는 환경적 요소가 많이 부딪히게 된다. 물리학, 생물학의 요소가 강화되어야 정당성(verification)을 확보할 수 있다. 지금 출입처 중심의 '카더라' 언론으로는 한계를 가질 수밖에 없다. 실제 기사의 취재 과정을 다시 점검할 필요가 있다.

언론인이 '모형 만들기(modeling), 커뮤니케이션(communication), 제어(control)' 등에 익숙하면, 지구촌에서 더 많은 커뮤니케이션 기회를 얻을 수 있다. 대중 언론은 면대면(face to face)의 차원을 넘어선 효과를 얻을 수 있다. 그러나 언론인이 잘못 글을 쓰게 되면 자기 정체성 뿐 아니라, 사회에 독소를 뿌리게 되고, 언론은 민주주의는 고사하고 '탈진실(post truth)'의 사회를 만들어 간다. 즉, 디지털 세상은 사기나 부당한 프레임 관행으로 민주주의에 부정적 결과를 가져올 수 있다(Monica T. Whity and Adam N. Joinson, 2009; Isa N. Engleberg and Dianna R. Wynn, 2015, p.24).

공개된 네트워크의 미디어 환경에서 더 많은 루머, 더 많은 잘못된 공중이 창출한 정보는 사용자를 더욱 혼란스럽게 하고, 뉴스 조직에 더욱 압력을 가한다(Bill Kovach &Tom Rosenstiel, 2014, p.60).

기존 신문, 방송사도 엉뚱한 소리를 난발한다. 전문 인터넷 시대의 네티즌은 잘 알고 있는데, 기존 언론사는 왜곡된 기사를 난발한다. 그 기사의 시각이 좁아진 것이다. 기자는 미래를 예측하기에도 적절치 못한 신뢰 없는 기사를 난발한다. SNS 시대에 언론의 위기 뿐 아니라, 사회의 위기를 맞게 된다. 기사나 정책의 숙의와 숙성이 필요한 시점이고, 쿤(Thomas Kuhn)의 '패러다임 변동(Paradigm shift)'이 요구되는 시점이다.

과거의 언론 관행이 달라져야 하고, 정보의 양과 질이 담보되어야 한다. 데이터 저널리즘이 필요한 시점이고, '과학정신(the scientific spirit)'이 어느 때보다 더욱 요구되는 시점이다.

다양성의 문화에서 저널리스트의 내공과 절제가 필요한 시점이다. 육체와 정신이 함께 상호작용하고, '자신과의 대화(self talk)'가 필요한 시점이다. 더욱이 인터넷 시대는 '쌍방향'이 가능한 시대여서, 수용자와 함께 언론을 엮어가야 한다. '삶의 철학'은 단절이 아니라, 시간과 공간을 엮어주는 작업이 필요하다. 인간 유기체는 물리적 지구 그리고 그 속에 살아가는 생명 유기체와의 공존을 전제로 해야 한다.

문제는 앞으로 다가오는 위기 속에서 과연 저널리즘은 어떤 형태로 기사의 발굴, 취재, 편집 그리고 그 바탕 하에 수용자에게 어떤 기사를 선보일지가 관심거리이다. 뿐만 아니라, 수용자는 즉각 기사에 대한 그들의 생각을 덧보탠다. 기사는 '강철 팩트'의 취재정신이 필요하고, 여기에 기사를 읽고 참여하는 형태는 '시민 저널리즘(citizen journalism)'이 가능하게 된다. 인터넷의 발달로 시민이 직접 참여하는 쌍방향이 눈앞에 와 있다. 이 시대에 걸맞게 기사를 작성하고, 자료를 수집하고, 편집하는지 현실을 진단해 볼 필요가 있다.

본 연구는 과학과 기술을 저널리즘 현실에 첨가시킬 것을 논의한다. 기존의 연구는 기술적 속성은 염두에 뒀지만, '과학'의 영역은 부분적으로 수용했을 뿐, 본격으로 논의하지는 않았다. 그러나 앞으로 데이터 저널리즘의 활성화되면서, 기사에도 아카데미즘이 개입될 필요가 있게 된다. 본 연구는 과학과 기술의 깊이 있고, 역동적인 콘텐츠 제작에 관심을 둔다.

《뉴욕월드》에서 역동적 글쓰기의 전형적 방법을 언급했다. 퓰리처(Joseph Pulitzer)는 기자에게 "훨씬 적은 지면으로, 그러나 훨씬 더 활기차게, (그리고) 더 정확하게, 선정적이 되지 않도록 싸움을 계속하게 하긴스(주지사)에 대해 더욱 날카로운 공격을 하도록, 그는 이제 뉴욕주의 수장으로서 '책임을 져야 하네.'라고 사원에게 말했다."라고 했다(Denis Brian, 2001/2002, 704쪽).

최근에는 인터넷이 발달되어 디지털(digital)의 2진법을 사용하여, 사회의 큰 그림을 그려준다. '기술의 의미'[1], 즉 '권력에의 의지(the will to power)'로 디지털 세계가 그려지고, 그 채워지는 내용은 과학적 분석이 필요한 시점이다.

모든 사회의 정보가 텍스트, 그래프, 비디오, 오디오 등으로 네트워크를 통해서 전송된다. 언어적, 비언어적 전 영역이 전부 디지털로 기록되고, 전송된다. 그러한 사회에서는 언론인이 따로 없다. 누구나 저널리스트로서 페이스북에 자신의 관심거리를 전하고, 유튜브에 동영상을 게재한다.

---

1 마르쿠제(H. Marcuse)는 "기술과 과학은 경제적 토대의 반영으로서 계급의 소유 관계를 옹호하는 관념으로 '허위의식'이라는 것이다."라고 했다(신중섭, 1992, 301쪽). 그는 "기술적인 이성 그 자체는 이데올로기적인지도 모른다. 기술의 응용뿐 아니라 기술은 이미(자연과 인간에 대한) 지배이다. 곧 방법적이며 과학적이며, 계산되어지며, 계산한 지배이다"라고 했다(신중섭, 상게서, 301쪽). 기술은 '권력에의 의지'의 표상이다. 과학은 이를 통합하고, 인문학적 '합리성'이 요구되는 시점이다.

뉴스거리는 모든 영역이 되고, 모든 지식은 융합의 형태로 이뤄진다. 하나의 영역으로는 모든 사람의 관심사를 전할 수가 없게 되었다. 저널리스트의 전문직 특권은 사라지고 있는 것이다. 인터넷은 모든 사회의 영역을 커뮤니케이션의 영역으로 보게 된 것이다.

이런 형태의 융합적 사고는 어제 오늘의 일이 아니었다. 최근에 와서 언론학을 전문직으로 간주하고, 영역을 축소시킨 것뿐이다. 독일 언론학의 비조(鼻祖) 뷰허(Karl Buecher)는 "사회에서 저널리즘의 역할과 기능은 경제적 발전의 콘텍스트에서 일어난다."라고 했다(Hanno Hardt, 1979, p.99). 뷰허는 경제의 교환을 커뮤니케이션으로 봤고, 이 바탕에서 사회적 정치적 제도를 연구했다.

문제는 사회의 지도를 '어떻게 볼 것인가'하는 측면에서 과학적 접근이 필요하다. 물론 여기서 '과학의 의미'[2]는 "인식론적 고찰로 잘 짜여진 지식의 체계로 파악하여 그것을 탐구하고, 과학에 대한 사회 철학적 고찰은 과학을 인간의 활동 가운데 하나로 파악한다."라고 했다(신중섭, 1992, 297쪽).

과학은 현실의 문제를 지성과 직관의 힘으로 인과관계로 풀어간다. 포퍼(Karl Popper)는 '허위화 가능성(Falsifiability)'을 과학적 방법으로 풀어갔으며, 다윈(Charles Darwin)은 '적자생존'의 법칙으로 규명했다.

지성은 자연과학적 분석을 뜻하고, 직관은 인간의 세계를 생동하는 삶으로 붙잡는다(康英啓, 1982, 25쪽). 더욱이 전자는 과학이 사회·경제적 차원에서 분석하고, 그 지식을 응용하는데 관심을 갖는다. 정책을 수행하고, 그에

---

2 마르쿠제(H. Marcuse)는 "자연을 더욱더 효과적으로 지배할 수 있도록 해주는 과학적 방법은 자연의 지배를 통해서 인간에 의한 인간의 지배를 더욱더 효과적으로 해주는 기술을 제공해 줄 뿐 아니라, 오늘날 지배는 기술을 통해서 뿐만 아니라 기술 그 자체로서 그 자신을 영속화시키고 확대해가고 있다. 그리고 기술은 문화의 전 영역을 흡수하고 있는 확대된 정치권력에 정당성을 부여한다."고 말했다(H. Marcuse, 1964; 신중섭, 1992, 301쪽). 한편 마르쿠제는 과학 기술이 가져온 원초적 빈곤의 극복, 최저 생활의 보장, 여가 등에 대한 요구의 충족 등이 갖는 사회 역사적 의미를 너무 부정적인 시각에서 평가하였다(신중섭, 상게서, 304쪽).

대한 과학적 평가를 하게 된다. 기자는 사회적 퍼즐, 즉 문제를 과학의 원리에 의해서 풀어간다. 과학은 일정부분 '개방 사회', '자유 민주주의' 등 사회적 요소를 점진적 과정의 사회공학으로 풀어간다.

더욱이 전자는 인식론적 과학의 탐구 영역이고, 과학적 발견의 논리는 보편성을 추구하게 된다. 즉, 과학은 개인적이고 독단적인 앎의 형태라기보다는 보편적이고 객관적안 앎의 체계로 승인되어 왔다(신중섭, 1992, 153쪽). 어떤 이해관계나 편견이나, 굴절된 이론체계와는 차별성을 둔다.

그렇더라도 사회과학은 주관성, 의도 및 동기에 의존하게 되는 단점이 있다. 물리학에서는 인간의 자율성과 독자성을 통해 '합리성(rationality)'을 구축하도록 했다. 즉, 언론인으로서 주관적 개인이 어떤 내용을 합리적으로 선택하여, 수용자에게 전할지를 고민하는 언급이다.

언론자유는 합리성을 획득하는 과정이라고 봐도 과언이 아니다. 그러나 풍부한 소양을 가진 전문직 종사는 구체적 지성과 직관을 통해 현장의 콘텍스트(contexts)를 정확하게 읽어낸다. 파이어아벤트(Paul Feyerabend)는 '아나키즘(anarchism)'의 접근으로 현장을 풀이한다.

지성은 과거의 지식이고, 직관은 현재 '지속'하는 지식이다. 그러나 실재 대부분 언론인은 출입처, 취재원에 전적으로 의존한 나머지 그들의 나팔수, 즉 홍보맨이 된다. 현장의 지성과 직관 그리고 콘텍스트를 읽는 능력이 부족하다. 2016년 말 '최순실 게이트', '국정농단'[3], '미르 · K 스포츠 재단설립

---

3 〈2016년 관훈언론상(34회) 수상을 축하드립니다.〉에서 JTBC 전진배 사회 2부장 등 8명(2016.10.24)-최순실 태블릿 PC 입수와 '대통령 연설 전 연설문 받았다.' 등 '최순실 국정 개입'을 처음으로 밝힌 보도와 국정개입 관련 후속 보도, TV조선 이진동 사회부장 등 11명(2016.7.26)-'최순실 게이트'의 문을 연 '미르 · K스포츠재단 비리' 고발과 청와대와 각료 인사 개입 등 최순실의 국정 개입 관련 추적보도, 한겨레 김의겸 정치부 선임기자 등 5명(2016.9.22)-최순실이라는 실명을 등장시킨 '대기업 돈 288억 걷은 K스포츠재단 이사장은 최순실 단골 마사지 센터장' 보도와 최순실 국정 개인 관련 추적보도(《기자협회보》, 12.21.). 수상 분야는 권력 감시 부문; 대규모 국민 정황과 박근혜 대통령 탄핵안 가결에까지 이르게 한 최순실 국정 농단 관련 보도로 이름을 붙였다.

폭로'도 결국 기자는 인터뷰에만 의존하게 되니 오보의 양산을 경험하게 되었다. 권위(authority)의 취재원을 과다하게 의존하는 정치신문, 정치언론이 되었다. 수준 높은 인터뷰는 좋은 정보이지만, 취재원을 잘못 선택하면 '카더라' 언론이 된다. 기자의 합리성 그리고 논리의 정당성은 어디에 간 것인가?

같은 맥락에서 최근 보도의 형태를 눈여겨 보자. 경향신문 이기수 부장은 2015년 4월 10일 〈성완종 인터뷰 음성파일 공개 '김기춘에게 10만 달러, 허태열에게 7억 원 줬다'〉라고 했다. 경남기업의 파산으로 법원의 영장실질심사에 불참한 성완종 경남기업 전 회장은 9일 오후 3시 32분쯤 북한산 형제봉 매표소 인근에서 숨진 채 발견됐다(이기수·홍재원·심혜지, 2015.4.10).

회사 부도로 궁지에 몰린 전 회장, 전 국회의원의 인터뷰 하나로 경향신문은 폭로를 한 것이다. '콘텍스트'가 부족하니, 기사에 합리성이 있을 수가 없다. 기자의 과거 지성이 작동할지 몰라도, 현장의 직관은 찾을 수가 없다. 기사는 '나팔수 언론', '카더라 언론'으로 변질된 것이다.

우리의 전문직 사회는 관행의 언론상에 익숙하다. 그 공로를 인정받아 이기수 부장의 '성완종 최후의 인터뷰 및 성완종 리스트 파문' 관련 기사들이 관훈클럽이 주는 2015년 관훈언론상(권력 감시 부문) 수상작으로 선정된 것이다(경향닷컴, 2015.12.08).

이 보도는 탐사보도도 아니고, 성완종 씨가 경향신문에 제보를 하니, 졸지에 그해 최고의 언론상을 받게 된 것이다. 쿤의 패러다임 변동이 일어나야 할 시기가 온 것이다. 언론의 분위기가 정상 궤도를 벗어난 것을 직감할 수 있다. '세월호 사고'부터 '성완종 게이트', '최순실 게이트' 등까지 언론의 나쁜 관행은 오보를 양산하는 분위기를 연출한다. 이와 같이 공익을 앞세운 대중신문의 신뢰는 바닥이고, 논리적 정당성 확보도 못한 상태이다.

선전·선동자를 주장하는 사회주의 언론에서는 맞을지 모르나, 환경의 감시, 사회제도의 연계, 사회화 등의 기능을 갖는 자본주의 언론 기능과는 거리가 있다. 포퍼는 확증과 반증 사이의 불균형을 찾았다(Karl Popper, 1968, p.41). 확증과 반증이 논리적 근거에서 설득력을 얻게 된다. 이는 과학적 방법으로 일반적 언급의 논리에 기초한 불균형이다. 그는 반증으로 진실을 찾아낸다. 그만큼 포퍼는 논리에 근거한 비판정신을 앞세운다. 그러나 한국 언론의 특종은 늘 경험의 지성 영역 뿐 아니라, 콘텍스트가 빠져 있다. 콘텍스트 안에서의 합리성도 물론 간과하고 있다.

'최순실 게이트', '성완종 리스트', '세월호 사고' 등 꼭 같은 형태가 반복되면서, 언론은 폭로저널리즘이라는 비판을 받을 수밖에 없다. 미국의 1840~90년 초기 대중신문에서 성행했던 폭로저널리스트(muckrakers)가 등장한 것이다. 전문직 기자가 기사를 발굴한 '강철 팩트'나 과학보도 정신은 누락한 채 폭로 등 나쁜 것만 수용하는 입장이 되었다.

이기수 부장은 확증 뿐 아니라, 반증의 정신도 없다. 취재원의 말만 듣고 특종을 한 것이다. 그 언론은 출입처에서 관급기사를 물어오는 형식과 같은 형태이다. 어디에도 기자의 현장감 있는 전문영역의 합리성을 찾을 수 없다. 우리가 뿌리 뽑아야 할 것은 빈번한 사실에 대한 왜곡 뿐 아니라, 주장이나 해설의 잠재의식으로부터 오는 오류이다(Amanda Bennett, 2000; Bill Kovach & Tom Rosenstiel, 2014, p.130). 이런 현실이 오래 갈 때 언론인은 자신의 자유를 포기하고, 쉽게 선전·선동만 일삼게 됨으로써, 행위자로서의 합리성은 찾을 수가 없게 된다. 오직 그들의 나팔수이거나, 폭로 역할만 일삼는다.

인쇄매체의 특징은 종교를 과학 정신으로 몰아냈다. 이런 논리라면 다윈은 '적자생존'의 법칙으로 창조신화를 유명무실하게 했다. 더 이상 종교전쟁이나, 이데올로기 전쟁은 필요치 않다. 아이젠스타인은 "과학 자체의 '내적' 생명력을 '외적' 사회사상과 유리시켜 여러 활동의 자율성을 중시하며, 그런 활동은 외적 요소의 모든 것으로부터 영향을 받기는 했으나 특별히 어느 하나가 요인이 되지는 않았다는 견해'가 생긴다. '숭고한 진리 추구(sublime quest for truth)'는 중립·초당파의 지적 활동이며 대립적인 신조끼리의 충돌과 관계없는 '논쟁의 저편에서 행해졌다고 생각하는 의견'이다."라고 했다 (Elizabeth L. Eisenstein, 2005/2008, 238쪽).

사건은 사전에 징후가 나타날 터인데 발표 저널리즘은 그 현상을 감지할 이유가 없다. 권력기구가 된 언론이 '현장의 합리성'을 결하게 되니, 어떤 인과관계를 뽑아낼 수도 없다. 현재의 언론관행은 과거를 그대로 답습함으로써 일어난 일이다. 출입처를 중심으로 취재활동을 하고, 사건이 나면 달려가서, 언론사끼리 서로 경쟁을 하게 된다. 경마식 보도가 일상화되는 관행을 접하게 된다.

사건이 일어나면, 증폭시키고, 취재원은 그 사실을 관찰하면서, 언론을 선전, 선동의 도구를 삼으려고 든다. 1987년 이후 언론사는 엄청나게 불어났다. 사회는 허위의식의 이데올로기가 만연됨을 쉽게 알 수 있다. 사건은 계속 터지고, 지나고 나면 다시 같은 사건이 재발하게 된다. 언론의 자유가 오히려 사회를 혼란스럽게 한다. 언론의 신뢰는 바닥이고, 환경의 감시기능은 제대로 작동하지 않는 것이다.

그 발표 저널리즘 현실에 대한 비판이 소개되었다. 기자협회보 김창남 기자는 "세월호 등과 같은 대형 참사 현장에서 기자들이 우왕좌왕했던 이유는 경험이 적은 기자들만 현장에 보냈기 때문이다. 진실보다 속도를 우선시 하는 중계식 보도도 현장에선 불문율이다. 진실규명을 도외시 한 채 변죽만 울리다 그치는 언론의 냄비근성 역시 적폐 중 하나다."라고 했다(김창남b, 2017.1.4).

저널리즘의 약점에 관한 논의가 나왔다. 김창남 기자는 "저널리즘 기본과 멀어진 이유로 기자들은 '수익우선', '자사이기주의', '정치적 편향성', '자본권력과 유착', '속보 경쟁' 등을 들었다."라고 했다(김창남a, 2017.1.4).

뿐만 아니라, 기자는 대량 오보를 양산한다. 김 기자는 "정치부장 출신의 한 방송사 간부는 '팩트 체크가 안 되면서 단순 증언을 받아쓰기 급급하다

보니 옐로저널리즘이 횡행하고 있다.'며 '찜찜한 오보에 대한 역작용으로 권력에 대한 동정론이 나오고 있다.'고 지적했다."라고 했다(김창남b, 2017.1.4).

엄밀히 따지면 전문 언론인의 합리성에 의존한다면 설령 취재원이 어떤 콘텐츠(contents)를 부여한다고 해도, 전문직 언론인은 그 상황의 콘텍스트를 읽고 있어서, 자신의 합리성의 잣대를 사용할 수 있다. 언론인의 지성과 직관이 콘텍스트와 함께할 필요가 있다.

그러나 언론 현실은 전문적 소양보다 자신의 '희망'이 실린 주장을 앞세운다. '사실주의', '실증주의' 언론과는 거리가 멀다. 기술에 기댄 삶의 영역의 기사는 '구성'하는 데 관심을 갖는다. 퍽 맥루한(Marshall McLuhan)의 미디어 결정론이 설득력을 얻는다. 그 속셈에는 '권력에의 의지'가 작동한다. 언론은 입법, 사법, 행정과 같이 권력기구가 된 것이다. 이들 모두가 한 패거리가 되면 나라가 위태해진다.

언론의 실패가 나타날 시점이다. 미국의 경우도 인터넷 시대에 이런 경향이 나타난다. 경향신문 박영환 특파원은 2016년을 회고하면서 〈트럼프의 '탈진실'과 언론〉이라고 했다(박영환, 2016.12.27). 동 기사는 "트럼프는 그 어떤 검증에도 굴하지 않고 미국의 45대 대통령이 되었다…트럼프는 대통령 감이 아니라고 99%의 언론이 주장하고 근거를 제시했지만 유권자들은 듣지 않았다."라고 했다.

한편 영국이 '브렉시트'로 유럽연합을 탈퇴했다. 급기야 옥스퍼드 사전은 올해의 단어로 '탈진실(post truth)'을 선정했다. 자유세계에서 언론의 불신이 심하다. 전하는 사실이 콘텍스트와 상황이 맞아떨어지지 않았다.

취재 방법에 문제가 생긴 것인데, 기사의 내용은 객관성, 공정성, 형평성 등과 같은 고민을 한다. 물론 학문에서는 방법론이 대두되고, 언론에서 기사의 선택과 그 배열 그리고 내용을 객관적으로 전할까를 판단한다. 노력과는 상관없이 우리의 언론은 과다하게 오보를 양산한다. 출입처 중심의 기사는 빈번히 나의 판단은 없이 남의 것을 선전, 선동함으로써 일어나는 고질적 병폐이다. 한 번의 인터뷰와 하나의 자료로 대량 오보, 그리고 '떼거리' 언론의 행태는 언론보도에 있어서 과학적 사고와 기술 적용의 필요성을 절감하게 한다.

기자는 현장의 합리성을 도외시 하나, 저널리즘은 과학에서 많은 것을 배울 수 있다. 포퍼는 경험에 의해서 검증될 때에만 단지 경험적, 혹은 과학적으로서의 체계를 수용한다(Karl Popper, 1968, p.40). 그는 제도권 안에서 반증원리를 이용해서 나쁜 관행을 걸러낸다. 그 때 모든 사실과 사건이 경험적으로 증명이 될 때 진실로 인정받는다고 한 것이다.

물론 저널리즘에서만 과학을 원용할 수 있는 것이 아니라, 사회과학의 아카데미즘은 사회의 합리적, 효율적 운용과 그 논리적 정당성을 확보할 때 그 의미를 인정받게 된다. 저널리즘이나 아카데미즘은 그 근거를 따지면 별로 다를 바가 없다. 인공지능시대 뿐 아니라, 인터넷에서 많은 사람이 참여하게 됨으로써, 그 경향은 더욱 두드러진다.

저널리즘에서 객관성, 균형성, 공정성, 정확성 등도 따지고 보면 정당성의 문제를 설명하는 논리이다. 문제는 그 정도의 문제이긴 하지만, 저널리즘이든, 아카데미즘이든 같은 정도로 논리적 정당성을 확보해야 한다. 현대에 많이 쓰는 귀납법도 따지고 보면 논리적 정당성과 다른 것이 아니다.

2) 뉴스 전달도구로의 기술

그러나 논리적 정당성의 정도는 날이 갈수록 더욱 혼돈스럽게 되고 있다. 과거의 전통적 집단은 서로 친밀감으로 유지되었으나, 현대사회, 특히 인터넷을 통해 인간관계가 빈번해지고 타인과의 관계에서 주관을 과다하게 표출하면서, 대화의 상대의 의도를 뒷받침할 정당성 확보가 어느 때보다 필요하게 된다. 세계가 하나가 된 '지구촌'일수록 그 요구가 더욱 증폭된다.

뉴스를 다루는 전문인은 매 시간마다, 혹은 매일 사회의 진정한 모습을 수용자에게 선보인다. 물론 뉴스의 내용은 사회에 일어나는 일들이며, 그 사람들의 살아가는 모습을 지도(mab)로 그려준다. 그 전하는 매체도 여러 가지가 존재한다. 서적, 신문, 영화, 방송, 인터넷 등 여러 가지 미디어로 수용자에게 그 사회에 대한 그림을 그려주는 것이다.

여기서 뉴스를 전달하는 도구는 기술(technology, 技術)[4]로서 가능하다. 기술은 인간의 욕구나 욕망에 적합하도록 주어진 대상을 변화시키는 모든 인간적 행위로 규정 한다(http://terms.naver.com/entry.nhn?docId=1071160&cid=40942&categoryId=32335). 즉, 기술은 '욕망'을 충족시키는 도구를 만드는 행위를 뜻한다. 물론 미디어 기술은 신문, 방송, 인터넷 도구를 만들어 내고, 그 도구는 어떤 뉴스를 만들 수 있게 하고, 그 뉴스는 수용자에게 쉽게 아이디어를 얻을 수 있게 한다.

이런 기술의 어원을 보면 기술(technology)은 원래 테크네[(techne) + 논리(logics)]의 합성어로서, 예술·의술 등의 인간행위를 논리적으로 풀어간다는 의미를 지녔다. 물론 여기서 테크네는 그리스에 근원을 두고 있다(Martin Heidegger, 1977, p.12). 그리스의 Technikon은 techne에 속하는 것의 의미를 갖는데 그 뜻은 행위를 뜻하는 것이나, 장인의 스킬을 포함할 뿐 아니라, 마음의 예술, 혹은 높은 차원의 예술(the fine arts) 등을 명명한다. 즉, 테크네는 인간 행위를 나타낼 수도 있고, 장인들이 즐겨 쓰는 기능적 기술일 수 있고, 다른 한편으로 모든 사람이 공감하는 질 높은 예술의 영역일 수 있다.

---

4 기술(technology, 技術)은 "무엇인가를 만들어 내거나, 성취할 방법"의 인간행위를 의미한다 (http://terms.naver.com/entry.nhn?docId=1071160&cid=40942&categoryId=32335). 이런 기술은 그리스어(語) '테크네(technē)'에 유래되고, 어원적(語源的)으로는 예술·의술 등도 포함하나 오늘날은 주로 생산기술의 뜻으로 사용된다. 즉, 보통 물적 재화(物的財貨)를 생산하는 생산기술의 뜻으로 사용되고 있다. 이러한 의미로서의 기술의 개념을 체계적으로 고찰한 최초의 철학자는 고대 그리스의 아리스토텔레스로서, 그는 인간정신의 진리를 파악하는 할 방법으로 테크네를 프로네시스[思慮]·에피스테메[認識]·소피아[知慧]·누스[理性]와 같은 선상에 의미를 놓고 그 이동(異同)을 논하여, 테크네를 외적인 것의 생산을 목적으로 하는 프래크시스[製作]라고 정의하였다(상게 인용).

뿐만 아니라, 플라톤(Platon)은 테크네를 진지(episteme)와 연계시켰다(Martin Heidegger, 1977, p.123). 테크네가 진실, 바른 지식을 규명하는 행위를 말한다는 것이다. 물론 이들은 가장 현명한 감각으로 알게 하는 성질의 지식이다. 어떤 것을 앎으로써 개인은 편안하게 되고, 사물을 잘 이해하고, 그에 전문성을 갖게 하는 어떤 것이다.

말하자면 테크네의 도움으로 각 언론 매체 자체는 소통이 가능하게 되고, 이들을 통해 콘텐츠의 내용을 최고의 수준으로 전할 수 있게 된다. '자기개념(self concept)'이 잘 형성된 사람에게는 기술은 예술적 행위일 수 있다. 아니면 권력과 돈의 노예가 될 수 있다.

질 높은 미디어 기술은 모든 사람에게 공감할 수 있는 내용을 전하는 도구가 된다. 다른 한편 커뮤니케이터는 자신의 욕망의 성취를 극대화할 수 있고, 수용자는 그 정보로 인해 불안을 해소할 수 있고, 삶의 행복을 극대화할 수 있다.

현실은 참담하다. 최영재는 선거에서 "유권자들이 점점 냉소적이 되고 투표율이 저조해지듯이 언론을 신뢰하거나 이용하는 사람들이 점점 줄어들고 있다(최영재, 2005, 1쪽). 기술은 퍽 자기중심적인 것이다. 니체는 '권력에의 의지'로 기술을 규정했다. 베르그송은 "지성과 직관을 나누면서, 지성을 피상적·표면적·정적인 관점이라고 규정하고, 직관은 삶 자체의 유기적·동적·전체적·내면적인 관점이다."라고 했다(강영계, 1982, 32쪽). 기술이 혹 기술 결정론적 사고로 직관을 방해할 수 있기 때문이다.

물론 테크네를 통해 많은 사람은 갈등이 없는 사회를 만들어 갈 수 있다. 그 정보의 질을 논할 때 율곡(栗谷)은 그 조건을 이야기했다. 그는 "시폐칠조책(時弊七條策)"에서 상황 논리적인 '권(權, 저울질)'과 당위적인 '의(義)'를 철학의 요체로 삼았다(김형효, 2000, 418쪽). 즉, 율곡은 상황논리를 저울의 추처럼 균형을 잡아준다. 사실을 공정성, 객관성, 정확성을 갖고 수용자에게 전달해준다. 설령 그렇다고 하더라고 권은 정치논리에 휩싸일 수 있다. 그 때 변화하지 않는 진실, 즉 옳음의 논리로 수용자에게 다가갈 수 있다. 그 판단은 진리를 규명하게 하고, 예술의 탁월함을 느낄 수 있게 해준다.

테크네가 드러냄의 표현이라면, 기술(technology)은 드러냄의 형태(모드)가 된다. 어떤 행위의 프레임 같은 것을 칭할 수 있다. 좀 더 자세히 보자. 하이데거는 기술과 관련된 질문에서 aletheia, 나타냄(revealing), 혹은 나타냄의 방법으로 간주했다(Martin Heidegger, 1977, p.12). 기술은 '생성하다(bring forth)'라는 것, 혹은 숨김이 없는 것을 의미한다. 숨겨진 것을 드러내는 것이다. 다른 말로 껍질을 까서 속 내용을 밝히는 것이 된다. 테크네는 진실의 공개라는 말과 관련된다. 지금 물론 '기술결정론'에서 기술과는 차별성을 둔다. 이는 오히려 콘텐츠를 만드는 행위로 기술을 규정할 수 있다.

베르그송은 '창조적 진화'로 개방된 사회의 갈등 관계를 언급했다(강영계, 1982, 30쪽). 그리스의 테크네는 콘텐츠를 생산하는 행위로 규정할 수 있으나, 현대의 '기계 동력기술(machine powered technology)'은 내용보다는 그 매체의 성격을 규정할 때 쓰인다. 여기서 기술은 어디에 속하게 되어, 도구(instrumentality)로 작동하게 된다(Martin Heidegger, 1977, p.12). 지성이 화석화되고, 직감은 지속성을 상실하게 된다. 도구는 기본적 기술 성격으로 고려될 수 있다. 더욱이 최근 '기술 결정론적 사고'는 기술로 사회현상을 풀어간다.

최근 논의 되고 있는 루오(Georges Rouault)는 물감을 칠한 유리컵을 통과하는 조사광(照射光, light on)보다 투사광(投射光, light through)에 관심을 가졌다(Ray L. Birdwhistell, et al., 1960, pp.x~xi). 사진 슬라이드 및 영화와 달리, 텔레비전의 특수성은 이미지가 투사광에 의해 구성된다. 즉 관객에게 모자이크(mosaic) 조명 자체의 변형을 경험하게 하는 것이다

커뮤니케이션의 투사 형태는 그 안에서 완전한 조명을 요구함으로써 문학의 분석적 형태와는 차별성을 갖게 된다. 인지의 습성, 사고의 조직화 훈련, 숙의하는 분석 등은 모두 거부하고, 동시에 하나로 이미지가 형성된다.

맥루한(Marshall McLuhan)은 TV 시청으로 인한 기술 결정론적 사고를 언급한 것이다. 그렇다면 텔레비전 시청 형태는 techne의 원래의 의미를 상실하게 된다.

물론 원래 techne의 뜻은 진실(Wahrheit, truth, watchfulness, guarding, unconcealment, revealing) 등의 사고와 일치한다(Martin Heidegger, 1977, p.12). 말하자면 techne의 원뜻은 인문학과 기술의 만남을 이룩함을 뜻한다.

3) 최근 논의 된 과학보도

기술의 틀은 곧 더 합리적 사고를 가질 때 '과학'의 방법을 원용하게 된다. 현대 물리학은 기술적 장치와는 거리가 멀다(Martin Heidegger, 1977, p.14). 물리학은 과학으로서 도전(Herausfordern, challenging)의 의미를 지닌다. 저널리즘이 공적 기능(a public service)을 지닌 것이라면, 기술, 즉 '권력에의 의지'는 여전히 공적 책무를 방해할 수 있다. 그에 비해 과학은 객관화로 그 기능을 수행할 수 있게 한다.

과학은 합리성(rationality)의 문제로 귀결이 된다. 즉, 최소의 비용으로 최대의 효과를 가져 오는 것이다. 많은 현실적 사실 중에서 가장 효과적인 것을 택한다. 그 노력은 니체의 '권력에의 의지'와 일맥상통하는 개념이 되나, 객관화의 논리적 정당성이 필요하다.

물론 여기서 '권력에의 의지'는 모든 기존의 가치를 재평가하는 것이다 (Martin Heidegger, 1977, p.58). 그는 『학문의 즐거움(the Gay Science)』(1822)에서 "신은 죽었다."라고 했다. 이는 니체의 기본적 형이상학 발전의 방법으로 시작한다(Martin Heidegger, ibid, p.58).

니체는 신이 만들어 놓았다는 그 세상을 부정했다. 즉, 다른 사람에게 절대적 신뢰를 주듯이, 그 전제 하에서 개인은 무엇보다 무한한 자신의 신뢰 (self-confidence)를 필요로 한다(Friderich Nietzsche, 1974, p.80). 비이성, 이성에 반하는 정념이 고상하고 그 열정이 대상을 향할 때, 그 가치는 환상적이고 임의적이 된다.

기존 세상에 대한 허무주의(nihilism), 드러냄에 도전하는 정신은 과학의 정수가 된다. 도전을 통해 세상사에 자신의 위치를 높게 두게 된다. 가치를 효율적으로 작동하기 위해 기술을 사용하고, 레일의 도구를 만들어 낸다. 과학은 '정착시킨다'(stellen, to place, to set). 그리고 정착시킨 것은 다른 것과의 절서 안에서, 어떤 규칙에 따라 안착시킨다.

어떤 정책을 정착시키기도 하고, 정착된 것을 풀이하기도 한다. 그 때 어떤 이론, 틀(Enframing, the gathering together, setting upon according to order-ing)이 필요하게 되고, 현대 기술은 프레임을 하는 것에 위치하고, 정확한 물리학을 적용하도록 한다(Martin Heidegger, 1977, p.20~2). 프레임을 하는 현대 물리학의 방법은 실증주의적 접근을 하거나, 아나키즘적 속성을 갖거나, 기존의 것을 반증주의로 풀이하거나, 패러다임의 혁명논리로 풀 수 있다. 그렇게 본다면 기술은 과학의 도움으로서만 더욱 성장할 수 있게 된다. '과학'은 기술의 원인을 찾아내는 행위가 되고, 기술의 근거가 되는 것이다.

과학은 techne의 영역이 되고, 현대 기계 동력 기술은 도구가 되는 것이다. 이와 같이 한 단어의 변천사에서 과학과 기술이 함께 하게 된다. 그리스에서 시작한 테크닉은 진실을 규명할 뿐 아니라, 조그만 도구, 혹은 언론 미디어를 만드는 기술에부터 '지구촌'에서 뉴스를 구해오는 네트워크의 기술까지 확대 되어 적용된다. 그 기술의 운용원리는 인간 삶의 전 영역을 포함하며, 하늘의 운용원리, 지구의 운용원리, 생물의 진화 원리, 인간의 삶의 법칙 등은 서로 엮여있다. 하나를 떼어내어 설명하기 곤란하게 되었다. 맥루한(Marshall McLuhan)은 기술로 만들어진 도구를 '인간(감각기관 즉, 눈, 귀, 피부, 발 등)'의 '확장'으로 간주했다.

그 도구로 삶의 환경을 이해하게 된다. techne로서 형식의 프레임은 공정성, 객관성, 정확성을 갖는다. 자본주의 사회에서 뉴스의 '환경 감시' 기능은 주변을 둘러싸고 있는 환경을 보도하게 된다. 저널리스트는 일반 시민의 '알권리'를 충족시키기 위해, 커뮤니케이션을 주도하게 된다. 여기서 커뮤니케이션은 상징을 통한 내용(contents)과 관계성(relationship)을 규정하고, 그날그날 상징의 내용과 그 사람들의 관계성을 논의한다.

물론 복잡한 현상을 풀어갈 때, 저널리즘은 객관성이 필요하게 된다. 물론 정도의 차이는 있지만, 학문과 언론의 객관적 보도는 다를 바가 없다. 학문에도 '과학'[5]이란 용어를 사용한다. 과학은 개인적이고 독단적인 앎의 형태라기보다는 보편적이고 객관적인 앎의 체계로 승인되어 왔다(신중섭, 1992, 154쪽).

과학은 사회과학과 자연과학 등으로 분류된다. 그 어원을 찾아가보면 사회과학은 자연과학의 원리를 사용하기에 이른다. 사회과학은 19세기 초에 꽁트(A. Comte)가 자연과학에서 차용하여 사회과학, 혹은 사회학이라는 말을 처음 사용했다.

그 때 자연과학(natural science, 自然科學)은 물리학, 화학, 생물학, 천문학, 지학 등의 학문이다. 그 중 지학은 지질학·지구물리학·지구화학·지리학 등으로 다시 분류된다.(http://terms.naver.com/entry.nhn?docId=1137636&cid=4

---

5 과학(Wissenschaft, Science, 科學)은 사물의 구조·성질·법칙을 탐구하는 인간의 이론적 인식활동 및 그 산물로서의 체계적·이론적 지식을 말한다. 이는 그 사회적 존재양식으로 볼 때 세계를 정신적으로 소유하고자 하는 인간의 모든 인식활동 중 주요한 형태로서 사회적 분업의 특수한 영역이었고, …자연을 변화시키는 생산 활동의 과정 및 사회생활의 과정에서 관찰·실험·조사 등을 실시하고 이것에 의해 얻은 지식을 정리·분석·종합하여 개념과 가설을 만들고, 실험으로 검증한다(http://terms.naver.com/entry.nhn?docId=387476&cid=41978&categoryId=41985).
자연과학에서 사회과학까지 그 영역을 확장시킨다. 인식활동의 소산인 과학은 종교나 예술과는 달리, 공공적으로 인식 가능한 사실에 근거하여 개념적·논리적 사고를 구사하여 구성된 체계적 이론이고 사회적 의식형태의 하나이다. 과학의 힘은 실천적 검증을 거친 법칙적·객관적 진리라는 데 있다. 인간은 과학의 덕택으로 자연과 사회의 법칙을 의식적으로 이용하고 장래에 대한 예견도 가능하게 된다. 결국 과학은 인류 발전의 강력한 무기의 하나이다. 사실 오늘날 자연과학은 점점 사회의 직접적 생산력으로 진화하고 있다(상게 논문).

0942&categoryId=32202). 그 어원으로 살펴볼 때, 자연과학은 자연현상을 연구대상으로 하는 과학으로 일반적으로 과학이라고도 할 수 있게 된다.

원래 자연과학은 실험이 가능하고, 정밀한 수리적 방법으로 현상들 사이에 함수관계를 확정할 수 있는 등 방법의 면에서도 특징이 있었다(상게 논문). 그러나 현재는 인간을 다루는 사회과학에서도 같은 방법을 채택하려고 하여, 심리학·인류학·지리학 등에서는 자연과학과 사회과학의 경계가 분명하지 않은 경우가 있다. 2진법의 컴퓨터가 지배하는 사회는 더욱 자연과 인간관계가 융합되어 있다.

자연과학은 과학의 출발점이면서, 포괄적으로 모든 인간의 삶의 영역, 기술문명의 전 영역까지 포함한다. 저널리스트들이 보도하는 내용도 신문방송학, 언론학 등이 확장되어, 커뮤니케이션 연구로 규정되고, 그 원리도 과학으로 풀어가게 된다. 그 근거는 자연과학 원리에서 찾아오게 되는 것이다.

언론은 환경의 감시기능(surveillance)을 통해 자연과 인간을 함께 엮어준다. 통제할 수 없는 환경(environment)이 통제 안으로 들어오게 된다. 체제는 항상성을 유지하면서, 계속적으로 외부 환경을 흡수하게 된다. 열린체계가 운영된다. 그렇다면 여기서 '현장의 합리성'은 물리현상, 생물학의 법칙, 지리학의 논리, 인간의 삶 등이 융합한다. 이 모든 융합을 커뮤니케이션으로 함께 엮는다.

물론 운명 지워진 역사성이 있어, 설령 통제의 범위에서 제외될 수 있으나, 그것도 자료의 객관성의 접근으로 역사성의 객관적 표상으로 운명되어진 부분을 드러낼 수 있다(Martin Heidegger, 1977, p.24). 뿐만 아니라, 자연과학에서 쉽게 접근할 수 있는 인과관계(a cause-effect coherence)로 일정한 부분의 숨겨진 부분은 드러낼 수 있다. 그 접근은 최소의 비용으로 최대의 효과를 가져 온다. 그 원리에 충실한 현상의 합리성을 다루는 측면이다.

과학이 객관성을 생명으로 하듯 저널리즘은 과학의 원리 하에 공정성, 객관성, 정확성 등의 프레임을 만드는 작업이 필요하다. 그 때 과학은 객관성을 확보하는 원리로 작동을 하게 된다. 그 하위 개념으로 뉴스의 선택, 작성, 보도, 수용자 반응 등에 대한 연구는 객관성의 과학으로 풀이되는 것이다.

4) cyberspace에서 언론

더욱이 컴퓨터가 발전되면서, 모든 학문의 영역은 2진법의 틀 속에 기록이 되고 분석이 된다. 컴퓨터라는 도구(instrument)가 프레임을 시켜주고, 그 포맷 안에서 합리성을 찾아간다. 더욱이 인공지능의 시대는 컴퓨터 기술을 바탕으로 자연과학, 사회과학 등이 융합이 될 뿐 아니라, 인문학의 영역까지 그 범주 안에서 작동을 하게 된다. 기술, 사회과학, 자연과학, 인문학 등이 함께 어울리게 된다. techne, technology, instrument가 함께 하게 된다. 즉, 인문학의 techne에서 기술의 technology, instrument가 함께 공존하게 된다.

1990년대 이후 '가상공간'이 관심거리가 되었다. 컴퓨터 스크린이 개인을 묶어두는 공간인데, 그것이 존재하지 않는 곳이 없다. 이 공간은 TV 스크린과는 달리 즉, 수동적 공간이 아니라, 개개인이 생산하는데 참가한다. go/stop을 반복하면서 인터랙티브가 가능한 세계가 열렸다. 수없이 많은 사람이 네티즌으로 역할을 한다. 비문자사회의 청각 공간의 개념과 같이 개인은 그 공간을 창출하고, 그것을 사용함으로 다시 재조성(remaking)한다 (Paul Levinson, 1999, p.6).

인터넷 공간은 역동성과 과정이 부각됨으로써 프레임화(enframing)하는 행위가 문제시 된다. 역동성이 기업의 사용자에게 다가온다. 한 기자는 〈온라인 DNA=고객의 마음까지 자로 재라〉라고 전제하고, "측정하고 반응하는 기업은 거대한 사용자(Big User), 빅 데이터(Big Data) 그리고 그들을 꿰는 인공지능 알고리즘 등 삼박자를 갖춰야 한다."라고 했다(우병현, 2017.6.28). 기사는 알고리즘(algorism)을 기본적 요소로 수용하게 된다. 기사에 기술과 과학이 어우러지는 것이다.

여기서 논의한 알고리즘(algorism)은 어원이 9세기의 과학자 alKhorezmi의 이름에서 유래한 것인데, 이는 컴퓨터 기술을 바탕으로 과학적 분석을 가능하게 하는 양식으로서, 2진법의 숫자를 입력하여 연상 작용을 통해 분석을 한다.

알고리즘은 어떤 문제를 해결하기 위해 명확히 잘 규정된(well-defined) 유한 개의 규칙과 절차의 모임을 형성시킨다. 이를 바탕으로 콘텐츠를 만들어 낸다. 이는 명확히 정의된 한정된 개수의 규제나 명령을 집합하여, 한정된 규칙을 적용함으로써 문제를 풀 수 있다(http://terms.naver.com/entry.nhn?docId=814914&cid=42344&categoryId=42344). 인공지능(AI)의 양식으로 기사 작성에도 사용하는데 이 때 알고리즘은 아라비아 숫자를 사용하여 연산을 행하는 수순을 밟는다.

알고리즘은 부여된 문자가 수학적인지 비수학적인지, 또 사람의 손으로 문제를 해결할 것인지 컴퓨터로 해결할 것인지에 관계없이 적용되는 편리한 도구이다. 국내 언론에 '로봇기자'가 첫선을 보였다(김달아, 2016.2.3). 《파이낸셜 뉴스》는 2016년 1월 로봇이 쓴 증권 시황 기사를 송고했는데, 기사 말미에 'IamFNROT'이라는 바이라인을 달고 기사가 실림으로써 로봇 기사임을 명시했다.

로봇, 인공지능이 기사를 작성하는 시기가 왔다. 옹(Walter Ong)이 지적해왔듯이, 플라톤은 글쓰기를 비판했다. 그는 '인공적인' 보조 수단을 비판하면서 이는 정신적 능력, 특히 기억력 쇠퇴라는 결과를 초래할 것으로 주장했던 점과 흥미로운 유사성이 엿보인다(David Crowley and Paul Heyer, 2007/2012, 661~2쪽). 기억력의 도움이 필요 없게 되니, 기계의 힘에 의해 인간이 지배를 당하게 된다.

'채플린' 같은 인간 로봇시대가 도래한 것이다. 기자나 로봇이나 다를 바가 없다. 구체적 형태가 소개되었다. 각종 증시 수치에 이준환·서봉원 서울대 교수팀이 개발한 기사 작성 알고리즘을 적용한 것이다(김달아, 2016.2.3). 동 기사에서는 "파이낸셜 외에 다른 경제지도 '로봇기자' 도입에 적극적이다. 증권이나 기업분석 등 복잡한 수치를 중요하게 다뤄야 하는 경제지에서 로봇 활용도가 더 높아서다."라고 했다.

그 원리가 설명되었는데, 컴퓨터로 문제를 푸는 경우에는 알고리즘을 형식적으로 표현하는 것이 프로그램을 작성하는 데 중요한 요소가 된다. 이 알고리즘의 좋고 나쁨에 따라 같은 결과를 구하는 처리에서도 시간이나 조작성에 큰 차이가 날 수가 있다. 알고리즘은 다음 조건을 만족해야 한다.[6]

그 구체적 현실이 설명되었다. 그 내용을 보면 "이미 일반 국민들은 '뉴스 알고리즘'이 자동으로 계량화하고 배열한 디지털 뉴스를 일상적으로 접하고 있다. 포털이 대표적이다. 여기서 구동되는 클러스터링, 중복기사 배제, 기사 분류, 뉴스랭킹 등 '뉴스 유통' 관련 알고리즘이 포털뉴스 편집 및 배열의 한 축을 담당하고 있는 것이다. 포털을 통한 국내의 뉴스 접근 비중이 60%('디저털 뉴스 리포트 2016', 로이터저널리즘 연구소)로 조사대상 26개국 중 3번째로 높다."라고 했다(최승영, 2016.12.21).

어떤 기사가 알고리즘 기사로 알맞은지에 대한 논의도 계속되고 있다. 하이데거는 현대 기술을 통해 규제하는 드러냄(revealing)은 안착시킬 성격(the character of a setting-upon)을 지녔다(Martin Heidegger, 1977, p.16). 이는 계속 도전하는 자연의 숨은 자신을 파헤치고, 변형시키고, 그것을 저장하고, 분배하고, 새로운 것으로 변경시킨다.

---

6 그 조건은 "① 입력 : 외부에서 제공되는 자료가 있을 수 있다, ② 출력 : 적어도 한 가지 결과가 생긴다, ③ 명백성 : 각 명령들은 명백해야 한다, ④ 유한성 : 알고리즘의 명령대로 수행하면 한정된 단계를 처리한 후에 종료된다, ⑤ 효과성 : 모든 명령들은 명백하고 실행 가능한 것이어야 한다(http://terms.naver.com/entry.nhn?docId=814914&cid=42344&categoryId=42344).

'나타냄'은 결국은 콘텍스트 사용, 즉 콘텍스트를 읽고, 그것을 맥락에 맞게 조정하고, 질서를 주고, '프레임을 하는 전 과정(Ge-stell, enframing)'이다. 현대기술의 정수(enframing)에 있음으로써 현대기술은 정확하게 자연과학을 채용한다.

숨김없이 진실이 완전히 드러나게 하기 위해 현대 기술이 필요하게 된다. 자연에 관한 현대 물리학 이론은 기술을 위한 것이 아니라, 현대 기술의 기본을 위한 방법을 제공한다(Martin Heidegger, 1977, p.22). 즉, 현대 물리학은 프레임을 알리는 것으로, 숨겨진 것을 드러내는 것이다. 이때 모든 드러냄은 공개로부터 오고, 공개 쪽으로 가고, 공개 쪽으로 인도해 간다(Martin Heidegger, 1977, p.25). 이때 자연과학은 자유로운 활동을 통해, 사기(詐欺)의 환상을 걷어낸다. 물론 드러냄은 다른 권력과 부딪치게 되는 위험을 불러오게 된다. 그러나 원론적으로 자연과학은 그 이론적 배경을 제공하고, 진실에 가깝게 다가가는 방법을 규명해 준다.

그것은 현업에도 적용이 가능하다. 컴퓨터는 도구로서, enframing을 가능하게 한다. 인터넷의 가상공간은 가상적인 제한이 없다(Paul Levinson, 1999, p.8). 물론 프레임을 하는 것은 기술의 기초가 되나, '중심은 모든 곳에서 일어나고 주변이 존재하지 않는 가상공간이다.'

한국언론진흥재단에서 인공지능 글쓰기를 권장하고 기술과 과학의 영역이 함께 어우러지도록 했다(김준경, 2016.12.24). 한국언론진흥재단의 '디지털 뉴스 유통과 알고리즘 세미나'에서 구체적인 알고리즘은 내년 3월 공개될 계획이다. 뉴스트러스트위원회는 현재 11개 지표에 조작적 정의를 내리고 이를 계량적으로 바꾸는 작업을 하고 있으며, 아직 본격적인 적용 테스트를 거치지 않았다(김준경, 2016.12.24).

구본권 뉴스트러스트위원회 부위원장(한겨레 사람과디지털연구소장)은 "'알고리즘 특성상 한 번에 완성되는 게 아니라 지속적인 보완과 수정을 요구한다'면서 '장기적 프로젝트로 이해해야 한다. 알고리즘을 통해 신뢰도 높은 뉴스가 더 많이 유통되는 환경이 조성되면 기사 생산 영역에도 반영되는 선순환이 이어지길 바란다.'고 말했다."라고 했다(김준경, 2016.12.24).

한편 한국언론진흥재단 산하 뉴스트러스트위원회는 언론재단이 개발하고 있는 '좋은 뉴스'를 선별하는 알고리즘의 작동방식을 일부 공개했다. 알고리즘은 △사실성△투명성△다양성△균형성△독창성△중요성△심층성△독이성△유용성△선정성△반복성 등 11가지 지표를 복합적으로 판단해 좋은 기사를 선별한다.

뉴스트러스트 위원회는 사실성과 투명성에 대해 구체적인 변인들에 대해서도 설명했다. 그 변인을 살펴보면 "사실성의 경우△기사에 등장한 개체명이 많을수록△고유정보가 기사 내에 많이 포함될수록 점수를 더 받게 된다. 반면 △익명의 정보원 수가 많을수록 △무주체 술어(~로 알려졌다)가 많을수록 △주관적 술어 사용이 많을수록 감점을 받았다. 선정성은 △비속어 사용이 많을수록 △선정적 표현이 많을수록 △'앗 이럴 수가', '충격' 등 감정노출 단어를 제목에 많이 포함할수록 감점을 받는 식이다."라고 했다(김준경, 2016.12.24).

기사 작성자가 그렇다고 수용자가 따라갈 이유가 없다. 인터넷의 사이버 공간은 필자와 수용자가 같이 간다. 누구나 인터넷에서 '희망7'을 이야기할 수 있다. 큰 조직에 의해서 희망을 이야기하면, 선전·선동술이 된다. 조직은 조직자 차체인 것이다. 사회주의 언론 기능이 작동한다.

---

7 인류학자 레이먼드 퍼스(Raymond Firth)에 따르면 티코피아 섬 주민들이 교환했던 뉴스는 소문으로 떠도는 일이 많았다고 한다. 섬으로 식량을 가져오는 배도 도착할 때가 되면, 배가 이미 도착했다는 소문이 떠돌기 시작했다. 도착할 배가 없는 경우에는 배가 곧 들어올 것이라는 소문이 퍼지기도 했다. 퍼스는 이러한 소문들은 몇 가지 심리적인 목적을 달성했을 것이라고 추측했다. 우선 소문은 희망을 실현하는 한 형식이었다..(David Crowley and Paul Heyer, 2007/2012, 515쪽). 그러나 현대사회에서 희망 자체가 좋은 뉴스가 될 수 없다. 좋은 뉴스는 객관성(Objectivity)을 유지하도록 발전했고, 그 내용은 떨어짐(Detachment), 비당파성(Non partisanship), 역삼각형(The Inverted Pyramid), 사실성(Facticity), 균형성(Balance) 등의 덕목을 갖고 있다(David T. Z. Mindich, 19, pp.1~137).

희망을 설득력 있게 표현하기 위해 '뉴스 발라드(new ballad)', 내용에 곡을 붙여 불리게 한다. 희망이 난무하는 시대를 맞이한 것이다. 복잡한 콘텍스트를 제외시키니, 누구나 뉴스를 만들어낼 수 있다. 기존 대중매체와 페이스북과 트위터에 글 쓰는 것과 별로 다를 바가 없다. 왜 광고주는 언론사 광고를 줘야 하고, 독자·시청자는 광고를 의무적으로 봐야 하는지 이유를 모르게 되었다. 어느 누구도 대중언론을 신뢰하지 않는다. 그들 뉴스보다 모바일의 희망의 노래가 더욱 설득력 있게 들린다.

한편 인터넷 시대에도 과거의 대중매체가 한 처방을 내놓는다. '통제의 혁명(control revolution)'이 일어나는 인터넷 현실에서 스티븐스는 '고상한 노력'을 언급했다. 그에 의하면 "사회에 해악이 되는 미신, 잘못된 정보, 오해, 공황 따위로부터 사회를 보호하려고 하는 노력은 물론 칭찬할 만하다. 실수의 전염병을 이러한 환경 속에서 다사 퍼뜨리고자 하는 일은 어리석은 것일 것이다. 그러나 이와 같은 고상한 노력의 정신 생태 환경에 미치는 영향을 고려해 볼 만하다."라고 했다(Mitchell Stephens, 1997/1999, 515쪽).

또한 그에 대한 해결책이 나온다. 온라인 백과사전 '위키피디아' 창업자인 웨일즈(Jimmy Wales)는 거짓뉴스에 맞선 진실을 담은 뉴스를 목표로 내건 온라인 비영리 뉴스 플랫폼 '위키트리뷴(WikiTribune)'을 만들었다. 위키트리뷴은 "'열린 지식'이라는 위키피디아의 틀을 뉴스에 차용하되, 전문성을 지닌 저널리즘 전문가들이 뉴스가 사실인지를 엄중하게 가려 독자들에게 제공하는 것을 목표로 한다."라고 했다(김신영, 2017.5.16). 과학기술에 도움을 받은 알고리즘은 기사의 한 형태로 자리를 잡아 가고 있다. 출입처에서 얻은'카더라'로 알고리즘의 연산 작용에 맡기면, 그 기사는 엉터리 기사만 난발한다. 이 때 당장 언론은 진실 규명은 고사하고, 효율성과 더불어 윤리 문제가 생긴다.

2. 뉴스의 과학화

1) 뉴스의 사실주의

과학기술은 다양한 형식을 빌려 갖가지 '프레임'을 시도하고, 권력을 갖게 한다. 이는 우리 삶의 어디에도 있다. 이슈를 만들어내는 뉴스 취재는 과학 기술이 깊게 깔려 있다. 취재 영역은 일정한 도구를 사용하고, 고도로 훈련된 전문가의 과학 정신에 의해서 기사가 작성되고, 그 결과는 기술의 도움으로 인쇄되어, 각 가정에 배달된다. 같은 맥락에서 기술의 도움으로 라디오, TV를 수용할 수 있게 된다.

그렇다면 과학과 기술은 개인의 삶의 의지와 무관할 수 없다. 개인은 어떤 공간, 시간 안에서 경험이 설정된다. 여기서 자기개념(self concept)[1]은 개인 자기 자신에 대하여 갖고 있는 믿음인데, 이는 '당신은 누구(Who are you?)', '무엇이 너를 그렇게 만든 것인가?(What makes you you?)'라는 질문을 갖게 된다(Isa N. Engleberg, and Dianna R. Wynn, 2015, p.21).

'지구촌' 안에서 공간은 제외되고, 중추신경들이 서로 만나 커뮤니케이션을 하게 된다. 이때 자기 개념, 자기 정체성을 상실하면 폭력으로 난폭해진다. 더욱이 현대인은 '촌락' 공동체에서 5가지 감각을 통합하는 힘을 상실하고 있다. 통감, 즉 촉각을 융합하고 통합하는 전두엽이 점점 붕괴되고 있다. 인터넷 시대는 청각적 요소의 힘을 통하여, 지구촌을 형성하게 한다. 전두

---

1 자기(아)개념(self concept)은 나이, 국적, 인종, 종교, 성 등에 따라 결정이 된다. 이를 바탕으로 한 '순수 경험주의(naive empiricism)'는 삶의 경험, 태도, 인성 등 특질이 중요하게 부각된다(Isa N. Engleberg, and Dianna R. Wynn, 2015, p.21). 자아는 시간의 흐름에 따라 계속 변(change)하고, 되어감(becoming), 지속한다. 베르그송(Henri Bergson, 1859~1941)은 '삶의 철학'에서 시간의 지속성을 강조한다. 그러나 현대 사회 대중은 시간을 동일하게 사용함으로써, 시간의 지속성과 정체성을 상실하게 된다. 그 결과는 개인은 정체성을 상실하고, 기자는 탈진실(post truth)을 쏟아낸다. 베르그송은 개인이든, 자연계의 유기체든 순간적이 아닌, 긴 호흡의 반복된 경험을 중요하게 생각했다.

엽의 기능이 더욱 요구되는 시점이다.

물론 '지구촌'을 가능케 하는 것은 기술의 덕분이다. 이들의 도움으로 인쇄매체로의 시각중심 사회로부터 통감(복합감각, 초감성)을 주로 쓰고 있는 텔레비전 및 인터넷 사회로 이전한 것이다. 그러나 좀 더 세분화하면 기술(art)은 퍽 주관적이다. 기술(art)은 다른 말로, 예술이라고 한다. 다른 사람과 공감(共感)으로 나눌 수 있는 영역이다. 기술과 예술은 우뇌가 많이 작동하는 영역이다. 그러나 좌뇌의 영역은 이성과 합리성을 요구한다.

반증주의자 포퍼(Karl Popper)는 "내가 틀렸을 수도 있고, 당신이 옳을 수도 있지. (그러나 어쨌든 우리가 비판적 정신의 토대 위에서 함께) 노력한다면 우린 진리에 더 가까이 다가갈 수 있을 것이다."라고 한다(Karl Popper, 1994, p.xii; 고인석, 2003, 13쪽).

개인은 확고한 좌뇌 노력의 기반으로 자기 정체성 확립과 철저한 절제가 필요한 시점이다. 물론 좌뇌의 판단을 위해 과학(science)은 논리적으로 타인에게 인정을 받고, 논리적 정당성을 확보해야 한다. 언론에서는 공정성, 객관성, 독립성이 과학으로 가는 길이다. 이들은 과학의 저널리즘 영역에서의 코드이어서 이성적 판단을 가능하게 한다. 그것은 기술, 예술의 영역과는 차별성을 둔다.

분명 기술에는 자신의 의도, 권력의 의지가 실린다. 존재자는 동물이든, 인간이든 항상 자기의 권력을 실현시키고자 한다. 니체(Friedrich W. Nietzsche, 1844~1900)의 권력의지(Wille zur Macht)는 "명령을 내리려는 의지인데, 명령을 내리기 위해 끊임없이 자신을 초극해 나가는 '권력에의 권력(Macht zur Macht)'으로서 '존재자의 본질을 구성하는 것(Wesensverfassung des Seienden)'이라 규정될 만큼 핵심적인 개념이다."라고 했다(Martin Heidegger, 1986, pp.30~2; 김형효, 2002, 200쪽).

하이데거에 의하면, 플라톤주의와 기독교의 영향으로 서구의 역사를 통하여 삶, 예술, 과학 등과 같은 모든 문명이 모든 권력의지의 변용으로만 존속하게 되었다는 것이다(김형효, 2002, 202쪽). 그에 의하면 과학기술도 니체의 경우는 삶의 존립과 유지를 위한 담보의 조건이다. 삶이라는 것은 끝임없이 권력을 만들어 갈 때 가능하다. 그렇다면 삶이 자신의 활력을 유지하거나 상승시키지 않으면, 그 삶은 곧 하강을 의미할 수밖에 없게 된다.

자신의 주관성의 확장은 곧 권력에의 의지로 표출된다. 플라톤은 초감성적 이데아의 철학자로서, 그리고 니체는 감성적 육체의 예찬을 펼친 철학자로서 기록되고 있다(김형효, 2002, 194쪽). 말하자면 플라톤은 철학자들이 원형(Urbild)인 셈이고, 니체는 그런 플라톤주의를 전도시킨 사상가로서 플라톤과 특이하게 불화를 빚으면서 그와 불가결의 대화를 주고받은 인물로 하이데거에 의해 묘사되고 있다(M. Heidegger, 1986, p.297; 김형효, 2002, 194쪽).

니체는 '감성적 육체의 예찬'에서 삶을 확장시키고자 했다. 그 가치를 권력의지(Wille zur macht)라고 여겼던 것이다. 존재가 가치 있는 존재자성과 동격으로 취급됨으로써 진리의 인식도 진리가 그렇게 나타나는 의미의 현시나 계시의 측면에서부터 인간이 그렇게 간주하는 표상의 의미로 전락하게 된다(김형효, 2002, 195쪽). 여기서 쓰여진 표상의 의미는 의식 작용의 수준에서 나의 의식이 대상에 대한 이미지를 그린다는 의미이므로 표상은 주관적 의식 작용의 의미를 떠나서는 성립하지 않는다. 즉, 하이데거에 의하면 인간의 구성에서 과학은 주체로서 현대인간이 현실을 대변하는 방법이 명료하다(M. Heidegger, 1977, p.xxvi). 말하자면 자연으로서의 현실은 객관적으로 이해할 수 있는 것이 아니라, 자신의 경험에 의존하여 인지하게 되는 것이다. 개인이 경험하는 현실이 부각되는 것이 놀랍지 않다. 같은 맥락에서 니체에게 개인의 주관적 의식 작용이 객관적 대상을 가능케 하는 원동력이라고 보는 점에서 (언어의) 표상은 근대적 인식 이론의 핵심인 셈이다(김형효, 2002, 195쪽).

이런 경험의 주관적 가능 조건이 곧 경험을 객관적으로 가능케 하는 조건과 동일한 구성 원리를 이루고 있는 것이다. 모든 사람의 일반적 수준에서 말해 긴 의식의 경험이 곧 경험을 객관적으로 가능케 하는 인식의 원리와 동일하다는 것이다(김형효, 상게서, 196쪽).

진리는 나의 의식의 자각 속에서 성립한다는 의미를 지니고 있다. 감각 기관에 의해 의식이 표상하고 있는 것만이 객관성으로서 가치를 향유한다(김형효, 상게서, 196쪽). 데카르트(Rene Descartes, 1596~1650)처럼 주관성(Subjektivitaet)의 의미는 객관성(Objektivitaet)의 존재자적인 규정을 판단하는 근거와 같다. 존재자의 본질을 현실적, 경험적으로 판단하는 근거인 셈이다. 말하자면 존재는 객관적, 현실적으로 존재자를 의식이 표상하는 의미로서 간주하게 된다(김형효, 상게서, 197쪽).

같은 의미로 파이어아벤트(Paul Feyerabend)는 "'무정부주의적' 견해가 과학의 진보를 보다 효과적으로 촉진할 뿐만 아니라 '인도주의적(humanitarian)'이기도 하다."라고 했다(고인석, 2003, 26쪽).

물론 주관성으로만 사회적 현실을 볼 수 없다. 철학자는 사회과학자일 수는 없다. 베르그송은 "원래의 고유한 시(詩)에 제 아무리 충실하고 가깝다고 하여도 그것은 특정한 관점으로부터 취해진 표상과 기호로 구성된 것이다."라고 했다(강영계, 1982, 39쪽).

시공간 개념이 무너진 지구촌 상황의 '권력에의 의지'는 더욱 그렇다. 대중매체는 이런 사고를 사전에 차단했다. 그 원류는 19세기 사실주의(寫實主義, principles of matter of facts), 혹은 실증주의 세계관에서 찾아볼 수 있다. 랑케(Leopold von Ranke)는 '사실로 하여금 스스로 이야기하게'했다(길현모, 1975, 44쪽).

랑케의 종교관에서 보면 진실이 신관에 기여한다. 개인의 뜻이 중요한 것이 아니라, 인간은 신의 모습을 찾아내는 것이다. 주관성이 배제될 수밖에 없다. 랑케는 1820년 동생인 하이니케 랑케(Heinrich Ranke)에게 쓴 편지에서 "신은 살아 있으며 전 역사 속에서 찾아 볼 수 있다. 모든 행위는 그에 대한 증거를 지니고 있으며 모든 순간은 그의 이름을 선포하고 있다(Pieter

Geyl, 1958, p.16; 길현모, 1975, 51쪽)."라고 했다. 그에게 있어서 역사는 '신의 발자취'였고, 그의 영혼 속에는 역사가가 제시하는 성스러운 조망에 대한 존숭감(尊崇感)에 충만이 되어 있다.

사실주의는 사실을 정확하고 진실되게 파낸다. 그 사실을 엮어 기사를 만들어 낸다. 가장 중요한 사실을 가장 앞에 나오게 하는 것이 '역삼각형 형식'이다. 이들에게는 객관적 논리는 필요하지 않다(Bill Kovach &Tom Rosenstiel, 2014, p.101). 이들 논리는 당파성 신문과 분리된 시기에 발전된다.

랑케는 "역사가는 두려워함이 없어야만 하고, 진실 되어야만 하고, 사심이 없어야만 하고, 입장이나 기질 때문에 개인적으로 싫어하는 대상들에 대하여서는 평점을 올려 주어야만 하고, 인내심이 강하여야만 하고, 정확하고 공정해야만 한다."라고 했다(Herbert Butterfield, 1960, p.83; 길현모, 1975, 44쪽).

2) 사실주의 탈을 쓴 뉴스

역사가는 사실적 태도를 가져야 한다. 마찬가지로 많은 책임의식을 가져야 하는 언론에도 그 만한 직업윤리가 존재한다. 많이 접하는 대중매체일수록 더욱 사실적 태도에 귀를 기울여야 한다. 사실성, 실증성이 이들에게 과학이다.

뉴스의 취재도 민주주의를 가능케 하는 정보의 강철 핵심을 생각할 수 있다(Alex S. Jones, 2010, p.1). 민주주의 사회의 사회적 과정을 작동시키기 위해서는 뉴스 콘텐츠가 필수 요소이다. 여기에 필요한 정보는 기자의 공정성, 객관성, 정확성 등 강철 정보의 핵심(the iron core of information)을 얻게 된다. 허리케인, 지진 그리고 군사공격 등 객관적 정보를 수용자에게 제공해야 한다.

물론 강철 핵심 정보를 접하는 데는 과학적 접근과 더불어 철학적 사고를 필요로 하게 된다. 하이데거는 니체의 철학 연구방법이 서구 역사의 필연적인 귀결이라고 보았다. 즉, 개인은 '스스로 프레임을 형성(enframing)'하고, '사용하기 위해 질서를 준다(ordering for use)'라고 했다(M. Heidegger, 1977, p.xxxii). 왜냐하면 서구의 형이상학적 역사 자체가 권력의지(Wille zur Macht)의 역사와 다르지 않기 때문이다. '권력의지'는 권력이 없는 자가 처음으로 권력을 움켜쥐는 하나의 낭만적인 바람이나 노력을 의미하지 않고, 그것은 넘쳐흐르는 권력으로 권력의 자기 강화를 의미한다.(M. Heidegger, 1986, p.6; 김형효, 2002, 198쪽). 하이데거는 "권력의지는 존재자의 근본 성격과 권력의 본질과 그 이름에서 하나이다."라고 했다(6쪽).

한편 니체의 권력의지는 명령을 내리려는 의지인데, 명령을 내리기 위해 끊임없이 자신을 초극해 나가는 '권력에의 권력(Macht zur Macht)'으로서 '존재자의 본질을 구성하는 것(Wesensverfassung des Seienden)'이라 규정될 만큼 핵심적인 개념이다(김형효, 2002, 200쪽).

하이데거는 "예술은 권력의지가 삶을 지배하고, 삶 자체를 하나의 지배방식으로 만들게 하는 수단이다. 예술은 삶의 활력소로서 파악된다."라고 했다(M. Heidegger, 1986, p.135; 김형효, 2002, 202쪽). 예술뿐만 아니라 과학기술도 니체의 경우는 삶의 존립과 유지를 위한 담보의 조건이다. 왜냐하면 자신의 삶의 활력을 유지하거나 상승시키지 않으면, 그 삶은 곧 하강을 의미하기 때문이다. 삶은 자기 생명의 활력을 팽창시키기 위하여 더 넓은 공간의 확보가 필수적이다. 과학과 기술은 이런 공간의 확보를 위해 봉사한다(M. Heidegger, 1986, p.141; 김형효, 2002, 202쪽).

과학기술은 공간성의 확보를 말하지만, 알고리즘의 사이버세계는 공간성을 제거한다. 알고리즘의 세계는 그 만큼 커뮤니케이션을 활성화 하고, 제어가 쉽게 이루어질 수 있다. 하이데거는 이를 퍽 비관적으로 봤다. 말하자면 하이데거는 모든 현실적 삶의 국면, 즉 기계의 기술과 과학뿐만 아니라 예술, 종교, 문화 등은 주관성을 드러내는 것에 불과하다. 이는 최고의 유용성을 추구하기 때문이다(M. Heidegger, 1977, p.xxvi). 니체는 그 과학의 위험성을 탈피하는 대안을 내 놓는다.

사상에서 예술은 美의 추구가 아니라 '생명의 상승(Lebenssteigenung)'이 그 목표이고, 과학도 진리의 추구가 아니라 '생명의 유지(Lebenserhaltung)'에 그 이념이 실렸다(M. Heidegger, 1986, p.143; 김형효, 2002, 203쪽). 그 비관적 논리라면 문화는 이상을 보여주는 데 있지 않고, 정치권력의 수단으로 권력의 유지와 고양을 위한 모습을 띠고 있는 성격이라는 것이다.

더욱이 하이데거는 니체의 초인의 사상도 허무주의의 극복 방안으로 대두된 것이지만, 그 극복 방안으로서의 초인은 결국 과학기술주의의 심취와 다를 바가 없다고 진단한다. 권력에의 의지가 곧 자신의 주관성 확보이다. 그 주관성이야말로 자신의 존재감의 표현이 된다. 그렇다면 허무주의의 극복 방안으로서의 초인은 과학기술주의와 다른 축에서 있는 것처럼 보이지만, 사실 그것도 인위성의 힘을 극대화하는 사유라는 점에서 과학기술주의의 본질과 이웃해 있는 사상이라는 것이 하이데거의 소론이다(김형효, 2002, 220쪽).

더욱이 하이데거에 의하면 서구 형이상학의 본질은 진리의지를 권력의지의 명분으로 삼았는데, 그런 명분의 정당성을 강화시켜 주는 것이 곧 학문과 예술이다. 그러므로 근대성과 함께 출발된 과학기술은 모두 '살아 있음(Leben)'의 자기 고양을 위해 봉사하는 권력의지의 수단이다. 시공간을 확장시키면 확장시킬수록 권력의 의지가 강하게 작동한다. 니체가 진리의지가 권력의지의 정당성을 위하는 명분이라고 보았던 것은 내숭 없이 서구사상의 본질을 꿰뚫은 혜안이라는 것이 하이데거의 입장이다(김형효, 2002, 227쪽).

시공을 넘어선 권력에의 의지는 확장된다. 하이데거의 사유 체계 안에서 권력과 기술과 인위적 조작성과 지배의 의미는 모두 동일한 의미를 지칭하면서 획일화의 문제점을 겨냥한다. 그런 획일화 위에서 인간의 허무가 도래한다. 탐욕은 또 다른 탐욕을 낳는다. 끝없는 탐욕의 세상이 펼쳐지고 있는 것이다. 허무주의와 과학 기술주의는 동전의 양면과 같다. 하이데거의 사유는 모든 행동주의, 기능주의, 혁명주의의 부정과 같다(김형효, 2002, 229쪽).

　서구의 근대성은 기능주의의 극단적 형태를 띠고 있다. 즉, 근대 문명의 본질은 거대 문명으로 치닫는 데 있다. 거대 미디어는 수용자를 안중에 두지 않는다. 거대빌딩, 거대국가의 꿈, 거대공장, 대량생산, 거대건조물, 거대 정치판, 거대기업, 거대학교 등 실로 다양한 거대 현상들이 근·현대의 의식을 지배하고 있다. 마천루(摩天樓)는 대표적인 거대문명의 상징이다. 마천루는 문자 그대로 하늘을 긁는다는 서양말을 번역한 것으로 하늘을 찌를 듯한 기개를 상징한다(김형효, 2002, 235쪽).

　하이데거는 주관주의적 주체성의 승리와 그 표상의 시대가 바로 객관주의의 이름으로 정당화된다는 것을 지적하고 있다. 객관성은 주관의 표상 작용에 의해 대상화된 그런 대상성과 다르지 않다. 즉 주관의 경험 가능한 표상 법칙은 대상화의 과학적인 객관성의 보장 자체와 같다. 자신의 탐욕을 위해 타인을 대상화 시킨다. 거대한 지배력의 표상적 권력의지는 그만큼 그것이 클수록 주관적 자유의 상징이며, 동시에 그것이 객관적 가치를 띠는 것으로 인정을 받는다(김형효, 상게서, 236쪽).

　하이데거의 소론을 요약하면 다음과 같다. 즉, 첫째로 과학은 확실성이 보장된 인식이라는 것이다. 둘째로 과학은 자연의 대상화 속에서 시도된 측정가능성(Messbarkeit)으로 정밀성의 대명사이다. 셋째는 과학은 인과적으로 해명된 계산이다. 넷째로 과학은 대상 영역을 세분화해서 분과 과학이 정립되어야 한다. 이상의 네 가지 종류의 의미를 합산하면 근대과학은 이른바 확실성과 측정가능성과 대상가능성과 인과성을 합친 일종의 '전문화(Spe-zialisienung)'를 가르친다고 볼 수 있다. 다섯째로 과학은 주객 관계에서 주문하는 하나의 '주문의 성격(Bestellungscharakter)'을 띠고 있다. 여섯째로 주문하는 주·객 관계에서 자연(Natur)은 고대 그리스적인 자연성(physis)으로 이해되기 보다는 과학적인 가공의 대상과 같은 의미로 등장한다(김형효, 상게서, 239~240쪽).

한편 기술의 본질인 테크네(techne)는 자연성(physisi)의 자기현시나 자기현성의 의미를 말하기도 하고, 또 인간의 측면에서 보았을 때 그 자연성의 양식을 본받아 인간이 무엇을 빚어내는 그런 수공적 창조나 예술 작품의 방식을 포함하는 뜻이다(김형효, 상게서, 252쪽).

하이데거는 『사유의 경험으로부터(Aus der Erfahrung des Denkens. 1977)』의 한 논문 「예술의 기원과 사유의 규정(die Herkunft der Kunst und die Bestimmung des Dekens)」에서 'teche'의 뜻을 보다 넓은 의미에서 예술의 창조행위로 간주했다. 그렇다고 "예술은 테크네이지 결코 기술(technik)이 아니다. 예술가는 창조자이지 결코 기술자(techniker)나 수공제작자(Handwerker)가 아니다(M. Heidegger, 1977, p.137; 김형효, 2002, 253쪽).

기술의 기본은 결코 어떤 것이 기술적 의미를 지킨 것을 말하지 않는다(M. Heidegger, 1977, p.4). 개인은 기술의 기본과 관련해서 결코 경험을 하지 않는다. 기술 쪽으로 단지 인식하고, 그 쪽으로 몰고 가는 정보이다. 기술에 얽매이고, 자유롭지 못하고, 그 연계망에 감금된 상태이다.

최근 기술의 개념은 그 수단에 따라 그리고 인간의 행위에 따라 기술의 도구적, 인류학적 개념으로 불려질 수 있는 것이다(M. Heidegger, 1977, p.5). 그렇더라도 테크네가 "인위적 우위로서의 테크닉으로 이전된 것을 하이데거는 역사적 운명(Geschick)과 같은 것으로 읽고 있다… 단지 Geschick라는 단어를 때로는 '역사적 운명'으로, 또 때로는 '공동운명'으로 옮긴 것은 다 문맥에 따른 사유의 결과이다… 말하자면 '역사적 운명', '공동운명'에 다름 아님을 말하는 것이다."라고 했다(김형효, 상게서, 261).

기술이 역사적 운명을 이야기한다면 공동체 안에서 커뮤니케이션의 중요성이 부각된다. 실제로 기술 공학에 매달리게 되면, 자유로운 토론이 불가능하게 되고, 책임이 있는 역사적 운영 공동체와는 거리가 멀다(John Dewey, 1927, p.228). 이런 기술 공학, 즉 '권력에의 의지'의 상황에서 사실주의 탈을 쓴 뉴스가 양산된다.

3) 선전 · 선동의 도구로서 뉴스

소련에서 권위주의적 철학은 이론의 영역에서 민족국가의 실천적 정치의 관계 안으로 몰입시킨다. 이들은 국가 관계를 조정하는 문제에서 자유로운 물음과 공개적 토론을 조정하는데 평화로운 사회갈등의 조정을 결했다. 대신 소련은 하나의 진실, 고정되고, 절대적 처리를 하게 됨으로써, 질문과 공적 토론에서 공개를 할 수 없다.

소련의 현실과는 달리, 하이데거에게 teche는 서구 역사의 현실이며, 그들의 공동운명에서 만들어낸 작품이라고 본 것이다. 설령 그렇더라도 그 출발상의 서구의 문명은 권력의 의지와 무관할 수 없었다. 즉, 서구의 역사는 의지를 개발하는 과정의 역사인데 이 의지의 개발사는 인간의 자아 성취의 역사와 다르지 않다(김형효, 2002, 219쪽). 의지 발현의 노력은 1차 산업혁명에서 4차 산업혁명까지 이끌었다. 즉, '증기기관 기반 기계화 혁명'(1차 산업혁명, 1769~1840년), '전기 에너지 기반 대량생산 혁명'(2차 산업혁명, 1865~1907), '트랜지스터의 발명'(3차 산업혁명, 디지털 혁명, 1951), '초연결성 IoT(internet of things)'(4차산업, 사물인터넷 2005) 등의 과정을 거치고 있다.

제4차 산업혁명으로 모든 과학기술과 사회과학은 인터넷 안에서 2진법의 세계로 융합이 가능한 시대가 되었다. 미디어는 곧 모든 삶의 영역이 융합이 된다. 즉, 모든 권력에의 의지가 서로 연결되어 초연결 사회를 이루게 된다.

그 과정을 하이데거는 "동력생산 기계와 그 기계에 의해 규정된 인간의 형성은 인간을 통해 존재자의 무조건적인 계산이 진지하게 만들어지는 곳에서만 가능하다."고 했다. 신(神)이 계산한 대로 세계가 만들어진다고 말한 라이브니츠(Gottfried W. Leibniz, 1646~1716)의 명제 속에 창조된 존재자의 창조자로서의 신의 자리에 인간이 정립된다는 뜻이 깃들어 있다(M. Heidegger, 1986, p.173; 김형효, 2002, 223쪽).

인간은 '권력에의 의지'의 생각을 행동으로 옮긴다. 자연현상을 두고, 자연과학자는 합리성을 찾고, 사회과학자는 사람 사이에서 합리성을 찾는다. 그러나 '초연결망 사회'의 제4차 산업혁명의 사회에서는 이들이 서로 융합이 된다. 자연과학의 행위를 사회과학에 응용하고, 사회과학의 행위를 자연과학에 응용한다.

합리성의 문제이다. '현장의 합리성'은 자연과학과 사회과학이 함께 한다. 좀 더 풀이하면 베버(Max Weber, 1864~1920)는 "자연과학과 사회과학의 차이는 탐구자의 인지적 의도에 있어서의 차이에서 나타나는 것이고, 인간 행위라는 주제에 대해서는 과학적인 일반적 방법을 적용할 수 없다는 데서 나타난 것은 아니다."라고 했다(Lewis A. Coser, 1971/1994, 326쪽). 즉, 자연과학과 사회과학을 구분하는 것은 탐구방법에 있어서의 본래적인 차이가 아니라 과학자의 관심과 목적에 있어서 차이가 있다는 것이다.

사회과학(자연과학을 포함)에서 실증주의자들에 대해서는 그는 "인간을 사물과는 달리 외적 표상, 즉 행동으로만 이해되는 것이 아니라 그 밑에 깔려 있는 동기(動機)에 의해서도 이해되어질 수 있다는 것을 주장하였다."라고 했다(Lewis A. Coser, 1971/1994, 327쪽). 인간이 행위를 할 때 동기가 그만큼 중요한 것이다. 하이데거의 '권력에의 의지'와 일맥상통 하는 말이 된다. 파이어아벤트는 물리학에서 아나키즘을 이야기했다. 사회과학에서는 아나키즘이 일상적 행동이다. 변증법(dialectics)은 dia(갈라짐, splic)+lectics(논리, logos)이다. 변증법은 비판에서 시작한다.

포퍼는 변증법에 의한 비판으로 시작하여 상호관계를 규명할 뿐 아니라, 자신의 논리를 전개시켰다. 그는 "자연과학과 마찬가지로 사회과학의 방법은 우리가 논의하고자 하는 문제에 대한 잠정적 해결을 구하는 것이다. 해결책은 제안되고 비판되어야 한다. 제안된 해결책이 계속적인 비판에 개방적이지 않다면 그것은 비과학적인 것으로 제거된다. 과학의 방법은 신랄한 비판에 의해 통제되는 추측에 의한 문제를 해결하려는 시도 중의 하나이다."라고 한다(박만엽, 2008.11, 72쪽).

'세월호 사건', '성완종 게이트', '최순실 게이트' 등을 통해 살펴본 바로는 기자들은 과학을 전혀 생각하지도 않는다. 자신의 논리에 대한 정당성 확보가 있을 리가 없다. 선전, 선동에 가까운 언론활동을 한다. 취재원에 대한 어떤 의심도 하지 않는다. 논리가 있을 리가 없다. 질 나쁜 정보, '카더라' 정보가 난립한다. 언론 문화는 대량 오보, '떼거리'가 성행된다. 선전, 선동술이 곧 뉴스의 주종을 이룬다.

미국은 지역 중소도시에서 훈련 받은 인턴 기자를 뽑으나, 우리의 기자는 수습으로 뽑는다. 전공분야가 다른 기자들에게 언론에 대한 오리엔테이션도 턱 없이 부족하다. 선전, 선동술에 넘어가기 쉬운 위상에서 출발한다.

포퍼는 "과학적 객관성의 논리는 사회적 이념의 소산인 학파나 학자들의 경쟁, 비판적 전통, 사회 제도, 자유토론 등을 관대하게 다른 국가의 권력의 의해 설명할 수 있다고 본다."라고 했다(박만엽, 2008, 73쪽). 상호 비판이 그만큼 중요하다. 우리의 언론은 '떼거리'로 한 목소리이다. 그 목소리에 반대되는 것은 절대 수용할 생각이 없다. 언론은 '권력에의 의지'는 농후한데 논리적 정당성을 얻을 생각을 하지 않는다.

물론 인간의 행위를 어떤 현장의 상황에서 논의할 때 사회 구성원의 지리적 사회적, 역사적 상황과 무관할 수 없다. 베버는 "인간 행위자가 특정 사회–역사적 맥락에서 상호 지향하는 가운데 자신의 행위에 부여하는 주의미에 놓여 있었다."라고 했다(Lewis A. Coser, 1971/1994, 325쪽).

현장이 복잡하다면 합리성 또한 쉬운 문제가 아니다. 베버는 인간의 합리성을 4가지로 분리시켜 행위를 한다고 봤다. 즉, 베버의 사회학에서 사회적 행위를 크게 ①의도적인 또는 목적지향적인 합리적 행위를 할 수 있다. (목적 합리적), 또 ②그들의 합리적 행위가 가치지향적인 것일 수도 있다. (가치 합리적), ③그들은 감정적, 정서적 애정의 합리성(동기)에서 행위를 할 수도 있다. (애정 행위), 마지막으로 ④그들은 전통적 행위에 참여할 수도 있다. (전통적 행위)(Lewis A. Coser, 1971/1994, 325쪽).

이런 4가지의 행위의 형태는 사회현장을 설명하기 위하여 그들이 서로 갈등하도록 하고, 선택하고 분석하고 조직화하는 기준이 되는—명백히 언급된 것이든 아니든, 의식적이고 무의식적이든—특수하고 일면적인 관점으로부터 독립된 문화 또는.. 사회현상에 대한 절대적으로 객관적인 과학적 분석이란 있을 수 없다(Edward Shils and Henry Finch, eds., 1949, p.72; Lewis A. Coser, 1971/1994, 329쪽).

사회과학은 진리의 절대성을 이야기할 수 없다. 그러나 방법론을 관찰하고, 그 과정을 정확하게 하고, 정교화하고, 다른 것과 비교하면서, 높은 확률성을 택한다. 또 다른 규명은 후술하겠으나, 인과관계를 규정한다. 세월호가 침몰된 원인을 규명했다. 그 원인은 "사고 원인이 무엇이라 보는가—'배를 아는 사람은 침몰 영상에 담긴 비밀을 다 안다. 첫째, 배는 대개 밑바닥이 해저에 닿아 가라앉는다. 세월호는 뒤집어진 채 침몰했다. 배 윗부분이 더 무거웠다는 뜻이다. 둘째, 가장 끔찍한 건 선수 밑 부분이 이틀간 물위에 떠 있던 장면이다. 일반인은 에어 포켓이라 희망을 걸었지만 진실은 정반대다. 그곳은 뱃사람들이 생명수라 부르는 평형수가 들어 있어야 할 곳이다. 그곳에 공기가 들어찼으니 뜬 것이다.'"라고 했다[2](이철호, 2014.4.28).

'권력에의 의지'로 다시 돌아가게 된다. 인간집단에 대한 사회학은 행위의 주관적 측면, 의미와 동기의 영역에까지 접근할 수 있는 커다란 이점을 지니고 있다(Lewis A. Coser, 1971/1994, 329쪽). 개인이 동기를 갖는다고 다 권력

---

2 중앙일보 이철호 논설위원은 두 사람에 대한 같은 형식의 인터뷰를 통해 세월호 침몰 원인을 규명했다. 그는 "지난 주말 대형선박 선장을 거친 두 선주로 변신한 두 분을 만났다. 세월호 참사가 하도 기가 막히고 원인이 궁금해서다. 침통한 표정의 두 사람 이야기는 똑같았다...'비밀의 열쇠'는 선장과 1등 항해사가 쥐고 있다. 평형수 펌프를 맡는 기관장도 비밀을 알 수 있는 위치다. 하지만 진짜 살인범은 배 위가 아니라 육지에 숨어 있다. 인천항에서 화물을 과적하고, 만재 흘수선을 눈속임하기 위해 평형수에 손을 댄 인물이다. 세월호는 규정보다 화물을 2000t 더 실어 운송비 8000만원을 챙겼다."라고 했다(이철호, 2014.4.28). 세월호 사고로 기자는 기레기(기자+쓰레기)의 별명을 얻었다.

에의 의지로 표현될 수 없다. 개인에게 합당해야 하고, 타인에게 그 행위의 정당성을 확보해야 한다. 그렇다면 하나의 동기에서 그 뒤에는 다른 동기가 함께 한다.

목적 합리성, 즉, 기술 합리성(technical rationality)은 가치 합리성, 정서적 동기 그리고 전통적 행위와 같이 짝이 될 수 있다. 전통적 합리성은 어떤 사회에서 특정인의 목적 합리성을 수용할 수도 있고, 아닐 수도 있다. 그들의 선후는 확률적 가능성에 불과하다. 모두 합리적으로 선택된 의도적 합리성은 목적과 수단에 대한 가장 효과적인 기술을 사용하여 다리를 건설하는 기술자에게서 잘 볼 수 있다(Lewis A. Coser, 1971/1994, 325~60쪽). 이는 콘텐츠(contents)를 합리적으로 이해하는 방법이다.

한편 커뮤니케이션에서 콘텐츠와 더불어, 사람과의 관계의 합리성으로 규명한다. 즉, 개인의 행위는 항상 주관성을 내포하게 됨으로써, 다른 사람의 주관성을 이해할 필요가 있다. 아니면 서로 소통으로 합리성을 찾을 수 있다. 포퍼의 논리는 "객관적 이해 혹은 상황논리(situational logic)를 지향하는 사회과학은 모든 주관적, 심리적 관념들과는 별개로 독자적으로 발전할 수 있다. 즉 소망, 동기, 기억, 연상 등과 같은 심리적 요소를 상황적 요소로 전환해 분석한다. 다시 말해서 소망은 객관적 목적을 추구하는 사실로 특징짓고 변형될 수 있으며, 기억, 연상 등은 이론 혹은 정보가 객관성을 갖추고 있는 사실로 특정지울 수 있다."라고 했다(박만엽, 2008. 1176쪽).

또 다른 방법은 해석적 방법으로 풀이할 수도 있다. '해석적 이해(inter-pretative understanding, verstehen)'를 하게 되는데 이는 개인 행위자가 자신의 행위나 남의 행위에 부여하는 주관적 의미를 깊이 관찰함으로써 인간행위를 이해할 수 있다...인간집단에 대한 사회학은 행위의 주관적 측면, 의미와 동기의 영역에까지 접근할 수 있는 커다란 이점을 지니고 있다(Lewis A. Coser, 1971/1994, 329쪽).

베버는 사회학을 '사회적 행위의 원인과 과정, 그리고 그 결과를 설명하기 위하여 사회적 행위를 해석적으로 이해하는 '해석적 이해'를 추구하는 과학으로 정의했다(Max Weber, 1964, p.29; Lewis A. Coser, 1971/1994, 329~30쪽). 베버는 타인의 행위를 합리적으로 해석했다.

이를 통해 자신의 이해를 객관화시킬 수 있고, 타인의 행위의 의미를 알수 있게 된다. 이 때 독일 문화 사회학자 딜타이(Wilhelm Dilthey)는 물론 합리적 인과적 설명보다, 직관을 더 찬양하고 있다. 그러나 베버는 주관적 의미는 분석대상이 되는 경험에 대한 감정이입(Einfuehlung), 해석적 설명(ver-stehende Erklaerung), 해석적 이해 등으로 인과관계를 뽑아내 과학적 명제를 충족시킨 것이다(Lewis A. Coser, 1971/1994, 332쪽).

해석적 이해를 통해 동기를 찾아내고, 그 동기가 가져다주는 결과를 규명한다. 이는 과학적 규명이 가능하다. 오늘날의 과학은 자기명증성과 관계 사실들에 대한 지식을 제공해 주는 특수한 원칙으로 조직하게 된 일종의 '직업(職業)'이 있다(Lewis A. Coser, 1971/1994, 332쪽). 직업을 통해 자신은 만족을 얻고, 행복을 찾게 되고, 권력의지는 직업을 통해 성취되곤 한다. 이 때 조직은 기술 합리성을 바탕으로 체계를 형성시킨다. 체계나 관료제는 직업을 통해 기술 합리성, 도구적 합리성을 이룬다.

한편 엘룰(Jacques Ellul)은 '기술 문명(technical civilization)'을 언급하면서, "기술(technique)의 팽창과 그 궁극적 규칙은 모든 인간의 지배를 확장시켰다. 이는 부수의 한 목적을 계속적으로 증진시킨 수단을 요구하도록 하는 문화이다. 그렇다면 실로 기술은 목적을 수단으로 변형시켰다… '노하우(know how)'는 궁극적 가치를 떠맡게 되었다."라고 했다(Jacques Ellul, 1964, p.vi).

심지어 경제 자체의 지적 원리도 기술화되었다. 기술적 경제 분석은 예전의 정치경제학으로 대치시켰는데, 그 정치경제학은 경제행위의 도덕적 구조와 주로 관계를 가졌던 것을 포함한다(Jacques Ellul, 1964, p.vii).

한편 종교적 대상은 무비판적으로 숭배되었는데, 기술은 하이데거가 언급했듯 더더욱 새로운 신이 되는 경향을 띠고 있었다. 엘룰의 분석에 의하면 새로운 신은 모든 현대사회에서의 진실이 되었으며, 특히 코뮤니스트 사회에서, 즉 마르크스 이후 유물론적 하부구조(the material infrastructure)와 의식적으로 동일화시켜, 기술로 결국 사회적 상부구조(the social superstruct-ure)를 성장시켰다(Jacques Ellul, 1964, p.xii). 더욱이 하부구조의 핵심이 되는 문명사회의 기술은 현대 세계에서 완전히 자발적 행위로 간주되어왔다.

엘룰에 의하면 예술(art)과 과학(science)은 다른 인간 행위들로서 언급된다. 그러나 좀 더 구체성(concrete)을 통한 예술은 주관적이고, 한편 과학은 현실의 묘사에서 객관화를 통해 추상화(abstract)를 시킨다(Jacques Ellul, 1964, p.xviii).

과학과는 달리, 기술은 동시에 현실을 창조함에서 구체적이거나 객관적이 된다. 엘룰은 '과학의 데이터로부터 기술은 가장 효과적이어서 다른 것을 거부하는 것으로 자체의 정당성을 확보한다(Jacques Ellul, 1964, p.xviii).'고 결론지었다.

4) 성숙한 기술사회의 언론

기술을 기술 사회학적으로 풀어보자. 엘룰에 의하면 기술(technique)은 기계(machine)나 기술(technology)을 의미하지 않으며, 이것저것의 목적을 얻기 위한 과정을 의미하지 않는다(Jacques Ellul, 1964, p.xxv). 기술사회에서, 기술(technique)은 방법론의 완전성(자타가 인정하는)에 도달하는 것이고, 모든 인간 행위의 과정에서도 완전한 효율성을 지닌 것이다. 이 성격은 새로운 것이어서, 현재의 기술은 과거의 것으로 공통적 측정을 불가능하게 한다. 기술은 과학과는 달리, 어떤 자체의 논리를 갖고 있을 뿐이다.

그렇지만 기술(technique)은 사회적 현상이기 때문에 사회적 관계, 정치적 구조, 경제적 현상에서 합리성(rationality)이거나, 효율성(efficiency)이거나,

과정(procedure) 등의 의미를 갖는다(Jacques Ellul, 1964, p.xxv~vi). 이는 모든 인간행위를 지배함으로써, 기계(machine)의 생산 행위만을 지칭할 수만은 없게 된다.

기술(technique)은 기계(machine)에 의해 독점적으로 대치하는 한, 이것은 인간과 기계를 말할 가능성을 남긴다. 기계는 외적 대상을 지칭하고, 인간은 기계에 현저하게 영향을 받지만 전문적·사적·심적 생활 등으로 독립성을 유지한다(Jacques Ellul, 1964, p.6). 기술 사회에서 기술은 각 개인들의 내적 의미를 포함시키는 개념이다.

이에 대한 단점도 존재한다. 장자(莊子)의 『장주(莊周)』의 주저에서 "노인은 (얼굴에 노기를 띠면서) 이렇게 말하는 것이었다. 나는 나의 스승으로부터 이런 가르침을 받았습니다. '누구든 기계를 사용하는 사람은 마치 기계처럼 그 일을 한다. 일을 기계처럼 하는 사람은 기계 같은 가슴을 키우게 되고, 그런 사람은 단순함(simplicity)을 잃어버린다. 단순함을 상실한 사람은 영혼이 불안하다. 영혼이 불안한 사람은 사물을 정직하게 있는 그대로 감각하지 못한다.' 이를 아는 나는 그래서 기계 쓰는 것을 부끄럽게 여깁니다."라고 했다(Marshall McLuhan, 1964/2001, 66쪽).

기술은 단점이 존재함으로써, 과학이 나타난 후에만 발전되고 확장되었다. '권력에의 의지'인 기술은 과학을 기다린다. 과학적 실험을 통해 기술은 완성을 보게 된 것이다. 길러(Bertrand Gille)는 역사적 관점에서 반복된 실험, 문제의 설정, 일반적 개념 도출 등으로 기술은 과학이 제공하는 문제 해결을 기다린 것(Jacques Ellul, 1964, p.7)이라고 했다.

어떤 문제 해결의 각 과정은 기술의 원리가 작동하지만, 그걸 종합해서 결론을 내릴 때는 과학이 필요하게 된다. 과학은 현재 직면하는 복잡한 문제를 예측이 가능하도록 했다. 더욱이 현재 과학은 그 장점인 인과적 조사를 시도함으로써 다른 시대와는 전혀 다른 정밀한 해결책을 제시한다.

물리학은 기술이 과학으로 이전되는 과정을 설명할 수 있게 한다. 예를 들어 증기기관이 발명되는 과정을 보면 발명과 개선이 계속적으로 일어났다. 카우스(Solomon De Caus), 휴겐스(Christian Huygens), 파핀(Denes Papin), 사버리(Thomas Savery) 등의 시행착오를 통해, 증기기관이 완성되었다(Jacques Ellul, 1964, p.8). 각자의 기여가 해석되어지고, 그것이 역사적 과정과 통합이 되고, 진정한 과학 혁명이 일어나게 된다. 그 문제의 풀이 과정은 단지 기술만이 아닌, 과학이 증명을 가능하게 한다. 그렇더라도 각 과정에서 기술적 수단이 뒷받침 되어주지 않으면, 과학은 진보할 수 없다. 서로가 공생을 하면서 기술은 더욱 정교해지고, 더욱 유용한 도구가 된다.

기술은 '권력에의 의지'로 선전, 선동술에 몰두할 수 있다. 과학은 논리적 정당성을 확보하도록 도와준다. 더욱이 기술은 목적보다 수단을 강조하게 되는데, 가장 효과적인 수단을 사용한다. 기술은 어느 것보다 높은 수준을 선택한다. 또한 수단들의 통합을 사용할 때는 과학의 힘을 거친다. 그 수단은 인류가 생긴 이후부터 관심의 영역이다. 더욱이 서구 문명은 처음부터 끝까지, 수단의 문명이다(Jacques Ellul, 1964, p.19). 현대 삶의 현실은 수단의 선택에 있다고 해도 과언이 아니다.

그렇다면 기술 현상은 "우리시대의 주요 선입견이다."로 간주할 수 있다(Jacques Ellul, 1964, p.21). 그 선입견은 가장 효과적 방법을 찾을 때 필요한 요소이다. 더욱이 우리가 시도하는 탐사(探査)는 아주 제한적으로 이뤄지고, 그 수단을 선택하게 된다. 기술과 효율성에 익숙할수록 탐사는 그 만큼 돈과 시간이 많이 허비되는 작업이다.

물론 우리가 선입견에 의해 선택한 수단이 다른 것과 비교했을 때, 그 선택이 가장 완벽하다고는 볼 수 없다. 선택은 잠재성을 고려하여 적응할 수 있는 몇 가지 수단 가운데 주관적 선택을 하는 것에 불과하다. 기술은 '권력에의 의지'가 강하게 부각되는 것이다. 그러나 수적인 계산에 기초하여 완벽한 정감으로써 최고의 수단을 발견하는 것은 진정 과학적 접근에 속한다.

한편 기술과 유사한 용어인 마술(magic, 魔術)도 하나의 기술(技術, technique)이다(Jacques Ellul, 1964, p.24). 마우스(Marcel Mauss)가 명료하게 언급했듯, 마술은 세계의 엄격한 잣대로 기술이다. 마술은 다른 기술로서 발전시킨 것인데, 그것은 정신적 질서의 결과를 얻기 위한 인간의지의 표출인 것이다(Jacques Ellul, 1964, p.24).

물론 기술에 대한 사고는 동양과 서양이 다르다(Jacques Ellul, 1964, pp.27~8). 전술했듯이 동양인들의 심성은 신비적으로 끌고 가고, 그들은 구체적 행위에 관심을 가지지 않는다. 서양인들은 '노하우'나, 합리적 행위로 목적하는 것을 얻으려고 한다. 서양인들은 기술을 바탕으로 원하는 것을 얻게 된다.

기술의 역사성을 언급해보자. BC 2세기에서 AD 2세기 동안 이 시기의 법의 기술을 규정하기 위해 우선 추상적 결과를 쓰지 않고 구체성을 띄기 시작했다. 로마인들은 구체적 상황에서 정확한 관점을 가졌다(Jacques Ellul, 1964, p.30). 그것으로 로마인들은 몇 가지 가능한 수단에 집중했다. 그들의 세속주의, 혹은 현실주의는 정의를 존중했고, 역사와 필연성의 법칙을 인지하기 시작했다. 로마인들이 의식적으로 가졌던 그 구체성은 경험적 관점, 행정적 법적 기술을 발전시켰던 것이다.

근대적 의미를 갖는 것은 계몽의 시대를 맞이한다. 16세기에서 18세기 사이에 모든 영역에서 기술의 조잡함은 여전했지만, 기계의 발전은 괄목했다(Jacques Ellul, 1964, p.38). 서유럽에서는 행위와 관련된 인간의 추론을 하기 시작했다. 즉, 그들은 단순화, 체계화 그리고 효율성 등이 요구되는 인간의 추론에 별로 관심을 갖지 않았다. 그러나 어떤 중요한 기술적 성취는 이룩했는데, 예를 들면 총과 그 제조회사는 성업을 이루었고, 일부 농기구 제작도 이뤄졌다.

한편 멈포드(Lewis Mumford)는 기술의 진화에 대해 언급했다. 그는 에너지 발명의 역사를 언급한 것이다. 그에 따르면 첫째 기간은 1750년 수력 에너지(Hydraulic energy)만 알았고, 둘째 시기는 1750에서 1880까지 석탄(Coal)의 중요성을 인지했고, 그 이후 세 번째 시기에는 전기를 발명하게 되었다

〔핵연료(Nuclear Energy)〕의 사용은 아주 최근에 나타났지만, 이것은 전기 시대의 일부분으로 간주된다(Jacques Ellul, 1964, p.42).

또한 19세기 과학자는 현실적 요구를 기술적으로 풀어갔다. 과학자가 문제를 직면하고, 그 풀이하는 과정에서 엔지니어의 도움이 필요하게 되었다. 과학적 조사와 기술적 발명 사이의 서로 가깝게 주고받는 연계는 19세기의 새로운 요인으로 작동하게 되었다(Jacques Ellul, 1964, p.45). 멈포드는 발명과 엔지니어로부터가 아니라, 일반적 법칙을 설정한 과학자로부터 원리적 단초가 제공되었다고 했다.

과학자는 사용할 수 있는 새로운 자연자원과 마주치는 새로운 인간의 필요를 인지하였다. 그는 기술적으로 적용할 수 있는 과학적 발견 쪽으로 그의 조사를 진행시켰다. 그리고 그는 단순한 호기심으로, 혹은 명료한 사업적·산업적 요구로 이들을 성취한 것이다.

또한 20세기 사회는 벌써 원자화 되었고, 더욱 원자화에 박차를 가했다. 개인은 체계화된 행동으로 온전히 사회적 단위로 남아있었다. 그는 자유를 확보하는 것과는 거리가 멀어졌다. 이 사회는 기계의 시대를 맞이한 것이다. 이러한 요인은 개인을 가장 나쁜 종류의 노예로 전락시켰다. 사회 문제가 증가되면서, 사회는 더욱 과학자를 필요하게 되었다. 전 사회를 과학과 기술로 풀어가는 시대를 맞이한 것이다. 자연과학자가 먼저 자리를 잡고, 그 뒤 사회과학자들이 득세하여 인간의 문제를 풀이하기 시작했다.

오랫동안 합리적 체계화(rational systematization)는 기술적 형태의 숫자를 감소시켰다(Jacques Ellul, 1964, p.74). 이는 다양화의 요인은 제거한 것이고, 그 결과는 더욱 단순화가 이뤄지고, 정교한 생활양식을 채용하게 되었다. 19세기 후반에 기계, 의학, 관리의 영역에서 정확한 도구로 환상과 비합리성은 완전히 제거시켰다.

더욱 과정이 진행되면서, 새로운 다양성의 요소가 작동하였다. 도구가 완전한 효율성을 얻기 위해 이것은 완전히 작동되어져야 한다. 그러나 가장 합리적 도구는 작동 환경의 극적인 다양성을 허용하지 않았다. 삶의 전영역의 체계화는 기술 성격의 기본을 형성시켰다.

또 다른 기술 현상의 명료한 성격은 인공적(artificiality)이다(Jacques Ellul, 1964, p.79). 인공적 수단에 의한 기술은 자연과 적대적이다. 예술, 책략, 인공, 즉 예술로서의 기술은 인공의 체계를 창출했다. 이것은 의견이 문제가 아니라 기술적 수단의 축적된 세계는 인공적 세계이고, 이 세계는 자연 상태의 세계와는 확연히 구별된다. 통제할 수 없는 상황적 논리를 기술로 풀어가는 습성을 갖고 있었다.

베르그송은 "만일 한 사상이 그 형식과 내용에서 특정한 관점만을 고집한다면 그것은 '지혜를 추구하는 철학'이 아니라 '주관적인 주장만을 고집하는 독단'으로 머물고 말 것이다. 나아가서 특정한 관점을 구성하는 것이 바로 표상과 기호이기 때문에 이 표상과 기호는 사물 자체를 드러내지 못하고 부분적인 것에 그친다."라고 했다(강영계, 1982, 39쪽).

문제의 기술적 평가를 어떻게 풀 것인가? 그 의문은 하나는 기술 사회이고, 다른 하나는 그것의 남용이다(Jacques Ellul, 1964, p.96). 다른 필요성에 의해 다른 기술을 사용한다. 그러나 모든 기술은 피할 수 없이 하나의 단위로 형성되어 진다. 모든 것이 기계가 작동하는 것처럼 기술 세계로 엮인다. 고립된 수단의 책략은 기계적 복합성의 책략으로부터 분리시켜져야 한다. 언론은 그쪽으로 선전, 선동시키는 것을 가속화시킨다. 기술, 즉 '권력에의 의지'가 한쪽 방향으로 가는데 언론이라고 예외일 수는 없다.

기술은 서로 네트워크를 형성하고, 그 네트워크는 중앙통제 체계를 갖는다. 그렇다면 기술은 단지 효과적 질서주기(efficient ordering)로 하나의 원리일 뿐인 것이다(Jacques Ellul, 1964, p.110). 기술은 하나의 체제를 형성시키고, 그 체제가 작동하는 한 그 구성원은 그 안에서만 평화를 누리게 된다.

그 체제 안에서 경제적 조직은 노동의 기술을 전제로 가능하게 된다(Jacques Ellul, 1964, p.115). 노동은 체계화, 분업화를 시킨다. 물론 기술만으로 사회가 움직이는 것이 아니다. 노동을 체계화 시키고, 기능화를 시키고, 과학화를 시켜, 사회의 추진동력으로 작동시킨다. 그 과정에서 새로운 기술은 필연적으로 하나의 과정을 첨가시킨다. 더욱이 기술 노동에서 창출되는 피로감에도 노동자는 기술을 채용함으로 보상을 받게 된다.

기술은 경제행위의 주종을 이룬다. 기술은 동기의 힘으로서 간주되며, 경제의 기초가 된다(Jacques Ellul, 1964, p.149). 경제적 동기가 없으면 하부구조가 형성되지도 않으며, 상부구조가 그 위에 착지(着地)할 수가 없다. 기술이 존재함으로 경제가 형성될 수 있다. 이러한 이유로 경제 분야에서 기술적 혁신, 질서의 힘, 경제 조직 등 역동적 차별화가 이뤄진다. 자본주의 경제뿐 아니라, 마르크스 경제학에서도 기술이 경제 체제의 버팀목이 된다. 마르크스는 생산 체계와 분배 체계 사이를 차별화시켰다. 전자는 혁명을 가능케 하고, 후자는 체계를 유지하게 한다. 생산과 분배의 이러한 모순은 경제 부문에서 마르크스 체계의 기초를 형성시킨다.

여기서 경제는 정치에 개입하기까지 한다(Jacques Ellul, 1964, p.157). 즉, 파장을 일으킬 체계의 기획(systematic planning)의 팽창을 생각하자. 세부적 방법으로 연구하기에 흥미를 이끌 미시경제학에서 거시경제학 전이가 이뤄진다. 물론 기업 규모로 기획의 적용은 모든 기업이 유사한 규제를 받도록 전국에 확산시킨다.

부의 생산 과학과 희소한 상품의 관리 과학의 차이로 보기 쉽다(Jacques Ellul, 1964, p.158). 이런 차이에서 더욱 더 경제적 요인은 모든 인간 행위를 포괄하게 된다. 모든 것은 경제의 기능과 대상이 되어왔고, 이것은 기술의 매개로 효과를 발휘하게 되었다. 기술은 통계, 회계 과정, 경제에서 수학의 적용, 모델의 방법 그리고 여론의 리서치 테크닉 등을 주도한다. 이러한 요소들은 서로가 상호관련성의 상황을 연출한다(Jacques Ellul, 1964, p.171).

경제학자는 학습하기 위한 기술을 창출하고, 행동 강령의 기술을 창안하고, 새로운 세계는 자각을 일깨우고, 경제적 변동에 효과가 나타나도록 한다. 기술적 개입가운데서 개인은 계획(plans)을 하게 되고, 그에 따른 규범(norms)을 고려하게 된다(Jacques Ellul, 1964, p.171). 체계에서 계획은 어떤 조직의 효율성을 고려하게 하고, 사회적 필요를 인지하게 된다. 한편 규범과 관행은 독특한 어떤 경제행위의 방향을 결정하게 한다.

커뮤니케이션에서 체계는 원래 유기체적이다(Philip Emmert and William Donaghy, 1981, p.31). 각 부분은 분리된 채로 존재한다. 커뮤니케이션을 통해 분리된 부분을 엮어주는 기능을 한다. 즉, 각각의 경제행위자와 그에 따른 조직은 국가에 의해서 통합이 된다. 국가는 그 성격상 중앙집권화의 유기체를 형성시킨다(Jacques Ellul, 1964, p.194). 특히 국가의 기능 중 재정의 기능이 으뜸으로 중요한데, 재정과 관련하여, 이 기술은 가장 빠르게 진화하여 왔다. 벌써 재정 분야는 더 이상 개선이 필요치 않다(Jacques Ellul, 1964, p.230). 필립 4세(Philip Ⅳ)가 주동이 되어 몇 개의 재정 기술을 발전시킨 것이 14~16세기에는 거의 완성 단계에 이르렀다(Jacques Ellul, 1964, p.230).

필립 4세의 기술혁신은 복식부기, 예산 관리와 예측을 가능하게 했다. 물론 예산과 재무를 분리시키는 움직임이 일어났고, 대부의 관리가 이뤄졌다. 더불어 국가는 기술의 집중화 선택의 특성을 갖고 있다. 어떤 기술은 국가 통치의 수단으로 작동하는 것이다. 기술의 도움이 없이는 중앙집권이 불가능하다.

체계이론가들은 상호관계가 일어나는 단순한 소재로서 전체의 과정을 연구하기 위한 시도를 한다(Philip Emmert and William Donaghy, 1981, p.33). 그러나 그 남용으로 유기체가 외화된, 확장된 형태의 체계는 아노미 현상이 일어나게 마련이다. 동기가 활성화되면서 체계는 많은 사회문제를 잉태하게 된다. 진실을 왜곡하고, 과학은 '권력에의 의지'로 더욱 '강압된 분업(the forced division of labor)'이 이뤄지게 된다.

사회를 통합하기 위한 사법의 기능은 사법 기술을 급속히 발전시켰다(Jacques Ellul, 1964, p.231). 물론 사법 기능은 이데올로기와 인간의 요인이 그 안에 중요하게 작동함으로써, 재정 기술보다는 불확실하고 견고하지 못하다. 이런 이유에서 사법의 기술은 전체적으로 법에 완전하게 일임할 수 있게 했다. 기술은 자료를 분석할 수 있게 하고 재판의 공정성을 확보할 수 있게 했다.

진실을 규명하는 일이 문제가 된다. 정보의 정확성과 정확한 판단이 요구된다. 법의 지배(legal domination, files of laws)가 흔들리면, 언론의 강철 팩트가 흔들리게 마련이다. 포퍼는 "'진리'와 '과학적 설명'의 개념을 언급했다. 우리의 지식은 가설로 제시된 이론을 비판 내지는 반박함으로써 성장해가는 데 반박이란 그 이론이 근거가 없는 거짓임을, 다시 말해 참이 아님을 입증함으로써 달성된다. 이처럼 포퍼에게 있어서 과학은 형식적으로 진리를 성취하지는 못하지만, 우리가 진리를 향해 끝없이 접근하는 과정에서 진리가 규제적(regulative) 역할을 담당할 수 있을 뿐만 아니라 실제로 그 역할을 한다."라고 했다(박만엽, 20008.11, 74쪽).

전체적으로 볼 때 역사에서 지역, 국가 그리고 대륙에 따라 항상 다른 문화, 문명의 원리를 가져왔다. 그러나 최근 모든 것은 기술 원리에 근거하여 삶을 영위하게 된다(Jacques Ellul, 1964, p.117). 과거의 다른 문명은 다른 길을 선택했으나, 오늘날 모든 사람은 같은 길을 걷고, 같은 충동을 느끼게 된다. 물론 이런 동일성은 같은 시간에 일어나지는 않는다. 각 사회는 다른 시점에서 문명을 경험하게 된다.

설령 그렇더라도 기술은 인간을 엮어준다(Jacques Ellul, 1964, p.131). 그런 기구에 의해, 그 구성은 그들의 언어, 믿음, 인종에 관계 없이 '지구촌' 안에서 커뮤니케이션 하게 된다. 같은 기술을 따르는 모든 사람을 엮어, 전술적 형제애를 발휘하게 하고, 모든 사람들은 현실에서 같은 태도를 갖게 된다. 노동자는 같은 장비로, 같은 기술로 제품을 만들어낸다. 장비는 정확하게 인간을 복종하게 한다. 도구는 어떤 거짓이나, 속이거나, 나쁜 법을 적용시키지 못하도록 한다. 거의 동일한 기술을 적용시키고, 교육도 같은 방법의 교본에 따라 실행된다. 기술의 지구촌화이고, 일반적 과학이 적용된다.

기술은 국내 뿐 아니라, 그 성격과 필요의 측면에서 지구촌 누구에게나 적용하게 만든다. 기술이 빨리 변화하니, 과학이 뒤따를 수가 없게 된다. 더욱이 지구촌 하에서 기술은 아주 일반적이어서, 과학을 풀이할 수 있게 되었다. 이는 모든 사람이 이해할 수 있는 일반적인 언어가 되었다(Jacques Ellul, 1964, p.131). 누구나 인지하는 2진법의 과학은 너무나 우주적이고, 일반적이다. 성숙된 기술사회가 도래한 것이다. 기술력에 따른 언론의 행위양식이 전개되는데, 언론의 알고리즘 적용은 전형적인 예가 된다.

궁극적으로 기술은 인간 자체를 변화시킨다. 자연법칙에서 기술법칙으로 전이는 그에 따른 인성을 형성시킨다(Jacques Ellul, 1964, p.210). 개인은 어떻게 되어야할 것인가에 따라 적응하고, 그것에 따라 조화를 맞춘다. 개인은 사회의 일원으로써, 그 원리와 규범, 관행에 따라 삶을 영위한다. 사회적 개인은 경제적 자유주의(economic liberalism)와 일치시킨다.

항상 체제는 규제의 원리가 작동하게 된다. 포퍼는 "규제적 원리로서 진리가 담당하는 역할을 구름에 둘러싸인 산의 정상에 오르는 것에 비유하고 있다. 즉 진리의 확보는 그 전모를 정확히 알 수는 없으나 있을 수밖에 없는 실재와의 대결을 안내자로 삼아 끊임 없이 전진함으로써 가능하다."라고 했다(박만엽, 2008.11, 75쪽).

자유와 책임을 함께 하면서 체제가 작동한다. 이때 사회는 기술에 의해서 서로 분업을 하고, 조직을 형성시킨다. 그 기술의 원리 하에서 개인은 자유를 누리는 것이다. 경제인은 계획된 경제(planned economy)와 자신을 일치시킨다. 그게 지배적 이데올로기라면, 그에 대항하는 이데올로기를 주장하는 사람도 생기게 된다. 어떤 이데올로기를 갖든 기술 사회의 지배 이데올로기를 수용하는 전제에서 행위를 시작한다.

역시 그 체제에는 비관론도 고개를 들게 된다. 인간은 기계, 기술 폭력의 노예가 되는 과정은 계속 유지된다(Jacques Ellul, 1964, p.226). 인간 자신이 기계가 되었을 때, 개인은 환상적인 무의식의 자유를 누리게 된다. 그것도 알고 보면 기계 자체의 자유이다. '기계시대(machine age)'에 선전, 선동의 도구로서 언론이 탄생한다. 물론 언론과 더불어 인간은 기계의 노예가 되어 있는 것이다. 기계가 그렇게 삶을 허용하기 때문에 정신적·도덕적 삶은 그렇게 요구하게 된다.

5) 기술사회의 탈출구로서의 언론

(1) 기술에 감금된 과학과 삶

더욱이 프롤레타리아에게 자본 순환 결과는 소외이다. 여기서 소외는 인간에 대한 경제의 지배력으로 대별된다(Jacques Ellul, 1964, p.220). 프롤레타리아에게서 모든 인간 삶의 내용과 부는 공허한 것이 되고, 경제력에 의해서 소유 당한다. 그는 부르주아의 노예가 될 뿐 아니라, 인간 삶의 상황에서 이방인이 됨으로써 소외당한다. 거대한 부르주아 경제체제에 노동하는 부품에 불과하게 된다.

뿐만 아니라, 기술의 급속한 연장은 국가가 전에 전혀 침투하지 못하는 영역까지 개인의 통제를 시도하게 된다. 이러한 기술은 수송, 교육, 정신 등의 영역까지 확산하여, 선전을 가능하게 한다. 긍정적인 면도 작동했다. 기술은 모든 사람이 국가에 관심을 갖게 되고, 국가가 영역을 더욱 확장시키게 한다. 개인은 국가의 모든 영역에 동일하게 적용할 수 있도록 대중을 만들어 지배를 시도한다(Jacques Ellul, 1964, p.234). 개인의 사생활을 지배하여, 대중을 효과적으로 작동하게 한다. 국가는 폭력을 합법적으로 사용할 수 있는 기구이고, 누구에게나 관심을 끊을 수 없는 조직이 되었다.

국가는 과거의 커뮤니티를 붕괴시키고, 그들의 집단행동을 국가 안에서 움직이게 한다(Jacques Ellul, 1964, p.235). 국가는 개인주의적 사회를 만드나, 그 사회는 개인의 사적 생활은 아주 제한적 부분에만 행사하도록 한다. 국가의 큰 기계 안에 개인을 감금시켜버린다.

그러나 기술은 모든 대중에게 동일하게 적용할 수 있게 함으로써 개인의 행위가 사적 개인이 공적인 것으로 전이시킨다(Jacques Ellul, 1964, p.235). 사적 기술의 창출에는 방법론의 다양성이 존재한다(Jacques Ellul, 1964, p.240). 그 사회에서 어떤 사람도 일반적 도식에 따라서 행동하지 않는다. 집단성이고 국가에서 주어진 삶보다는 개인은 항상 현실적이고 실제적 삶을 살아간다. 개인은 개인성에 기초한 문제를 생각하고, 그 결과 개인에게 직면하는 그 방법에서 해결책을 찾는다. 국가의 경우는 그런 다양한 방법을 선택하지 않고, 대중을 고려함으로써 같은 문제를 제기하고, 그 문제에서 종합적으로 해결책을 찾아낸다. 고도의 전문 사회가 아니면, 이러한 방법 적용이 불가능하다.

그러나 이러한 기술은 전술했듯 어떤 특정한 목적을 위해 고안되었다. 그 목적에 따라 개인은 수단으로 둔갑하게 되는 것이다. 국가는 선전을 강화시켜 개인의 목적을 그 안에서 취하도록 한다. 개인은 기술의 대상이 되어버린다. 개인은 곧 이익을 찾기 위한 목적의 수단을 찾게 된다. 인간의 행위와 타인과 관계에서 이러한 네트워크를 고려해 둔다. 개인의 삶은 주관성 확립에서 주관성 상실 쪽으로 기울어지게 된다.

신비주의와 합리성의 두 가지 방법 사이에 여론(public opinion)은 완전히 기술 쪽으로 기울게 된다(Jacques Ellul, 1964, p.304). 여론공학자(spin doctors)가 우후죽순처럼 나타난다. 또한 현재 다른 정밀한 기술은 주어진 문제에 대한 언급으로 여론을 조작한다. 여론은 문제가 없이도 충분히 기술로 긍정적으로 만들 수 있음으로써, 기술은 완전하게 선도할 수 있게 되는 것이다. 그러나 급격한 변동은 일어나고 기술이 작동하지 않을 수 있으나 우리는 전 사회 교화를 시도함으로써, 선전의 기술은 우호적 분위기를 재창출하게 된다.

다시 문제를 제기한다. '자아 개념(concept)'의 상실, '너 자신을 알라(know thy self)'란 명제가 된다. 폭력사회는 눈앞에 보인다. 그러나 기술에 전적으로 의존한 정부는 엉뚱한 일을 계속한다. 선전의 조작은 정부와 개인의 삶 모든 영역에 일어난다(Jacques Ellul, 1964, p.369).

지구촌 삶에서 선전, 선동은 끊임없이 일어난다. 지구촌에서의 생존은 자신의 것만 생각하지, 집단적 혹은 일반적 일에 별로 관심을 갖고 있지 않다. 지극히 개인주의 삶이 영위된다. 이 신비적 조작은 선전 기법으로 이뤄진다. 이들 통해 "①개인의 정념과는 아주 다른, 집단적 정념(collective passions)을 자아낸다. 선전은 개인의 비판적 사고를 망각시키고, 집단의 구성원으로 복종하게 한다. 인간의 지적 능력은 잠재성의 선전 조작에 저항 할 수 없게 한다. ②좋은 사회적 양심은 비판적 능력을 억압하면서 나타난 현상이다. 모든 인간 행위는 정의롭고, 선하고 그리고 진실된 정신의 신념을 갖게 한다. 선전은 개인의 비판 정신을 억압하고, 집단의 힘을 통해 유토피아를 만들어 낸다. 라디오의 공적 접근을 통해 다른 사람도 같은 생각을 갖고 있다는 점을 부각시킨다. 그에 비해 개인의 심리 분석은 어떤 의미를 부여하지 않는다. ③선전은 계속 새로운 성역(聖域, sacred)을 만들어 낸다. 새로운 금기를 사람들의 마음속에 각인시킨다. 전통사회의 금기와는 전혀 다른, 인공적 성역을 만들어 낸다."라는 일이 벌어진다(Jacques Ellul, 1964, pp.369~70).

자신은 공중(the public)이라고 생각하는데 실제로는 대중 혹은 군중으로 변화한 모습들이다. 개인은 선전자의 조작이 가능한 상황에 놓이게 된다. 개인의 과거의 인간관계를 추상적이고, 새로운 기술을 바탕으로 한 관계를 형성시킨다.

산업부문에서 선전, 광고 기술은 개인을 자연인으로 두지 않는다. 광고는 모든 사람에게, 혹은 다수의 사람들에게 영향을 줘야 한다. 그 목적은 어떤 제품을 사도록 대중을 설득하는 것이다. 광고는 분명 일반적 심리의 법칙을 따르게 하고, 그 형식도 일방적이다(Jacques Ellul, 1964, p.406). 광고는 피할 수 없는 '대중'을 대량생산해낸다. 대량 생산과 대량 소비가 이뤄진다. 광고는 결국 사람들의 삶의 양식을 설계하게 한다.

현대 세계의 삶은 더 큰 정도로 더욱더 세계의 경제에 의존하게 한다. 우리가 살고 있는 물질세계 전체가 기술에 의존함으로써 가능하게 된다(Jacques Ellul, 1964, p.304). 우리의 분석은 주어진 사회의 기술과정을 이해하게 되고, 사회구조가 탄생한 그 사회를 재생산하도록 한다.

새로운 대중사회의 구조와 문명은 개인이 피할 수 없거나, 부정할 수 없게 된다. 이 범주는 인간이 도달할 수 없는 범위까지 기술적 힘과 경제적 고려에 의해 강압을 당하게 된다. 개인이 평상시에 생각하는 사고, 원리, 담론 그리고 의지의 결과가 될 수 없다. 자유가 없으니, 책임 또한 없다. 이 구조는 사실(fact)의 가상적 상황에 놓여 있어서이다. 만약 완전한 유토피아가 아니면 모든 사회적 개혁, 사회적 변동 등은 전적으로 사실의 상황 안에 존재하게 만든다(Jacques Ellul, 1964, p.334).

사실이 왜곡 되었다면 문제가 아닐 수 없다. 새로운 교육의 방법은 현대 기술사회에서 교육에 부여한 역할과 동일시된다. 이 개념에 의하면 교육은 더 이상 인문학이나 어떤 가치 자체가 아니라, 하나의 목표, 즉 기술자를 양산하는 일이다(Jacques Ellul, 1964, p.348).

기술자는 기술적 데이터로 높은 사회적 형태로서 집단성을 고려한다(Jacques Ellul, 1964, p.406). 자발적, 비자발적 행위는 심리적 집단주의 영역에서 관찰되어진다. 비자발적 심리적 집단주의에서 광고를 언급할 수 있다. 광고기술의 주요 목적은 어떤 삶의 양식을 창출하는 것이다. 자발적, 비자발적 형태로 소비자는 때때로 강압적으로 그 양식을 따르게 된다.

가장 괄목한 예측은 교육의 방법과 인간 재생산 문제의 변형과 관련이 된다(Jacques Ellul, 1964, p.432). 또한 지식은 전자 은행(electronic banks)에 축적될 것이고, 코드화 된 전자 메시에 의해서 직접적으로 인간 뇌의 체계에 전달된다. 인간 로버트가 형성된 것이다.

직관이 쪼개어져 있다. 베르그송은 지식과 직관으로 분리시켰다. 그는 "지성이 관점과 기호 그리고 표상 및 번역을 특징으로 삼고 있음에 비하여 직관은 단순한 행위(acte simple)이며 공감(sympathie)이다. 직관이란 우리가 대상 안에 유일한 것, 곧 표현할 수 없는 것과 일치하기 위하여 대상의 내부에 스스로를 옮겨가는 공감을 말한다…직관은 그것이 가능하다면 단순한 행위이다."라고 했다(강영계, 1982, 45쪽).

물론 모든 것은 현재의 순간의 필요에 따라서 수용되고, 기록이 된다. 여기에는 관심이나 효과의 필요성을 느끼지 못한다. 필요로 하는 것이 의식을 통해서 가는 것이 없이, 직접적으로 기계에서 브레인으로 옮겨진다. 나의 중추신경과 다른 사람의 것이 직접 연결이 된다. 공간과 시간이 빠진 상태에서 커뮤니케이션과 통제가 이뤄진다

과학은 더욱더 기술적 적용을 위한 연구에 종속되어 가고 있다(Jacques Ellul, 1964, p.304). 프랑스의 '국가 과학 조사 연구소'(CNRS, National Center for Scientific Research)에 소속된 많은 과학자들과 내가 지금까지 알아온 인사들은 기술에 의존한 연구에 관심을 가졌다(Jacques Ellul, 1964, p.312). 그들은 기술적 조사에 관한 것을 강조한 것이다. 즉, 과학과 기술은 더 밀접하게 연관을 맺어가고 있다.

새로운 기술은 새로운 생각과 사회를 만들어 간다. 새로운 산업화 과정이 큰 정도로 일어나기 전에, 소망, 습관, 아이디어, 목표의 재창출이 필요하게 되었다(Lewis Mumford, 1934, p.3). 우선 그 앞에선 사회계층은 속도감 있게 새로운 기술을 수용한다. 16세기 시계, 시간 엄수 습관은 성공한 자본가로 자리매김을 했다(Lewis Mumford, 1963, p.xxii). 자본가 자신들은 16세기부터 사적 시간 유지의 유행을 창출한 것이다. 그들은 현대 기술로 시간을 통제하기에 이른다. 기계의 작동으로 인쇄신문은 언어의 동질성확보의 강력한 도구가 되었다. 신문의 덕분으로 개인들은 어느 정도 사고의 동질성을 확보할 수 있게 했다. 규격화, 대량생산, 자본주의 기업이 신문업에 도입되었다.

삶의 변화가 인간을 획일화시켜준다. 이들의 형태와 행동, 도덕이 함께

한다. 칸트는 "자신의 종교철학에서 말한 바와 같이, 개인을 교육하거나 훈육하고 개념적인 차원에서 이성을 사용함으로써 성공할 수 있으려면 단순한 자연 상태에서 벗어나는 일이 모든 개인의 도덕적 의무가 되어야만 한다."라고 했다(Frank Hartmann, 2006/2008, 79쪽).

설령 이성이 작동하는 사회를 염원한다고 하더라도 기술의 매개성 사회가 도래한다. 이때 매개성은 모든 형태의 직접성에 대립하는 문명화의 표식이다. 직접성은 인간의 경우 근원적 관계로의 회귀를 의미하는 것이 아니라 무의식적인 자연 상태로의 필연적인 몰락을 의미하기 때문이다(Max Hork-heimer und Theodor W. Adorno. 1997: Frank Hartmann, 2006/2008, 79쪽).

기술 교육, 즉 지식의 개인적인 수단이 교양(Bildung)이고, 교양은 인문학적 계몽주의에서 핵심적인 비중을 차지하고 있다. 자기 스스로를 계몽하는 정신적 인간은 낡은 껍질로부터 해방되어 지식과 삶의 화해를 이룩한 것처럼 보인다(Manfred Fassler, 1998, p.110; Frank Hartmann, 2006/2008, 97쪽).

그러나 그 비판이 모든 것을 완벽하게 해 줄 수는 없다. 특히 기술시대는 더욱 그렇다. 멈포드는 현대사회를 '기술시대' 기간으로 불렀다(Lewis Mumford, 1963. p.3). 현대는 기계(machine)와 연장(tool) 사이에 있어 기본적 차별성은 작동하는 스킬과 동기의 힘이 작동할 때 독립적 정도에 의해 평가하는 시대이다.

연장은 조작 자체를 인도하고, 기계는 자동적 행위(automatic action)로 전진한다(Lewis Mumford, 1963, p.10). 복잡성의 정도는 연장을 사용할 때 별로 관련이 없으나, 인간의 손과 눈을 사용할 때 복잡한 행위가 작동이 된다. 잘 발전된 기계는 기능면에서 월등하게 효율성을 지닌다. 자동 기계는 전 행위의 과정에서 인간 행위의 '의식적 참여(conscious participation)'가 일어나는 것이다.

기술시대의 초기에는 아주 몇 사람만이 현대의 기술의 관점을 가졌거나 그 원형에 대한 분명한 개념을 가지고 있었다. 그러나 컴퓨터를 통한 커뮤니케이션이 가능한 시대는 기술이 모든 사람의 일상생활에 깊숙이 파고 들어와 있다.

대중사회를 결정지은 몇몇 역사가는 와트(Watt)의 증기 기관 발명부터를 현대 산업에서 크게 변동한 시기로 잡았는데 현대사회의 그 기술력이 모든 삶을 좌우한다.

물론 기술은 인간 창의와 노력의 결과물이어서, 기계를 이해하기 위해 첫 단계로 우리의 문명을 재정립해야 하는데, 이것은 사회를 이해하고 우리 자신을 인지하는 수단이 된다(Lewis Mumford, 1963, p.6). 멈포드는 기술이 앞서 우리 사회를 바꾸고, 개인의 삶을 바꾸는 도구가 됨을 언급한 것이다.

멈포드는 기술 결정론적 사고를 피력한 것이다. 그는 "기술의 영향들은 미디어에 의해 제공된 내용을 통해서 해명될 수 없다. 이와 달리 기술적 커뮤니케이션 미디어의 고고학은 미디어의 고유 논리를 따른다. 말하자면 미디어가 개인들의 심리에 미치는 영향은 물론 사회 전체의 '정신'의 형성에 미치는 영향을 집중적으로 다룬다. 이러한 해석은 자유롭게 행위 하는 주체라는 역사철학적 관념과 당연히 급진적으로 결별한다."라고 했다(Frank Hartmann, 2006/2008, 333~4쪽).

기술로 인해 사고, 언어의 현상이 바뀌는데 그 변화의 논리는 독특하다. 언론을 통해 인간의 해방을 가능하게 하지만, 현실의 미디어 언어가 인간을 구속시킨다. 프랑크는 "인간은 언어를 수단으로 자신의 범주적 세계를 현실에 투사하는데, 이것은 모든 존재의 일시적 특성에 대한 인간적 공포를 없애기 위한 것이다. 매우 투박하게 표현 한다면, 사유는 사물의 구조를 따른다고 하지만 사실상 사물은 언어의 결과물일 뿐이다. 이제 철학자는 모든 형상을 책상에서 치워 버리고, 화용론적 전환을 통해 상대주의를 수용할 것을 제안하는 꼼짝 못하는 상황에 처하게 되었다"라고 했다(Frank Hartmann, 2006/2008, 144쪽).

물론 다른 측면도 존재한다. 그 해방은 언어에 투영된다. 인간은 언어적 동물이고 사유하는 공통감관(sensorium commune)이다. 헤르더(Johann Gott-fried Herder)는 "'언어의 기원 문제를 다룰 때 언어는 인간적인 것이기 때문에 신적인 질서가 아니라 자연적인 뿌리를 인식할 뿐이다'[3]라고 한다. 인간은 지각된 특징을 언어 대신 '기호'로 파악하고 기호를 수단으로 해 모든 것을 자기 자신과 연관 짓고 '지배를 위한 자신의 책' 속에 지속적으로 '기호'를 기입한다. 이로써 인간은 언어를 통해 자연을 인간화 한다. 그리고 인간은 인간에게 특유의 '매개와 통일의 감관이 된다.' 헤르더는 자신의 현상논문에서 철학적으로 사색할 뿐만 아니라 과학적 사실을 갖고 논증한다."라고 했다(Johann Gottfried Herder, 1953, p.199; Frank Hartmann, 2006/2008, 112쪽).

물론 언어는 하나의 세계를 구성한다. 프랑크는 "세계에 대한 지각의 상은 단순히 이 세계의 모사(Abbild)가 아니라 그 자체가 이미 하나의 묘사(Darstellung)이고, 이러한 묘사의 구성 계기는 해명되어야만 하는 것이다. 사회적·문화적 관습들은 기호를 질서 짓는 규약, 즉 이른바 코드를 준비한다. 이것들은 우리의 커뮤니케이션의 전제조건들이다. 우리는 기호 없이 세계를 사유할 수 없을 것이다. 코드는 기호를 질서 짓는 규약인데, 예컨대(단지 이것뿐인 것은 아니고), 사회적 또는 문화적 관습은 기호가 구체적으로 사용될 때 무엇을 의미하는 지를 규정한다."라고 했다(Frank Hartmann, 2006/2008, 163쪽).

설령 그렇더라도 언어가 자의식을 전적으로 내포하는 것은 아니다. 기술에 매개되는 커뮤니케이션은 더욱 자의식을 제외시킬 수밖에 없다. 헤르더는 "언어는 사태를 표현하는 것이 아니라 이름을 표현할 뿐이다. 그리고 인간의 이성은 사태를 인식하는 것이 아니라 언어로 표시된 사태의 특징만을

---

3 몇 년 전(1766)에 마찬가지로 베를린 학술원은 언어의 신적인 기원을 증명하는 쥐쓰밀히(Johann Peter Suessmilch)의 저술을 발간했다(Johann Gottfried Herder, 1953, p.199; Frank Hartmann, 2006/2008, 112쪽).

알 수 있을 뿐이다."라고 했다(Johann Gottfried Herder, 1784, p.232; Frank Hartmann, 2006/2008, 114쪽).

인간의 사고와 이성은 언어에 투영됨으로써 언어에 대한 비판을 게을리 하지 말아야 할 대목이다. 언어는 청각 및 공감각 등 감각에 맞게 촌락의 형태를 유지케 한다. 기술사회의 탈출구로서의 언론 기능이 요구되는 시점 이다. 화자, 청자, 메시지가 다른 사람들과 체제 안에서 공유하도록 한다 (Philip Emmert and William C. Donaghy, 1981, p.33).

(2) 인터넷을 통한 언론

마우드너(Fritz Mauthner)는 "'언어는 인간을 시간적 · 공간적 현재의 권력 으로부터 여러 가지로 해방시키지만 다시 인간을 과거의 노예로 만든다.' 따라서 여기에 곧바로 인간의 조건(conditio humana)을 언어비판을 통해 개 선하려는 직접적인 행동지침이 뒤따른다. '인간은 지나치다 할 정도의 노력 으로 언어비판에 정진해야 할 것이고 인간을 자해하려고 하는 말의 유래에 대해 물어야 할 것이고 이러한 말의 권력에 대한 권리에 대해서도 매번 의 심을 가져야 할 것. 이러한 관점에서 볼 때 언어비판은 언어지배에 대한 항거 이다."라고 했다(Fritz Mauthner, 1997, p307; Frank Hartmann, 2006/2008, 134쪽).

그렇더라도 언어의 편향성에 더욱 관심을 가질 필요가 있게 된다. 물론 기술 시대에 대한 '편향(bias)'을 종합적으로 이야기한 사람은 이니스(Harold Innis)이다. 그는 2400년 전 문자문명이 시작된 이래 기술 발전이 사회에 미 치는 영향에 대해 최초로 연구를 시작한 경제학자였다.

이니스는 『커뮤니케이션의 편향(The Bias of Communication)』의 한 곳에서 빅토르 위고(Victor Hugo)를 인용하면서 다음과 같이 말했다. 그는 "6000년 동안이나 지배적이었던 '인류의 위대한 필사본(Handschrift)'이었지만 우리 문명에 인쇄기가 도입됨으로써 자신의 패권을 최종적으로 상실했다는 것이 다. 이러한 지속적이면서도 집중시키는 미디어 외에도 인쇄기가 이미 암시하고 있듯이, 종이처럼 쉽게 움직이는 커뮤니케이션 미디어(또는 자료 전달미디어)가 있다. 일시적이지만 그 대신에 유동적이고 운반가능하기 때문에 공간 지배적으로 작용한다."라고 했다(Frank Hartmann, 2006/2008, 329쪽).

새로운 기술로 만들어지는 새로운 미디어는 인간의 삶을 바꾼다. 이니스는 "새로운 미디어인 종이에 의해서 경쟁이 일어나게 되었다. 종이와 인쇄기가 도입된 후 근대국가에서 정신적 독점은 그 고유한 토양에서 성장한 독점에 의해 해체 되었다. 시간적 독점의 뒤를 이어 공간적 독점이 생겨났다."라고 했다(Frank Hartmann, 2006/2008, 330쪽).

이니스에 의하면 기술은 항상 인간을 편향적으로 만들었다. 이니스 책의 독일어 번역본에서 '편향(Tendenzen)'으로 번역된 것은 원전의 경우 '편향(bias)'인데, 이 개념은 경험적인 사회연구에서 사용하는 것과 유사하게 편견이나 왜곡을 뜻하기도 한다. 이니스에 따르면 이와 같은 사회적 안정의 왜곡은 그 사회의 주요 커뮤니케이션 수단들에서 파악할 수 있다(Frank Hartmann, 2006/2008, 331쪽).

이니스가 주로 관심을 가진 영역은 공간 뿐 아니라 시간으로 편향이다. 여기서 공간은 물리적 공간을 이야기한다. 이는 객관적 경험의 대상인 물리적 실제에 질서 있게 좌표화시킬 수 있다(Hans Reichenback, 1957/1986, 323~328쪽; 여명숙, 1998, 74쪽). 이런 이유에서 공간의 실제성은 물질의 실재성과 더불어 우리가 지닌 가장 기초적이고 보편적인 신념으로 간주되어 왔다. 그러나 다른 한편으로 실제적 공간은 시간과 더불어 주관적인 상상의 산물이거나 의식 내부에 직관의 형식으로 존재하는 것이다. 후자는 수학적 공간의 구조를 말한다. 이 공간은 관념적이다(상게논문, 74쪽). 물론 실제의 공간은 컴퓨터 안에서 2진법으로 기록이 된다. 조작이 가능하며, 수학적 연산 작용이 언제나 가능한 공간이다. 공간을 잘 규정하려면 특수한 '현장의 합리성'이 전재될 때, 우리는 실재 공간을 편하게 사용할 수 있다. 아니면 가상공간에서의 통제의 기구로 작동할 수 있다.

공간과 더불어 시간도 수학적 시간이 가능하다. 즉, 우리가 시간을 생각할 때 경험의 연속으로서가 아니라, 시간, 분, 초의 집합으로서, 습관이 시간에 부축되고, 시간을 절약하는 것은 생존을 가능하게 한다. 시간은 그에 둘러싸인 공간의 성격을 떠맡게 된다. 시간은 분리될 수 있고, 시간은 보충하고, 심지어 노동 절약의 도구로의 기술혁신으로까지 확장시킨다(Lewis Mumford, 1934, p.17).

더욱이 이제 주된 관심은 환경적 · 기술적 조건(environmental technological conditioning)에, 다시 말해 우리가 기술을 사용할 때 거의 인지하지 못하는 (문화) 기술의 모든 영향들에 놓여 있다. 이러한 관점에서 이니스는 단순히 문화의 변화의 조건들 뿐만이 아니라 권력의 형태들에 대해서도 사용했다.

기술은 생산력으로 생산관계에 영향을 미친다. 기술이 생산양식을 조성하는데 결정적 기여를 했다. 그 메커니즘 안에서 이니스의 '편향'이 활개를 편다. 자본주의가 성행하면서 시간이 돈이고, 돈은 권력이다(Lewis Mumford, 1963, p.24). 권력은 무역과 생산을 더욱 확장시킨다. 생산은 직접적으로 사용하는 채널을 넓혀 먼 곳까지 무역을 확장시켜 왔다. 더 많은 자본축적이 가능하게 된다. 전쟁, 외국의 정복, 생산 기업을 통해 더 많은 자본의 축적이 이뤄진다. 시간이 자본을 축적시키게 하고, 공간을 확장시키게 된다.

기술은 자본을 축적시켰을 뿐 아니라, 문화를 형성시킨다. 기술이 앞서가면, 확장된 시공간의 문제를 과학이 보강해 준다. 과학은 기술의 철학적 근거를 제시한다(Michael Menser and Stanley Aronowitz, 1996, p.7). 더욱이 기술과 과학은 현대 사회를 언어, 사실 그리고 2진법의 디지털 미디어가 작동하도록 도와줬다.

과학 연구의 버팀돌은 창의적이나, 아직도 혼돈과 논쟁의 의제이다(Dorothy Nelkin, 1996, p.31). 학제 간 연구로서 과학적 과정, 방법, 제도, 적용에 대해서 역사학, 철학, 과학, 윤리학, 사회학, 정치학 그리고 인류학 등 학자들은 관심을 가져왔다.

과학기술에 대한 관심이 사회 내에서 증폭되었다. 1950년 이전까지는 사회에서 과학의 이해와 역할에서 서로 다른 역할을 하고 있었다. 과학에 대한 어떤 이 영역은 어떤 공통적 개념의 구성과, 공통적 방법, 심지어 공통적 이름까지 나누지 않는다(Dorothy Nelkin, 1996, p.31).

그러나 1960년대 말부터 조사의 독특한 영역으로서, 과학 연구가 정치 이슈에 알맞게 처음으로 조직화되었다(Dorothy Nelkin, 1996, p.32). 각 분야의 사람들은 멈포드(Louis Mumford), 엘룰(Jacques Ellul), 구드만(Paul Goodman), 맥데로트(Paul McDerott) 등을 읽기 시작했다. 그들은 기술의 가치를 높이 평가하고, 과학에 대한 비판을 시작했다.

하버드, 코넬대학 등에서 초기 과학, 기술 사회 프로그램은 과학의 공적 이해를 증진시키기 위해 그들의 지식을 번역하고, 커뮤니케이션하고자 했던 정책에 영향력 있는 과학자에 의해 형성되었다(Dorothy Nelkin, 1996, p.32).

앞선 과학 정책 연구자들이 정부의 과학 정책 변화를 분석하고자 했다. 그럴지라도 1960년대 비판은 과학의 사회적, 환경적 그리고 적응적 연구를 독려하고, 기술의 변동에 위협이 되는 그들의 가치 연구가 함께 했다(Dorothy Nelkin, 1996, p.32). 이러한 연구는 논쟁적 연구, 태도 조사, 기술 과제, 위기 분석의 케이스 연구를 포함시켰다.

많은 과학자들은 그 당시만 해도 그러한 연구조사를 신뢰하지 않았고, 그들의 가치를 좀 더 기술적 문제, 혹은 위기와 같은 문제 등 덜 정치적인 접근을 시도했다. 그리고 그들은 기술적 결정에서 시민의 참여에 따른 관심의 증폭과 기술결정론 사고에 따른 오류로 공포감을 가지게 되었다.

한편 1970년의 몇몇 관련 연구는 과학과 기술의 특수한 적용에 관심을 가졌고, 이는 기술 결정론을 넘는 토론을 적극적으로 하기 시작했다. 과학은 중립적인가, 자치적 행위인가, 문화적으로 인도된 행위인가에 대한 성찰이 이어졌다.

그들은 내부 사회적 구조, 행위의 과학, 사회의 구성 등에 관심을 가졌다.

과학 행위에 더욱 관심을 가진 것이다. 신화에서 벗어나 실제 행위에 관심을 갖고, 행위 이론에 대한 관심과 이해와 믿음이 사회구성에 영향을 주었다. 더욱이 이들은 다차원의 융합적 관점에서 접근을 했다. 문화적 코드, 사회적 경제적 권력, 전문직의 이해, 사회적 객관성, 사실과 가치의 견고한 환경을 구축했다. 이들의 노력은 경제적 정치적 현실로부터 분리되어, 하나의 고유한 영역을 확보한 것이다.

더욱이 1960년대 초부터 우주 탐사, 즉 달에 대한 연구는 과학의 대중화에서 큰 힘을 얻을 수 있었다. 미국의 최초 위성(satellite)은 1958년 소련과의 군비전쟁에서 탄생했다. NASA는 소련과의 우주 개발 경쟁을 관리하기 위해서 설립되었다.

위성(Satellite)에 기초한 관찰의 기술은 지구의 지표면을 알게 해주었다. 그 표면에서 일어나는 일을 x-ray로 관찰해낸다. 달의 표면에 대한 현실을 이미지로 변화시키는데 성공을 거두었다. x-ray로 달 표면의 바람, 기온 등의 정보를 알 수 있다. 영상 전송이 가능하게 된 것이다(Jody Berland, 1996, p.127).

이들을 이용하면 화상 진료가 가능하게 되었다. 위성사진은 '가상 사진(a virtual photo)'을 만들었다. 가상기술의 디자인은 이미지를 사진과 같이 믿을 수 있게 했다. '포스트 페놉틱 행성(a post panopic planet)'의 세계를 구축한 것이다(Jody Berland, 1996, p.128). 후기 원형감옥의 세계가 전개된 것이다. 이것은 지구에만 있는 것이 아니라, 태양을 중심으로 한 전 위성궤도에서 변화가 일어난 것이다. 과학기술은 삶의 영역을 모두 총괄하기에 이른다.

한편 철학적 범주들은 텔레비전 중계의 동시성(同時性)과 공시성(共時性)에서 혼란에 빠진다. 안더스(Guenther Anders)는 영상과 대상 대신에, 그리고 대상과 그 기호 대신에 내용 없는 형식이 존재한다고 봤는데, 그는 이것을 팬텀이라고 불렀다(맥루한은 얼마 후 내용의 메시지가 아니고 미디어 자체가 메시지라는 주장으로 유명해진다)(Guenther Anders, 1980, p.131; Frank Hartmann, 2006/2008,

302쪽).

CMC(computer mediated communication) 상황에서 삶의 영역에 팬덤화, 과
학화가 이뤄졌다. 근대의 인식론적 문제는 세계의 특수한 '매개성'에서 출발
점을 갖고 있다. 이 매개성은 합리주의 시대를 특징짓는 문화기술(진술의 문
자성, 보편적 구속성, 보편적 요구, 영원성)과 연관 속에서 논의되어야 한다(Frank
Hartmann, 2006/2008, 66쪽).

매개성으로 공간과 시간이 수학적 공간과 수학적 시간으로 변한다. 가상
공간(cyberspace)이 탄생한 것이다. 여기서 'Cyber'[4]와 'virtual'은 '공간
(space)'과 현실 · 실재(reality)와 결합되어 있다. 여기서 cyberspace는 물리
적 공간(physical space)과 구별된다(여명숙, 1998, 74쪽). 즉, 이는 실재 공간과
는 거리가 멀고, 은유적 표현으로 사용하는 공간이다. 깁슨(William Gibson)
은 공상과학소설 『뉴로맨서(Neuromancer)』에서 cyber와 space를 결합하여,
cyberspace라는 말을 했다. 그는 이를 '컴퓨터와 두뇌신경계의 직접적 접
속'이 가능한 미래의 기술적 환경을 표현하기 위해 사용했다(여명숙, 1998,
74쪽).

실재와 컴퓨터 숫자의 매개로 연결되는 세계이다. 언어, 사실도 아닌, 숫
자로 우리가 통제할 수 없는 영역까지 확장시킨다. '사이버환경(cyberenvi-
ronment)'은 자연적인 환경이 아니라 인공적인 환경이다. 베네딕트(Bene-
dikt)는 사이버스페이스는 광범위한 통신망과 컴퓨터에 의해 유지되고, 접속

---

4 'cyber'는 '쿠베르(Kuβεp)'에서 유래한다. '크베르난(kubernan)'은 '조종하다(to pilot)', '안
   내하다', '쿠베르네테스(kubernetes)'는 노 젓는 사람, 조타수를 가리킨다. 이 용어는 라틴어
   로 번역되며 'gubernetes'가 되었는데 여기에는 '통치자', '명령자'라는 뜻을 지니게 되었다.
   현대적 용법으로서의 'cyber'는 전자적, 기계적, 생물학적 시스템의 통제과정, 특히 이러한
   시스템에서의 정보의 흐름에 대한 통제를 의미한다. 위너(Nobert Weiner)가 '통제와 소통이
   론의 모든 영역'을 가리키기 위해 희랍어 'kubernetes'로부터 빌려온 말로서, 현재는 주로
   '컴퓨터를 사용하는 제어시스템'을 가리키고 있다. 'cyberspace'는 정확히 말하자면 'cyber'가
   아니라 'cybernetics'와 'space'의 합성어이다(여명숙, 1998, 74쪽).

되고, 산출되는 다차원의 인공적인 혹은 '가상적인(virtue)' 실재(reality)로 표현했다(Michael Benedikt, 1993; 여명숙, 1998, 76쪽).

사이버스페이스의 매개된 미디어(media-mediated)를 통하여 인간은 현실을 인식하고 관계를 맺게 된다. 이런 점에서 매개하는 영역은 개인성과 문화성을 확장, 또는 말살할 수 있다. 이들은 탈물질(dematerialization), 구체화(concretization)로 확장될 수 있고, 또한 삶의 영역을 축소화할 수 있다. 즉, 텍스트, 영상, 그래프, 음성 등의 기호를 사용함으로 임장감(presence)을 극대화할 수 있으나, 대수학·수리영역은 삶을 감금시킬 수 있다. 가상현실에 대한 심층연구가 필요한 시점이다.

가상공간을 잘 이용하면 농업, 의료, 미디어, 금융, 교통을 아예 새롭게 혁신할 방안을 궁리하는 게 훨씬 더 적극적인 태도이다(김장현, 2017.5.29). 그러나 사이버스페이스를 잘못 이용한 경우도 눈앞에 전개 될 전망이다. 창의적 언론인에게는 나라의 무궁한 발전을 선도할 수 있으나, AI의 사회적 파장을 지나치게 단순화하여 일자리를 뺏는 악마가 될 수도 있다.

기자가 일자리 죽이는 장본인이 된다. 기자 망국론이 눈앞에 전개된다. 언론은 '현장의 합리성'으로 사회를 재편해 줘야 한다. 권위주의 사회는 각 분야의 권위를 갖게 하고, 방종의 사회를 절제, 절도 있는 사회로 만들어줘야 한다. 이는 동영상, 문자, 그래프, 소리, 3차원 공간 등 상징을 통해 가능하게 된다. 실재와 가상을 은유법으로 엮어줄 때 사회는 연결망을 형성시킨다.

물론 가상성(virtuality)[5]과 실재(reality)가 공존하는 세계이다. 여기서 '가상

---

5 스코투스(Duns Scotus)는 존재(being)를 'formal concept'로서, 'formal'은 중세용어로서 '초월적인', '형상적인', '가지적인' 등의 뜻을 갖고 있다(Allan Wolter, 1992, pp.25~6). 이는 규정하는 것이 아니라, 모든 대상물은 필연적인 속성 혹은 효력을 지니고 있다. 대상이 마음속에 개념을 산출하는 힘(virtue)을 지닌다. 하나의 개념, 속성을 가리키는 술어는 주어진 대상 속에 가상적으로 포함되어 있다.

성'은 사전적으로 본질 또는 '효력에 있어서 존재하는(being in essence, not in fact)'이라는 뜻을 지니고 있다(Allan, Wolter, 1962, 83쪽; 여명숙, 1998, 83쪽). 중세철학의 용어인 'virtualis'에서 비롯된 것으로 'strength', 'power'를 뜻하는 'virtue'에서 유래한 것이다.

이들은 스콜라철학에서는 가상적인 것이 실제로(actually)가 아니라, 잠재적으로(potentially) 존재하는 것으로 보고 있다. 스코투스(Duns Scotus)는 '형식적으로(formally)'가 아니라, '가상적으로(virtually)' 즉, 그 한 사물 내에 포함되어 있다고 주장했다(Allan, Wolter, 1962, pp.25~6; 여명숙, 1998, 83쪽).

실제로 존재하는 것을 칸트는 '물 그 자체(Ding an sich)'라고 하는 성격으로 규정할 수 있다. 이는 개인이 규정할 수 없다. 언론인은 '현장의 합리성', '상황의 합리성'을 '상상력(imaginative)'을 통해 만들어내는 것이다. 언론인은 언어를 통해, 수학적 논리를 통해 사회적 구성을 시도하는 것이다. 시간, 공간(3차원 공간 포함), 사물, 사람 등이 현실세계를 구성하는 요소가 된다. 언론인은 지금과 다른 차원에서 현실을 구성하면서 모형을 만들고, 소통을 가능하게 하고, 제어 등을 시도하게 한다.

포퍼(Karl Popper)는 객관적 지식을 만들기 위한 3가지 방식을 언급했다.

첫째 세계는 시·공 속에 존재하는 자연적인 사물들과 물질적인 속성들의 세계로서 객관적 세계이고, 둘째 세계는 개별자로서의 인간의 의식 속에 있는 의도, 느낌, 기억, 사고, 꿈, 환상들로 이루어진 세계로서 주관적 세계이고, 셋째 세계는 언어와 가치 그리고 인공물로 이루어진 세계이며 객관적이고 실재적이며 동시에 공개적 구조를 갖는 세계이다. 이들 3개의 세계는 언어, 윤리, 법률, 종교, 철학, 과학, 예술, 제도와 같은 구조물이 존재한다 (Karl Popper, 1979, pp.106~152; 여명숙, 1998, 92~3쪽).

언론인은 지금까지 알고 있는 경험을 토대로 문화의 지식을 통해 현실, 현장을 규정한다. 이때 멍청한 기자는 선전, 선동술로 현실과 다른 엉뚱한 그림을 그린다. 기자의 전문성이 요구되는 시점이다. 이때 문화연구는 이런 삶의 영역 뿐 아니라, 과학기술의 영역을 포괄하여 연구하기에 이른다.

이슈, 방법, 탐구영역이 그 만큼 확대일로로 간다. 주관적 영역으로 방법론을 정교화 함으로써, 모든 삶의 영역을 끌어들인다. 문화연구자는 계속적으로 자신의 주관적 위치, 역할을 규정하고 이론화 한다. 문화연구자들은 객관성을 확보하고, 가장 효과적인 방법을 모색 한다.

문화연구자는 효과적 카테고리를 정한다. 관찰, 데이터를 모으고, 사회의 전 영역을 문제화시키는 효과적 카테고리를 정한다. 분석적으로 인과관계 없이 그 과정은 존재하지 않는다. 현장 취재에서 얻는 특수성을 통해 합리성을 추구함으로써 문화연구는 특수성이 보편성을 능가한다. 특수성에서 일반성, 좁은 범위에서 큰 범위로 확산시킨다. '현장의 합리성'을 강화함으로 전 삶의 영역, 과학의 영역을 과학적 방법으로 규명한다.

미국의 문화는 기술문화(technoculture)로 된 것이다(Michael Menser and St-anley Aronowitz, 1996, p.10). 물론 삶의 영역을 모두 한쪽으로만 볼 수 없다. 미국인들은 대상물을 검증하는 습성을 가지고 있었다. 마르쿠제의 일차원적 인간을 뛰어넘는 과학기술의 문화가 삶의 영역을 엄습한 것이다. 기술문화로 삶의 프로그램은, 즉 과학과 기술, 과학 사회, 기술 사회 뿐만 아니라, 인간의 가치, 과학적 연구, 과학의 정치적, 과학의 문화연구 등으로 확장된다(Dorothy Nelkin, 1996, p.31).

미국인의 삶에서 이런 문화가 잘 인식된다. 즉, 기계세계의 도입과 광범위한 관점을 통해 기술세계의 승리는 완벽한 것처럼 보인다. 이와 관련해 심각한 문제는 인간이 기계세계와 동일해진다는 사실에 있는 것이 아니라 인간이 이 사실을 깨닫지 못하고 기술의 강제(Sachzwang)를 꿰뚫어 보지 못한다는 데 있다(Frank Hartmann, 2006/2008, 299~300쪽). 인간은 기계체계 속의 나약한 부문체계와 다름없이 생활한다. 인간은 아직도 기술을 1차 산업혁명시기에 사용되었던 기술로 생각한다.

그 삶의 방식이 중앙통제 체제이다. 커뮤니케이션 역사학자 버니거(James

Beniger)는 '통제/관리의 방법의 혁명이 이뤄진다'고 했다(James Beniger, 1986; David Crowley and Paul Heyer, 2007/2012, 662쪽). 통제혁명은 프로그램의 오퍼레이터의 목적에 따라 움직이게 되고, 그의 영향력을 확대시킨다.

한편 그 문화 하에서 노동자는 기계의 논리와 리듬을 따라야만 하는데, 협동은 이러한 기계 앞에서 시작되어서, 특히 획일화된 탈도덕적인 협조 (Mit-Tun)라는 순응주의에서 끝난다. 그런데 이러한 협조는 20세기에 인간 성에 대하여 재앙적인 범죄 행위를 저질렀다는 것이다(Frank Hartmann, 2006/2008, 300쪽). 말하자면 인간은 정체성을 상실하면 반드시 폭력적으로 변한다는 것이다.

컴퓨터 미디어적인 인간은 급진적으로 변화된 인간이다. 왜냐하면 그는 자신의 행위의 목적을 상실했으며 그 목적에 대해서 생각하는 것 자체를 상 실했기 때문이다. 기술의 특질이 문제가 된다면 기술의 문제를 해부할 필요 성이 있다. 이런 측면에서 기술의 문제와 문제를 품고 있는 3가지 방법론적 차별을 적용시키는 것이 도움을 줄 것이다(Michael Menser and Stanley Aro-nowitz, 1996, p.15).

우선, 존재적(ontological) 기술에 관한 것이다. 즉, 기술이 갖고 있는 존재 론적 측면은 복합성의 이론, 기술, 과학, 문화 모든 것이 혼합된다. 기술, 자연, 문화는 함께 혼합되어 존재한다. 첫째, 환경과 더불어 기술을 봐야한 다는 측면이다. 이들은 따로 떼어 보는 것도 아니고, 실천적으로 보는 것도 아니다. 모든 대상이나 정도, 과학 기술, 문화를 함께 엮어본다. 그리고 그 안에서 기술을 존재론적으로 본다. 둘째, 화용론적(pragmatic) 기술의 특성 이다. 기술은 우리의 삶의 전 영역에서 강하게 작동한다. 나머지 하나, 셋 째는 현상학적(phenomenological) 기술이 우리의 경험에 영향을 어떻게 주는 가에 관심을 갖는다. 눈으로 보고 인지하는, 즉 우리 눈에 펼쳐지는 세계의 형태를 관찰하는 것이다. 이들 기술은 시간과 공간을 '편향'적으로 구성한다.

이들 문제는 과학을 연구하는 유일한 이유는 신중한 공중에게 그것을 설명하거나, 그것을 증진시키기 위한 것이다(Dorothy Nelkin, 1996, p.31). 더욱이 기술은 가끔 우리 삶과 관련을 짓고, 다른 측면에서 우리는 모든 삶의 영역을 기술과 관련시킨다(Michael Menser and Stanley Aronowitz, 1996, p.9).

관리의 영역에도 예외는 아니다. 전자정부에서 행정적 용도, 연구, 공공 표명, 예술, 사회활동, 그리고 교역 등 그 범위를 계속 넓혀가고 있다. 이들이 단독으로 존재하는 것이 아니라, 네트워크로 함께 엮을 수 있다. 더욱이 이들의 연계가 단일 방향이 아니고, 쌍방향이다. 쌍방향이 만드는 사회는 동종이 아니라, 이종의 다원주의 사회이다. 갖가지 다른 종류의 기술 사회가 도래한다. 환경, 화용적, 현상학적 접근이 필요한 시점이다. 계급도 다른 방향으로 우리에게 영향을 준다. 한쪽이 스며들기도 하고, 다른 쪽이 다른 것에 의해서 스며들기도 한다. 능동과 수동이 동시에 작동한다. 엄청난 사회의 변화를 경험하게 되고, '열린사회'가 눈앞에 펼쳐진다. 그러나 기득권자가 자본, 권력을 향유하려고 하면, 열린사회의 적들은 그만큼 강하게 반발한다.

인터넷 시대의 대중의 참여는 많아지나, 기술은 여전히 불확실을 해결할 수 없게 된다. 이때 열린사회의 적들이 설친다. 디지털 시대에, 여론은 "몇몇 독점적 신문 체제에 의해서 제한된 숫자의 기존 뉴스원의 의견을 포장한 것인데, 그 뉴스는 여전히 우리가 생각했던 것 보다 더 유동적이고, 견고하지 못한 어떤 것이다."라고 한다(Bill Kovach and Tom Rosenstiel, 2014, p.53). '최순실 게이트'에서 박근혜 대통령의 탄핵 과정을 보면 JTBC와 중앙일보는 계속적으로 확인 사살을 하고, 다른 신문은 그 신문과 보조를 맞췄다. 이 과정을 추적한 콜럼비아대학의 역사학자 샤마(Simon Schama)는 "궁극적으로 관찰적, 경험적 그리고 검증의 진리 확실성은 사망선고를 당하게 된다."라고 했다(Gordon Wood, 1991, p.16; Bill Kovach &Tom Rosenstiel, 2014, p.53).

가상세계에서 일어난 현상이다. 과학과 기술 자체는 우리 삶의 깊숙이 파고 들어온다. 과학의 법칙은 우주적 선험성(universal a priori)으로 간주된다.

우주적 개념으로 기술과학의 환경을 창출했다. 더욱이 미국의 기술문화는 문제를 제기하지 않는 채, 받아들이면서 헤게모니적 기술문화가 되었다(Michael Menser and Stanley Aronowitz, 1996, p.13). 여기서 비판적 문화연구의 필요성이 요구된다.

물론 네트는 하나의 미디어이다. 1970년 초 '미국 국방부 산하 고등연구국(The Advanced Research Projects Agency Net)', 즉 알파넷(ARPANET)은 국내 뿐 아니라, 런던 유니버시티 칼리지(University College London) 그리고 위성통신망을 통해 미국과 노르웨이의 지진 진동 감시청 센터를 연결했다(David Crowley and Paul Heyer, 2007/2012, 721~2쪽).

한편 1990년대 초 새로운 서비스들이 등장, 인터넷 자료의 소재파악을 보다 쉽게 해 주었다. 이와 같은 서버 중 하나인 미국 미네소타 주립대에서 개발된 '고퍼 시스템(Gopher System)'은 연관 주체별로 계층화(hierarchy) 해서 자신들의 정보를 분류, 제공할 수 있게 됐다. 그래서 시스템 사용자들은 파일 이름을 미리 알고 그것을 컴퓨터에 입력해서 검색하는 것이 아니라 미리 제시된 메뉴에서 원하는 주제를 선정할 수 있었다(David Crowley and Paul Heyer, 2007/2012, 726쪽).

그 후 웹(Web)은 CERN(유럽핵 연구 평의회)의 컴퓨터 과학자, 미 국립과학재단(NSF) 슈퍼컴퓨터 센터의 연구진, 그리고 웹 서버와 브라우저, 콘텐츠 제공에 헌신하고자 하는 새로운 소프트웨어 분야 등을 포함한 일련의 새로운 활동주체들의 과업의 결과였다(David Crowley and Paul Heyer, 2007/2012, 727쪽).

인터넷은 이젠 군사 뿐 아니라, 사업용으로 사용되기 시작했다. 웹은 상업적으로 보조를 받고 있고, 시장의 룰에 의해서 작동을 한다(Arthur Kroker, 1996, p.167). 가상공간이 삶의 영역에 들어온 것이다.

인터넷을 통해 개인은 희망을 가질 수 있었다. 개인은 자신이 속한 사회 계층이나 경영주가 속한 사회 계층의 관심을 초월하여 세계를 바라볼 줄 알고, 뉴스 자체의 범위를 좀 더 넘어서 돌아다니며, 탐색적인 시각을 가질 수 있다. 저널리스트의 노력으로 인간의 정신을 확대시킬 수 있는 희망을 가질 수 있었다(Mitchell Stephens, 1997/1999, 524쪽).

인터넷 시대에 자기 스스로 계몽하는 것은 이미 고독한 주체가 아니게 되었다. 그들은 스스로 공중(Publikum)이 되었다. 칸트의 말이 현실화 되었다. 그는 정신의 고유한 활동을 통해 미성숙에서 벗어나 자신을 발전시킬 수 있게 되었다. 공중이 자기 스스로를 계몽한다는 것은 비교적 가능한 말이다(Immanuel Kant, 1784, p.54; Frank Hartmann, 2006/2008, 92쪽).

한편 스스로의 공중의 형성은 가상공간에서의 희망이다. 다른 한편으로 가상의 권위주의(cyberauthoritarianism)에 의해 움직이기 시작했다. 그 안에서 기술적 자유주의(technological liberalism), 가상 계급(virtual class)이 형성되고, 사이버 인터렉티브(cybernetic interactivity)가 작동한다. 이들은 현실세계와 가상세계가 서로 상호작용을 한다.

테크니컬 인텔리겐치아는 엘리트는 세계를 상대로 커뮤니케이션을 하게 된다. 네트워크로서 커뮤니케이션을 하게 됨으로 엄청난 속도감을 느끼게 된다. 그들은 변화에 민감할 수밖에 없다. 디지털 초고속망(digital super-highway), 가상적 상황의 개념(a definition of the virtual situation) 등이 등장했다. 디지털 탐미적 창조성, 사회적 연대, 민주적 담론, 경제적 공동체를 형성한다.

설령 그렇더라도 우리가 접하는 인터넷 세계는 매개된 세계이다. 말하자면 세계 자체는 인간 자신의 감각을 통해 지각할 수 있는 그러한 형태로 결코 존재하지 않는다. 최근의 철학에서 인식론인 문제의식은 이러한 인간지위의 상대화 때문에 생겨난 인간 주체의 자기애적인 분노와 새로운 확실성을 획득하기 위한 노력과 상통한다. '가상'을 꿰뚫어 통찰하는 것이 가능한지가 항상 근본적인 물음이다(Frank Hartmann, 2006/2008, 32쪽).

기술은 장족의 발전을 계속한다. 인공지능(AI) 분야에서도 비슷한 일이 있었다. 캐나다 토론토대의 '수퍼비전' 팀이 세계 최대 이미지 인식 경연대회 'ILSVRC(ImageNet Large Scale Visual Recognition Competition)'에 처음 출전했다. ILSVRC는 2010년 시작한 대회다. 여기서 Deep Learning이 논의 되었다(최준호, 2016.7.31).

힌튼(Geoffrey Hinton) 캐나다 토론토대 교수와 한 인터뷰에서 "딥러닝(Deep Learning)은 AI를 학습시키는 '기계학습(machine learning)'의 한 종류다. 인간의 뇌는 학습 과정에서 여러 신경세포를 형성하고 서로 연결해 '신경망'을 만든다. 딥러닝은 사람의 뇌가 정보를 처리하는 방식과 유사한 인공신경망을 이용, 방대한 데이터를 분석·추론하고 스스로 학습한다. 기존 AI는 인간이 일일이 규칙을 정해줘야 했다. 하지만 딥러닝은 입력된 정보 간의 관계를 스스로 분석하고 판단을 내릴 수 있다. 인간만이 가능하다고 여겨졌던 '직관'의 길이 열린 셈이다."라고 했다(최준호, 2016.7.31).

"구글의 음성인식 번역, 페이스북의 사진인식 등 최근 AI의 대부분이 딥러닝에 기반을 두고 있다… 인간의 뇌가 작동하는 방식처럼 AI도 지식을 프로그래밍화 하는 것이 아니라 스스로 배우게 해야 한다고 믿었다. 다행히 21세기 들어 내 생각이 옳았다는 것이 드러났다."라고 했다(최준호, 2016.7.31).

한편 '바둑에서 AI의 위력'[6]이 증명되었다. AI 전문기업 솔트룩스의 신석환 부사장은 "'강화학습이란 무수히 많은 알파고끼리 서로 대결하면서 최적의 수만 남기고 나머지는 버리는 방식'이라고 했다. 알파고는 강화학습을 통해 얻은 시뮬레이션 값을 지난해 12월부터 인터넷 바둑에서 실력 있는 기사와의 맞대결로 검증했다. 결과는 60전 60승이었다(임현석, 2017.5.24).

딥러닝의 새로운 4차 산업혁명의 사회가 도래했다. 한편 미디어는 새로

---

6 바둑 인공지능(AI) 전문가들은 23일 대국을 펼친 알파고의 바둑 실력이 한결 더 치밀하고 완전해졌다고 평가했다. 지난해 이세돌 9단과의 대결에서 보였던 빈틈이 이번 대국(AIPhaGo對 중국 커제(柯潔))에선 사라졌다는 것이다. 알파고가 AI 학습 방법 중 하나인 '강화학습(Reinforcement Learning)'을 통해 신의 경지를 향해 한발 더 진화했다는 평가다(임현석, 2017.5.24).

운 대상을 수용하도록 우리를 압박한다. 이제 이 새로운 대상은 "사실(Faktum)로서 현상한다. 여기서 안더스(Guenther Anders)는 어원상의 단어 의미를 가리키고 있는데, 사실(Faktum)은 만들어진 것(das Gemache)을 뜻하고 이것은 우리의 행동을 규정하고 있다."라고 했다(Frank Hartmann, 2006/2008, 309쪽).

언론은 만들어진 사실을 나른다. 개인은 컴퓨터 안에서 'go/stop'을 계속하면서 서로 사실들을 갖고 커뮤니케이션을 시도한다. 직업으로서의 언론 개념이 모호해진다. 인터렉티브한 시대가 도래 한 것이다. 이런 시대가 제4차 혁명의 고도정보사회이다. 제4차 산업혁명 세상에서의 해방은 모든 사람에게 혜택이 될 수도, 재앙이 될 수도 있다. 기술적 지배의 해체로 이해되거나 그것의 부정적으로 이해되어서는 안 된다. 긍정도 부정도 할 필요 없이, 함께 공존할 정신이 필요하다. 더욱이 무조건적인 탐닉으로 이해되어서는 안된다. 기술과 사회는 특별한 보완 관계에 있는 것으로 파악되는 것이다.

크로커(Arthur Kroker)는 이 태도를 적절하게 기술 휴머니즘(technologischen Humanismus)이라고 불렀다(Arthur Kroker, 1984, p.54). 기술의 한정된 사용이 인간으로부터 감각 능력을 빼앗아갔다면, 이제 그 감각 능력을 되돌려줘야 한다는 것이다.

이는 가상현실의 등장으로 세계 내의 모든 실재를 재형성(reshape)되도록 했다. 가상세계에서의 인간 활동이 날로 증대됨에 따라 전통적으로 유지해 오던 세계관과 인간관이 흔들리고 있다. 이것이 현실세계의 축소나 소멸을 의미하는가? 그렇지는 않다. 가상세계는 실제세계를 대체(replace)하지 않고 다만 다른 자리로 옮겨놓을 뿐이다(Michael Benedikt, 1993, p.5; 여명숙, 1998, 93쪽). 기존의 언어를 재규정하고, 가상현실에 맞는 언어로 바꿔주는 것이 필요한 시점이다. 그 원리는 철저한 존재론, 화용론, 현상학적 기술 등 '현장의 합리성'에 기초할 때 그 언어는 지금보다 더욱 인간의 삶에 도움을 줄 수 있다.

3. 실증주의 언론관

1) 인과관계로의 글쓰기

'탈진실(post truth)'[1]의 시대가 되었다. 인터넷이 활성화되면서, 탈진실 즉 거짓 진실이 판을 치는 세상이 되었다. 다수를 상대하는 대중매체는 인터넷 미디어의 '탈진실' 보도에 매몰되어 있다. 그 해결책이 나와야 할 시점이다. 속보성에만 의존을 하지 말고, 진실을 보도하는 습성을 길러야 하겠다. '사실주의', '실증주의'가 다시 대두되어야 하는 시점이다.

가짜 뉴스 소동이 대단하다. 지미 웨일즈(Jimmy Wales)는 "위키트리뷴은 '진실된 증거와 정확한 정보를 전달하고, 이를 통해 대중의 바른 의사결정을 도울 생각'이라며 '현재 전 세계적인 문제로 대두되고 있는 가짜 뉴스 이슈에 대한 최고의 대안이 될 것'이라고 말했다."라고 했다[2].

언론자유의 위기가 온 것이다. '자기 정체성', '자신과의 대화', '삶의 철학'이 필요한 시점이다. 기술의 도움에 의한 '초(超)연결사회'일수록 이들은 필요한 덕목이다. 언론의 초심으로 돌아가자는 주장이다.

언론자유의 '패러다임'의 혁명이 일어나고 있다. "17세기의 암스테르담은

---

1 포스트 트루스(post truth · 脫진실, 즉 객관적 사실보다 감정이나 개인적 신념이 여론 형성에 더 영향을 미치는 상황)는 옥스퍼드 사전 올해의 단어에서 밝히고 있다(변희원, 2016.11.17). 동 사전은 브렉시트(영국의 유럽연합 탈퇴)와 도널드 트럼프의 미국 대통령 당선 등을 가장 잘 설명할 수 있는 단어로 선정했다. 그래스월(Casper Grathwohl) 옥스퍼드 사전 대표는 '소셜미디어가 뉴스의 원천으로 부상하면서 기득권에서 나온 팩트를 향한 불신이 늘어났다.'며 '이 단어가 우리 시대를 정의하는 단어가 된다 해도 놀라운 일은 아니다.'고 했다. 포스트 트루스는 "1992년 세르비아계 미국 극작가인 故 스티브 테쉬흐가 잡지 네이션誌 에 쓴 에세이에 처음 등장했다."라고 했다.
2 온라인 백과사전 '위키피디아' 창업자인 지미 웨일즈는 2017년 5월 15일 조선일보와의 인터뷰에서 "거짓 뉴스를 쏟아내는 '봇 부대(bot army · 의도적인 거짓 댓글 등을 대규모로 생성하는 프로그램)'에서 인간의 의지와 지력으로 대항할 수밖에 없는 것이 지금의 현실이라고 말했다. 그가 2001년 설립한 위키피디아는 누구나 수정하고 내용을 더할 수 있는 열린 백과사전으로 250개가 넘는 언어로 된 4000만 건의 항목을 담고 있다."라고 했다(김신영, 2017.5.16).

네덜란드 전체가 그런 것처럼 종교의 자유뿐만 아니라 사상의 자유, 출판의 자유를 포함하여 광범위한 사실의 자유가 허용되었다(Mitchell Stephens 1997/1999, 261쪽)." 그러나 인터넷 시대에는 자유의 개념이 재정립되어야 한다.

남의 문화 수용에만 관심을 가졌던 국내 언론에 더욱 큰 문제가 생겼다. '봇 부대'가 아니라, 주류 대중매체에서 '탈진실'이 빈번하게 일어난다. 이런 현상은 인터넷이 발달된 시기에 더욱 기승을 부린다. 이럴 때일수록 원론으로 돌아가 '사실주의'[3], '실증주의'[4]에 관심을 가질 필요가 있다.

---

3 사실주의(realism, 寫實主義)는 추상예술 · 고전주의 · 낭만주의 사상에 대립하는 개념으로 발전되었다(http://terms.naver.com/entry.nhn?docId=1107605&cid=40942&categoryId=32856). 미술 · 문학에서 이 용어가 쓰이게 된 것은 A. Comte가 주창한 실증주의의 영향과 함께 이상주의적 계몽주의와 환상적 낭만주의에 대한 반작용으로서 19세기 중엽부터 발달하기 시작한 예술운동, 역사주의 등에 근거를 두고 있다. 랑케에서 보았듯 사실주의는 특히 19세기 후반에 활발하였고 과학존중 사상과 실증주의 등을 그들의 지도이념으로 수용했다. 또한 이 무렵에 유럽의 지도권을 쥐고 있던 중산계급층의 상식이나 실증정신이 사실주의를 강화시켰다. 19세기 소설의 대부분이 '역사적'이며 연대기적(年代記的) 의미를 지니고 발달한 것 또한 주지의 사실이다. 유럽의 사실주의는 문학적으로는 E.졸라 등의 자연주의 유파(流派)에 의하여 계승되었다. 경우에 따라서는 사실주의의 너무도 편향된 작품을 자연주의라고 하는 경우도 있다.
한편 19세기 말에 이르자, 사실파나 자연주의의 원리는, 목적 지향의 과학만능주의의 지나친 처사에 대해 반작용이 일어났다. '사실(寫實)'이라 할지라도 '현실을 어떻게 보느냐'에 따라 어려운 문제에 부닥치게 되기 때문이다.
20세기에 들어와서는 모든 문제에서 전세기(前世紀)에 대해 대립하고 있으며 사실주의를 표방하는 문학에서도 상당히 변화하고 있다. 19세기에는 항상 객관적이어야 한다고 강조되었으며 물상(物象)을 그릴 때에도 '누가 보고 있는가.', 즉 시점(視點)이 분명하지 않았다. 한편 20세기 초 막스 베버는 더욱 주체를 강조했다.

4 실증주의(positivism, 實證主義)는 19세기 후반 서유럽에서 나타난 철학적 경향으로 형이상학적 사변을 철저히 배격하고 사실과 그에 근거한 관찰과 실험 등 경험적, 과학적 탐구를 강조한 학파였다(http://terms.naver.com/entry.nhn?docId=1119542&cid=40942&categoryId=31500). 실증주의는 고유한 의미에서는 19세기 후반 콩트(Auguste Comte, 1798~1857)를 중심으로 서유럽에서 나타난 철학의 한 경향을 가리킨다. 곧 실증주의는 근대 자연과학의 방법과 성과에 기초해 물리적 세계만이 아니라 사회적, 정신적 현상들까지 통일적으로 설명하려는 지적 태도로서 나타났다.
'실증주의'라는 말을 맨 처음 사용한 사람은 프랑스의 공상적 사회주의 사상가였던 생시몽(Comte de Saint-Simon, 1760~1825)으로 알려져 있다. 하지만 실증주의를 철학의 한 경향으로 자리잡게 한 것은 콩트이다. 콩트는 《실증철학강의(Cours de philosophie positive)》 등의 저작을 통해 실증주의의 핵심 내용들을 제시하였으며, 가장 고유한 의미에서 실증주의는 사실주의든, 실증주의든 저널리즘은 과학기술에서 많은 것을 배울 수 있다. 언론은 우선, 기술의 도움으로 신문, 출판, 영화, 방송, 인터넷 등 매체를 운영할 수 있게 되었다. '미디어는 메시지'라는 측면에서 기술은 인류에게 엄청난 복지를 가져다 준다. 뿐만 아니라, 과학은 콘텐츠 제작을 할 수 있는 근거를 마련해 준다. 취재 편의를 제공하기 위해 장비를 사용하고, 논리의 정당성을 확보하기 위해 과학적 논리를 사용한다. 언론인은 정확한 사실을 선택하고, 그 사실을 합리적으로 배열을 하고, 즉, 귀납·연역의 방법을 통해 사고·사건의 인과관계를 규명할 수 있게 한다.

자연과학의 유기체 속성과 환경은 기술로 모든 원리를 풀어간다. 맥루한은 '감각의 확장'으로 인간내적 심리에만 몰두했다. 그는 자연과학의 논리를 도외시한 채 이성과 인간인식 과정의 철학에만 관심을 가졌다. '확장'으로 파고든 기술은 인간을 좌절하게 만들고, 폭력의 사회로 이전 시키고 있다.

맥루한은 『기계신부(The Mechanical Bride)』에서 우리 시대의 '인간적 흥미'와 '진실한 이야기' 활동의 대단히 커다란 부분은 악귀와 뱀파이어의 얼굴을 하고 있다. 아마도 이것이 갖는 의미는 '내부의 추문은 내부의 진짜 마약'이란 유행어가 말해준다. 「마케이팅의 역사」에서 "즉각적인 충격과 비교해 볼 때 '이해'라는 것에는 거의 중점을 주지 않고 있다."라고 했다(Marshall Mc-Luhan, 1951/2015, 119쪽).

맥루한은 "프랑켄슈타인(Frankenstein, 자기가 만든 괴물에 의해 파멸됨) 환상의 많은 것들은 그것이 갖는 '영혼'의 결핍에 대한 복수심으로 미쳐 날뛰는 인공 로봇이 갖는 공포감에서 나온다. 그것은 많은 사람들이 너무나 기계화되

바로 그의 사상을 가리킨다(동일한 인용).
콩트의 사상은 그 후의 사상가, 즉 '빈 학파(Wiener Kreis)'라고 불리는 독일 실증주의 학파의 발달에 영향을 끼쳤다. 1920년대에 나타난 이들의 사상을 '신실증주의(neo-positivism)' 혹은 '논리실증주의(logical positivism)'라고 부른다. 이들은 콩트 철학을 계승, 발전하여 형이상학을 거부하고 자연과학을 사회현상의 분석에 이용함으로써 엄밀한 과학적 태도를 강조한다. 이들의 사상은 분석철학(analytic philosophy)의 발달에 영향을 끼쳤다.

어 온전한 인간적 위치를 박탈당한 것에 대해 흐릿한 불쾌감을 느끼게 된 실제 사실을 표현하는 단지 상징적 방식일까?"라고 했다(Marshall McLuhan, 상게서, 119쪽).

'감각의 확장'으로 만들어낸 사회는 기술, 즉 '권력에의 의지'로 가득 차있다. 이성과 인식의 감각만으로 불안한 측면이 노정된다. '확장'은 인간 의지의 표출이며, 기계화의 표상이 된다. 확장의 사고는 사물, 사건, 기사를 모자이크로 구성하는 수순을 밟게 된다. 현재 저널리즘의 한계가 노출된다. 이런 측면에서 저널리즘은 과학을 원용할 수 있는 것이다. 과학은 물리학에서 그 근거를 찾을 수 있다. 물리학은 일반 '상대성 이론'과 '양자 물리학'의 성과로 장족의 발전을 가져왔다. 상호관계가 많을 때, 혹은 많은 변수가 융합할 때 이용하는 이론들이다.

과학의 발전이 물리학에서 태동하여, 물리학의 메타이론은 곧 생물학으로 이전되었다(빗토리오 회슬레, 1998, 23쪽). 물론 물리학이 생명학보다 근본적이긴 하다. 그러나 생물학은 선택과 인과적 분석으로 물리학의 영역을 더욱 방법론적으로 완성을 가져오게 했다. 예를 들면 다윈(Charles Darwin, 1809~82)의 『자연선택에 의한 종의 기원』(1859)에서 인과적 설명이 가능하게 되었다. 수학, 기하학의 원리가 아닌, 인간유기체의 '인과적(因果的) 설명'이 가능하게 된 것이다. 생물학은 물리학이 다룰 수 없는 인간 유기체의 속성까지 꿰뚫고 들어간다.

아리스토텔레스(Aristotle, BC384~322)는 생물학에 많은 관심을 갖고, "동물의 지질에 관하여(De partibus animalium)", "동물의 발생에 관하여(De generatione animalium)", "동물의 역사(Historia animalium)" 등을 남겼다(빗토리오 회슬레, 1998, 23쪽). 그러나 그것은 생물학의 형태에 관한 설명이었다. 다윈은 새로운 경험적인 현상의 사건들을, 무엇보다도 사멸되고 새로 등장하는 종들의 고생물학적인 증거를 경쟁자였던 당시의 동물학자인 아가시(Agassiz)에 의해 대변된 특수 창조주의(Spezialkreationismus)가 했던 것보다도 본질적으로 더 단순한 모델을 갖고 설명할 수 있었다.

다윈은 생명체의 진화의 원인을 규명했다. 즈시도르 지오프르와 생 힐레르(M. Jsidore Geoffroy Saint-Hilaire)는 1851년 1월에 한 강연에서(『동물학 평론』에 게재) "어떤 종(種)이든 간에 그 종이 동일한 환경 안에서 존속하는 한 고정되지만, 단지 주위의 상태가 변화할 때에는 그 형질도 따라서 변화한다... 야수가 가축이 되고 또 가축이 다시 야수로 돌아간다는 경험은 더 한층 분명히 이 사실을 증명하고 있다."라고 했다(Charles Darwin, 1860/1984, 21쪽). 여기서 변화는 대략 대안이 된 지원과 더불어 선택을 위한 전제조건이 있다. 구체적 상황에 따라 그 전제조건이 달라진다. 이 진화론은 특수 창조주의 신의 창조 행위를 부정하는 형태가 된다. 창조가 아닌 진화에서 방점을 둔 것이다. 철저한 선택, 적자생존과 인과관계에서 생명의 진화과정을 설명한 것이다.

다윈은 "신체의 각 부분이 자연 상태에서 있어서 단순히 우연한 관계를 갖고 있다는 것을 어떻게 부정하겠는가? 예를 들면, 치아는 그 필요성에 의해 생겼고 앞니는 날카로워서 끊는데 알맞고, 또 어금니는 평평하여 음식물을 씹는데 알맞게 되어 있다. 그러나 이것은 어떤 목적을 위해 만들어진 것이 아니라 다만 우연의 결과일 따름이다."라고 했다(Charles Darwin, 1860/1984, 11쪽).

또한 웰즈(Dr. W.C. Wells, 1813) 박사는 왕립학회(Royal society)에서 "피부의 일부가 흑인의 것과 유사한 백인여성에 관한 보고를 낭독했다. 그 이전 1818년에는 '이슬과 단시(單視)'에 관한 논물을 발표했는데, 이는 자연도태의 원리를 명백히 인정하는 최초의 논문이었다."라고 했다(Charles Darwin, 1860/1984, 14쪽).

여기서 자연도태는 유리한 개체적 차이와 변이는 보존되고, 유해한 변이와 개체적 차이는 파괴되고 만다는 사실을 자연도태 또는 최적자생존이라고 부른다(Charles Darwin, 1860/1984, 124쪽).

같은 원리도 필요한 것은 보존 및 발전되고, 필요하지 않는 것은 퇴보된다. 라마르크(Lamarck)는 1809년 『동물철학(Philosophie Zoologique)』에서 "자연에 있어서 모든 훌륭한 적응, 예컨대 나뭇가지의 연한 잎을 먹고 사는 기린의 긴 목과 같은 적응 현상을 이 최후의 작용, 즉 사용·불사용의 작인(作因)에 귀착시킨 것 같다. 그러나 그는 또한 점진적 발달의 법칙을 신봉하였다...그러한 형태는 자연적으로 발생하고 있다고 주장했다."라고 했다 (Charles Darwin, 1860/1984, 13쪽).

많이 쓰는 것은 발전, 진화, 진보하고 그렇지 않은 것은 퇴보한다. 즉, "'모든 생명현상은 진화라는 자연법칙을 따른다.'와 '진화는 유전, 변이, 자연선택의 메커니즘에 의해 설명할 수 있다'는 것이 다윈 진화론의 핵심 아이디어이다."라고 했다(박미라·양경은, 2015, 157쪽). 진화론은 원인과 결과를 따지는 과학적 방법이다. 그러나 이런 진화는 인간 체계의 밖에서 일어난다.

같은 맥락에서 뉴스도 하나의 상품으로 성공하는 기업이 있고, 실패하는 기업이 있다. 초기 뉴스에 대해 인쇄업자들이 보여준 침묵과 소심한 태도는 논쟁적 성격이 적은 주제에까지 확대하지는 않았다(Mitchell Stephens 1997/1999, 169쪽). 얼마 후 경쟁이 심해지자 인쇄업자들은 콘텐츠 선택에 있어서, 자연재해의 지진, 비범한 사람, 화재, 범죄에 대한 뉴스를 과감하게 다루고 전파하였다. 샤버(Matthias Shaaber)는 16세기 "신문 등장 이전의 영국 인쇄 뉴스에 대한 연구에서 뉴스북과 뉴스 발라드가 주로 왕궁에서 일어나는 일, 실인과 그 밖의 범죄, 기적적인 일, 비범한 사람들 이야기, 괴상한 출산, 이상한 동물, 마술, 전염병, 홍수와 화재, 날씨, 운동 경기 따위를 다뤘다."라고 했다(Mitchell Stephens 1997/1999, 171쪽). 이렇게 전파된 뉴스는 많은 사람들에게 집중된 화제를 제공해 주었다. 정치 뉴스만 아니라면 인쇄는 대담한 자세를 가질 수 있었다. '인간의 관심사(human interests)'에서 적자생존의 법칙이 적용된 것이다.

뉴스 내용에 적자생존이 이뤄졌다면, 뉴스 사업도 같은 맥락의 성공을 점칠 수 있었다. 더욱이 기술이 발전함에 따라 그 성공과 실패의 부침이 심하게 일어났다. 스티븐스는 "뉴스의 대량 생산 체제로 전환되면서 인쇄기는 뉴스 전파를 새로운 비즈니스로 자리를 잡게 해주었다."라고 했다(Mitchell Stephens, 1997/1999, 169쪽).

2) 취재원의 나팔수

한편 인터넷이 발달된 1990년 이후 환경은 정치, 정책 연구가 인간의 관심사를 압도했다. 사회가 급속하게 발전되면 그 제도는 그 변화에 잘 적응할 수 없게 된다. 뒤르깽(Emile Durkheim)은 "현대 국가에서 사업의 성격의 명료한 개념으로 문제를 풀기를 기대했고, 민주 정부의 체제의 구체화, 전문화로 제도의 문제를 해결하려고 했다."라고 했다(Emile Durkheim, 1972, p.18). 사회문제는 분화로 문제 해결을 할 수 있게 된다. 한편 포퍼는 "변증법보다 본질적 잘못을 제거하는 시행착오의 방법이 효과적이다."라고 했다(박만엽, 2008.11, 78쪽). 언론은 사회문제에 대해 환경감시를 시도한 것이다. 사회문제가 다량으로 생기면 자연스럽게 뉴스의 양도 많아진다.

뒤르깽은 인간의 유기체를 체계의 분업원리로 풀어갔다. 유기체와 체계는 동전의 양면이다. 유기체와 체계는 항상 목표를 추구하고, 전체와 부분이 서로 소통하고, 전체는 하나의 단일체로 작동한다.

체계는 항상성(恒常性)을 갖고, 질서와 유지, 변동을 시도하게 된다. 체계는 분화가 덜 되고 사회변동이 심한 국가나, 통제력이 너무 강한 국가에는 적용의 난점이 있다. 이 때 오히려 유기체론이 더욱 설득력이 있다. 인터넷의 지구촌 형성으로 사회 변동이 심하고, 인공지능의 제어(control)가 강력하게 적용할 때 유기체론에서 많은 내용을 얻을 수 있다.

물론 언론에서 '환경의 감시', 사회제도의 연계, 사회화 등 라스웰(Harold Lasswell)의 모델은 체계 안에서 움직인다. 체계는 중앙 통제 기능을 갖지만 통제를 할 수 없는 환경도 미미하지만 존재한다. 체계는 통제할 수 없는 변인을 항상 계획적으로 체제 안으로 끌고 온다.

한편, 현대사회에서 뉴스 취급 회사가 급속히 늘어났다. 즉, 뉴스 취급 회사가 늘어나고 경쟁이 심화된 상태에서 이들 뉴스는 언론사 뿐 아니라 독자도 참여한다. 초기 뉴스 생산의 형태와는 전혀 다른 풍경이다. 자연도태와 다른 차원의 내용이 전개된다.

물론 사회제도가 인간의 유기체를 확장시킨 것이라면 유기체의 유형인 체계는 외부와 끊임없이 교류를 한다. 그러나 현대조직은 공룡처럼 견고화되면서, 그 하부체계는 환경(environment), 즉 통제할 수 없는 변인과 접하면서 적자생존의 법칙에서 돌연변이로 작동한다.

그 원용원리는 원인과 결과에 따른다. '지구촌'은 통제할 수 없는 변인이 많이 존재한다. 공룡 같은 조직은 엉뚱한 돌연변이를 일으킨다. 이런 상황에서 언론은 체계 내에서 자신의 역할을 등한시 한 채, 폭로만을 일삼음으로써 사회문제를 양산한다.

복잡한 현대사회의 환경감시(surveillance)는 예측 가능한 사회를 만들어주는데 실패하고 마는 것이다. 권력기구로서 언론이 존재했기 때문이다. 그렇다면 조직의 진화는 전혀 작동하지 않는 형태의 그림이며, 인터넷 상황에서 수용자가 정부나 조직에 직접 참여하는 형태를 갖고 있다.

이때 나타난 공공저널리즘(public or civic journalism)은 "언론의 책임이란 시민 문제에 관한 대화를 활성화하고, 국민이 행정 과정에서 긍정적인 역할을 수행할 수 있도록 도와주는 것을 의미한다."라고 했다(Mitchell Stephens, 1997/1999, 163쪽). 과거와는 전혀 다른 풍속도가 등장한 것이다.

설령 그럴지라도 초심으로 진화론적 과정을 살펴보자. 스티븐스는 "최초의 인쇄 보도는 국가 통치자의 실수를 보도하는 것이 금지되어 있었다. 그러나 당시의 뉴스 기록자들은 시간이 흐르면서 점차 미묘하게 뉴스를 관리하여 대중이 심각한 문제를 알도록 정보를 주고, 따라서 어떤 쟁점에 대하여 소신을 갖게 해주는 역할을 했다."라고 했다(Mitchell Stephens, 1997/1999, 163쪽). 인쇄신문이 처음 등장할 때 교묘하게 전하는 것이 아니라, 오히려 대중이 정치 뉴스를 적극적으로 소비하는 시대로 변하게 했다. '패러다임'이 변화한 것이다. 그 인간의 관심사 그리고 언론의 책임 자체가 과거와 다른 형태였다.

대중신문에서의 인간의 관심사는 주로 권력기구, 경제기구 등 비리 폭로가 주종을 이루고 있다. 비리 폭로 뉴스 자체가 그 사회의 자화상을 반영한다. 도시화 산업화가 이뤄진 초기에 사회문제가 양산되었다. 1830년대 중기 대중신문은 범죄 뉴스가 주종을 이뤘는데, 그런 유형의 선정적인 보도(sensationalism) 형태가 가십(gossip)의 형태로 지금까지 지속되고 있다. 물론 교육수준이 낮을수록 선정적이거나 공상적인 기사에 더 쉽게 설득당할 수 있다(Mitchell Stephens, 1997/1999, 211쪽). 선정성의 형태는 지금도 별로 달라진 것이 없다.

뒤르깽은 폭로와는 거리가 먼, 사회 분화로 문제를 막아주도록 원한다. 그는 개인의 동기가 증가했지만, '유기적 연대(organic solidarity)'로 산업사회를 풀이했다. 그는 추문 폭로, 살인 등의 초기 대중 신문이 접하는 시대와는 달라진 해결책을 제시했다. 지금처럼 '양자 물리학'이 작동하는 사회는 관계성이 복잡해진다.

정보가 다른 사람에게 전해지면 그 정보는 분명 상대방에게 영향을 준다. 대화를 지속하면 계속 영향을 주어 사람을 바뀌게 하지만, 어떤 방향으로 바뀔지는 개인의 처한 상황, 경험에 따라 달라지게 마련이다. 환경에 따라 그 적응의 방법도 다르게 마련이다.

더욱이 어떤 사회는 선악의 개념이 뚜렷하게 나타나고, 어떤 사회는 선악의 개념 자체를 도외시 한다. 그 발전은 진화론의 입장에서 얼마든지 언급할 수 있다. 더욱이 통제하지 못하는 환경의 요소가 많아질수록 언론의 공정성, 객관성, 정확성이 어느 때보다 강하게 요구된다.

그렇다면 진화론의 형태를 다시 언급해 보자. 동물의 진화론에서 진화는 오랜 동안 축적해서 이뤄지기 때문에 무의식적으로 일어난다는 것이다. 예를 들면 "포인터종의 개를 기르는 사람은 될 수 있는 한 좋은 개를 골라서 기를 것이고 나중에는 자기가 소유하고 있는 개 중에서 가장 좋은 개를 번식시키려 하지만 그 품종을 완전히 바꾸려는 희망이나 기대를 하는 것은 아니다. 그럼에도 불구하고 이 방법이 몇 백 년 동안 계속된다면 어떠한 품종이라 할지라도 틀림없이 개량되고 변화될 것이다."라고 했다(Charles Darwin, 1860/1984, 60쪽).

진화 과정은 늦을 수도, 빠를 수도, 아니면 돌연변이로 변화할지 누구도 장담할 수 없다. 이들은 반드시 획일적으로 변해 가지 않게 마련이다. 어느 나라에서나 큰 속에 속하는 종이 작은 속에 속하는 종보다 많이 번식한다(Charles Darwin, 1860/1984, 73쪽). 그럴지라도 자연도태, 적자생존은 인위적 과정이 아닌 것이다. 각 종은 그들의 특성, 환경에 따라 다르게 변할 수밖에 없다. 그렇다면 진화론적 생물과 동물의 삶 자체는 다원성으로만 풀이할 수 있다.

물론 다윈은 "직접 관찰이 불가능한 대상에 대하여 경험적으로 옳다고 증명할 수 없지만 현상들에 대해 최선의 설명을 제공하기 때문에 그 원인이 진리라고 주장하는 경우에 해당되므로 다원성이 최선의 설명으로의 추론을 사용했다고 분석된다."라고 했다(박미라 · 양경은 2015.11, 175쪽).

진화론은 모든 존재가 지배하는 단일성의 논리를 거부한다. 그 만큼 복합적 요소가 작동한다. 즉, 모든 존재를 단일구조로 설명할 수 없는 논리이다. 더욱이 인간은 동물과는 달리 우수한 두뇌를 갖고 있다. 즉, 인간은 생명체에 속하기 때문에, 아주 분명하게 유기체와 정신적인 것 사이의 존재론적인 중간성격으로 인하여 자연과학과 사회과학 사이를 접속시켜주는 과학의 영역이다(빗토리오 회슬레, 1998, 24쪽).

각 인간의 개체는 육체를 갖고 있을 뿐 아니라, 정신적인 면의 확장은 이성의 영역이 있고, 합리성의 논리가 있고, 수학과 기하학의 영역이 존재한다. 플라톤은 '동굴론'으로 육체를 제외한 정신세계를 빛의 세계로 봤다.

포퍼는 "과학이 진리에 부단히 다가가는 '진리 근접성'을 지식의 성장으로 본 반면, 파이어아벤트는 그것을 하나의 포괄적인 이론이 다른 포괄적인 이론으로 완전히 대치되는 과정으로 보았다(박만엽, 2008,1182~3쪽). 분명 생물학의 도움으로 물리학의 과학적 영역을 더욱 확장해 갔다. 그 영역은 목적론의 사고를 제외하고, 자연 현상의 인과사슬로 풀이한다. 즉, 인간은 단지 자기 자신의 이익을 위해서만 도태시킨다. 그러나 자연은 자연의 경향에 따라 그 생물의 이익을 위해서만 도태시킨다(Charles Darwin, 1860/1984, 128쪽). 생물은 자기의 이익보다 자연의 생존조건에 따라 적자생존의 원리를 작동시킨다. 자연은 환경의 원리에 따라 모든 내부기관, 모든 체질적 차이, 그리고 모든 생명의 기능에 작용할 수 있게 한다. 그게 하나의 인과적 보편법칙으로 수용된다.

진화론의 영역에서 가장 잘 다듬어진 경쟁이론, 적자생존의 이론을 제시한다. 적자생존은 생존의 적응에 대한 결정적인 기준이 된다. 여기서 라마르크에 대해 다윈은 경험적인 사실을 설명할 수 있을 뿐만 아니라, 무엇보다도 특히 선택과 함께 인과과학적인 설명요인을 풀이했다(빗토리오 회슬레, 1998, 24쪽).

여기서 인과론의 설명은 자연과학이든, 사회과학이든 혹은 물리학이든, 생물학이든 동일한 방법론의 논리로 설명하게 된다. 즉, 1842년 『종의 기원』 초안을 저술할 때 다윈은 "행동학, 고생물학, 생물지리학, 해부학, 계통분류학, 발생학 등에 제시한 설명들에서 자연선택을 적용할 수 있는 방법을 보이고자 노력했다."라고 했다(박미라·양경은, 2015, 181쪽).

그 지배원리는 이성과 합리성의 원리로 꿰뚫게 된다. 한편 자연·사회과학의 아카데미즘은 현장의 합리적, 효율적 운용과 그 논리적 정당성을 확보하게 함으로써 그 영역을 더욱 확고히 부각시킬 수 있다. 더불어 저널리즘이나 아카데미즘은 논리적 합리성을 획득하는 과정에서 별로 다를 바가 없다. 아카데미즘과 저널리즘이 전혀 다른 영역이 아니라는 소리이다. 알고리즘이 성행되는 분위기로 봐서 저널리즘의 수준이 아카데미즘까지 분석 수준을 상승해야 하는 당위성을 안고 있다.

한편 사회학의 비조(鼻祖) 꽁트(Auguste Comte, 1798~1857)는 처음에 사회과학 원리를 자연과학에서 그 근거를 찾았다. 그는 새로운 사회과학을 처음 규정할 때 '사회물리학(社會物理學)'으로 규정했다(Lewis A. Coser, 1971/1994, 14쪽).

'사회물리학'이라는 용어를 먼저 쓴 벨기에의 사회통계학자 아돌프 께뜰레(Adolphe Quetelet)의 용어를 도용했다는 비판을 받고, 꽁트는 라틴어와 그리스어를 결합하여 사회학(社會學)이라는 용어를 쓰기 시작했다(Lewis A. Coser, 1971/1994, 14쪽). 그는 물리학에서 사용하는 관찰(觀察), 실험(實驗) 그리고 비교(比較) 등 자연과학에서 얻어온 것을 사회과학에서 사용했다.

물리학에서 문제 풀이가 관심거리라면, 현장 기자는 사회 문제의 규명을 위해 언제나 현장에 투입될 준비가 되어 있다. 즉, 현장에 특파된 언론인이 얼마든지 자연과학에서 얻어온 방법론을 빌려 취재 과정의 정당성을 확보할 수 있다. 더욱이 저널리즘에서 객관성, 균형성, 공정성, 형평성 등도 따지고 보면 정당성의 문제를 설명하는 논리이다.

저널리즘은 짧은 시간 안에 사건, 사고의 진실을 파악하지만, 아카데미즘은 좀 더 시간을 들여야 할 수 있다. 하지만 전문직 기자가 현장의 합리성을 평소에 익히고 있다면, 아카데미즘의 논리를 원용하지 못할 이유가 없다.

더욱이 많은 독자를 상대하는 인터넷 저널리스트일수록 정도의 차이가 있긴 하지만, 저널리즘은 빈번히 아카데미즘의 논리가 필요하게 된다. 물론 다른 점도 존재한다. 저널리즘은 사실을 복잡하게 계속 나열하지만, 아카데미즘은 규명할 수 있는 범위를 좁히고, 더욱 분석적 방법에 몰두한다.

범위를 넓히면 모든 것이 섞여 혼돈될 수밖에 없다. 동물의 진화에서도 수나귀와 암말과의 교미는 일을 잘하는 노새가 태어나지만, 노새는 생식력이 없다. 마찬가지 논리로 전문적 분석이 아니면, 그 분석은 역사성은 의미가 있을지 모르나 그 이론을 다시 쓰기는 곤란하다.

잘 정돈된 논리는 다른 곳에서 적용이 될 뿐 아니라, 그 논리도 어떤 동물·식물이 무의식적으로 변화하는 모습을 관찰할 수 있다. 그 변화의 모습은 얼마든지 인과관계를 뽑아낼 수 있다. 무의식적 변화의 관찰을 위해서 고정관념도 분석할 필요가 있다.

더욱이 사회가 복잡해지고, '지구촌' 시대가 앞당겨지면서 현재의 이슈를 더욱 정교하게 풀이하기 위해 저널리즘도 인과관계, 무의식적 변이 등 자연과학적 방법론을 수용할 필요성을 감지하게 된다. 즉, 저널리스트가 작성한 기사와 칼럼을 쓰기 위해 논리적 정당성의 정도에 깊이를 더해갈 시점에 놓여 있다. 최근 논의 되고 있는 경제기사는 세계 시장을 상대로 하게 됨으로써, 더욱 복잡성을 띄게 된다.

한편 인터넷이 활성화된 시대는 개인의 참여가 증가하고, 그 네트워크도 폭발적으로 증가하고 있다. 고속도의 상황에서 과거 윤리적 코드는 붕괴된 상태이고, 과거 윤리적 잣대가 존속하더라도, 예외적 상황이 빈번히 일어난다. 더욱이 새로운 일인 미디어는 새로운 행위양식을 만들어 냄으로써, 많은 사람을 상대하는 대중매체의 경우 논리적 정당성 문제가 크게 부각된다.

기사의 발굴 양식도 달라진다. 실제 세계는 빅 데이터가 활성화 되면서, 얼마든지 많은 사실들을 접할 수 있게 했다. 또 다른 한편으로 인터넷 기사는 연성화를 치닫고, 선정성, 주관적 판단이 강화된다. 신문과 방송이 그 문화를 탐닉하면서 사회에는 엄청난 파급 효과를 가져 온다. 언론의 탈진실의 불신이 눈앞에 있다.

세월호 사고의 대량 오보가 나온 현실이 설명되었다. 현장의 합리성과 논리가 빈약했다. 진화론에서 "'적자생존'이란 선택구조와 함께 진화생물학은 목적론적인 전제 없이 개별적인 생명체의 그 환경에 대한 적응과 생명체의 구조들의 고도의 합목적성에 대한 광범위한 통일적인 정초를 제공해야만 한다.”라고 했다(빗토리오 회슬레, 1998, 27쪽). 생물 유기체는 다원주의 자체에 진화의 원인을 찾아내어야 한다. 더불어 현장에서 연구자, 기자의 목적론적 사고는 우선 통제할 수 없는 변인으로 놓는다.

현장에 특파된 기자가 자신의 의도를 노출시키면 시킬수록 그 취재는 처음부터 왜곡의 길을 걷게 된다. 좁은 시각의 고정관념은 더욱 불신을 조작시킨다. 더욱이 자연도태, 적자생존의 원리 자체를 무시하게 된다.

‘탈진실’은 우연하게 일어나지 않는다. 탈진실의 문화에서 자연 현상의 다원성을 상실하게 된다. 자신의 의도가 다른 사람과 공유될 가능성은 전혀 고려할 수 없다. 사건의 내적 논리를 무시하게 된다. 기술이 발전되면 ‘기술 결정론적 목적론의 사고’에 의해 그 경향은 더욱 두드러진다.

결과적으로 사건 취재에서는 현장의 상황논리에 의한 합리성을 결하게 된다. 원리원칙, 정확한 사실, 분석적 정신 등을 갖지 않는다면 ‘파이어아벤트의 극단적 상대주의 과학’이 적용될 이유가 없다.

출입처 중심의 언론은 환경의 감시 기능을 뒤로 하고, 권력 기구가 되었다. 그들은 권력을 나누는 커뮤니케이션에 성공했지만, 독특한 시각을 가진 다량의 콘텐츠 산출에는 문제가 생긴다. ‘직접 취재(firsthand coverage)’가 줄어들면서 문제가 생긴다. 그 많은 언론사가 이상한 경쟁을 한다. 그들에게 나눠줄 권력도 없다.

해방 이후 작은 언론들이 생존할 방향을 찾았던 정보를 쉽게 얻는 출입처 중심의 관행이 그대로 존속된 것이 화근이 되곤 한다. 이런 측면에서 보면 오히려 일제 강점기 시대 조선일보 등이 설치했었던 지·분국이 오히려 더 발전된 상태였다.

3년 이상을 끌어온 세월호 사고의 현실을 살펴보자. 그렇다고 돈과 시간이 많이 들어가는 ‘탐사보도’는 할 분위기도 형성되어 있지 않다. 발표 저널리즘에 익숙했던 언론은 콘텐츠 제작에 여전히 구술의 이용을 더 선호하고 있다. 그리고 언론은 구술 증언에는 뉴스 내용에 한계(why?)가 있을 뿐 아니라, 정확성을 기하기 위해 두세 사람의 체크가 필요하다는 사실을 망각했다.

세월호 사고 당시 칼럼니스트 김경일은 "2014년 4월 16일 9시 53분에 최초 서면보고를 받은 대통령은 20분에 한 번씩 조윤선 장관에게 전화를 하며 특공대 투입 등을 검토하는 등 구조 활동 노력을 하던 상황이었다. 그때, 이런 모든 것들을 무력하게 해버리는 돌발 상황은 단원고에서 발생했다. 학부모와 기자들이 몰려와 있던 단원고 강당에서 학부모 김 모 씨가 연단에 올라 '학생들이 전원 구조되었다고 한다.'고 마이크를 들고 발표했다 이 사실은 MBN에서 11시 1분에 최초로 방송을 탔다. 학부모 김 모 씨는 이 사실을 학교로 뛰어들던 40대 여인에게서 들었다고 한다. 《한겨레21》은 그 상황을 이렇게 전하고 있다."라고 했다(김경일, 2016.3.28).

동 기사는 "단원고 관계자의 가족인 김○○ 씨도 세월호 사고를 뉴스로 접하고 학교로 달려갔다. 세월호에 탑승한 가족과의 연락이 닿지 않았다. 그는 답답한 마음에 학교 건물 밖에서 담배를 피웠다. 그 때 40대 여성이 '학생들이 전원 구출됐다.'고 소리치며 학교 건물로 뛰어 들어갔다. 김 씨도 학교 강당으로 들어가 주변 사람들에게 단원고 학생들이 모두 구조됐다는 소식을 전했다. 누군가 강당 연단에 그를 세웠다."라고 했다(김경일, 2016.3.28).

발표 저널리즘, 출입처 나팔수에 익숙한 MBN 기자는 오보를 하고, 다른 언론은 퍼 나른 것이다. 언론은 나팔수의 기능을 무의적으로 발동한 상황이었다. 세월호 사고는 우리의 선전, 선동술의 언론의 실체를 보여준 것이다. 여기서 선전은 어떤 현실의 목적에 봉사하기 위해 사실을 선택하거나, 사실을 만든다(Bill Kovach &Tom Resenstiel, 2014, p.98). 선전에서 다각도의 '명료성(transparency)' 정신이 있을 이유가 없다. 언론은 공익성을 상실한 신뢰 제로의 사회제도를 만들어 간다. 더욱이 '세월호 참사'는 잘 기획된 선전술이었으며, 기존의 이론대로 풀면 출입처 '구술문화'가 신문매체에 이전된 것이다. 인쇄매체가 갖는 '강철 팩트(iron core facts)', 명증성을 가진 사실을 상실하게 된 것이다.

또한 '최순실 게이트', '국정농단'도 결국 JTBC의 태블릿 PC에서 시작되었다. 현재 태블릿 PC는 한 두 대가 아니다. 그 원인은 JTBC가 확인도 하지 않고 그 태블릿 PC만 믿고 대량 오보를 한데 있다.

언론보도 관행에서 실증주의 다윈의 법칙, 즉 적자쟁존의 법칙, 혹은 인과관계를 적용시킬 어떤 근거를 찾을 수 없었다. 기자에게 과학적, 합리적 분석은 불가능하게 되었다. 언론사건 현장에서 언론인은 자신의 의도를 깊게 관련시킴으로써 현장의 논리가 작동되지 않는다. 언론에서 과학적 사고가 전혀 작동이 되지 않는다.

현장의 합리성, 과학성을 도외시키는 대신 자신들의 주관성을 쉽게 개입시킨다. TV, 케이블 TV, 즉 인터넷을 닮은 인쇄매체는 자신들에 대한 신뢰와 자신들의 영역을 붕괴시키고 있다. 그게 관행화 되어, 계속 사회를 움직이게 되면 그 사회는 꽁트의 '사회물리학'으로 풀 수 없는 현실이 된다. 그 상황이 적자생존, 자연도태로 이어지면, 그 사회는 민주주의 사회로서 기능을 상실하게 된다. 능동적 과학정신은 수동적 나팔수 저널리즘과는 다른 차원이다.

3) 초기 대중신문의 보도

다윈의 이론에 적용시켜 보자. 취재 현장에서 자연도태는 이상한 왜곡이 꼬리를 물게 되는 것이다. 탈진실, 즉 거짓이 판을 치는 세상을 '적자생존'의 원리로 포장을 하게 되는 것이다. 다윈은 "자연도태는 날마다, 시간마다 전 세계에서 가장 사소한 변이라도 계속되고 있으며, 나쁜 것을 버리고 우수한 것은 보존하고 유지하며, 아무 말 없이, 아무도 모르는 사이에 기회가 주어지면 언제나 어느 곳에서나 유기적 또는 무기적 생활 조건에 연관하여 개개의 생물의 개량은 계속되는 것이다."라고 했다(Charles Darwin, 1860/

1984, 129쪽). 현장에 익숙하지 않는 언론의 관행이 계속 노출된다. 기자의 취재 관행은 철저할지 몰라도, 돌발적 상황에 대한 위기대처 능력이 현저히 떨어진 상태이다. 기자의 관행이 아니라, 현장의 구체적 상황 하에서 사건의 내적 논리, 합리성이 더욱 요구되는 시점이다.

더욱이 인터넷 시대는 대중매체가 가져야 한 사실 검증의 미덕을 도외시한다. 자기 정체성과 자신과의 대화가 필요한 시점이다. 물론 그 피해는 엄청난 사회적 충격을 가져다준다. '강철 팩트'가 작동하지 않는 것이다.

1830년대 대중신문이 쌓아올린 사실주의 관행이 무너진다. '사회물리학'의 이론은 전혀 작동이 되지 않고, 오로지 정도에 벗어난 의견기사만 난발한다. 학문이 현실세계에 바르게 적용될 수가 없다. 물론 인터넷 매체는 그러한 것이 그냥 넘어갈 수 있어도, 여전히 많은 독자와 시청자를 상대하는 신문과 방송은 과거보다 더욱 서술의 논리적 정당성을 확보해야 한다. 그렇지 않으면 독자와 시청자는 기존 매체를 불신하게 되고, 언론 관련 분야는 위기를 맞게 된다.

물론 미국 저널리즘에서 객관성(objectivity)은 일종의 최고의 신(god)이다 (David T. Z. Mindich, 1998, pp.1~2). 베네트(James Gordon Bennett)가 1835 《뉴욕 헤럴드》 편집자로서 모든 공적, 또한 적절한 주제에 사실(facts)을 기록할 것을 처음으로 선언했다(David T. Z. Mindich, 1998, p.3).

《뉴욕 헤럴드》는 1836년 뉴욕 월가의 미모의 '창녀의 살해(crime news)' 사건을 다루면서 더 이상 정치뉴스가 아닌, '인간의 관심사'를 다루면서 사건 취재에 관심을 가졌다. 선정보도에는 광고주가 붙었고, 객관주의(objectivity 는 당시 생산됨) 사건·사고를 주로 다루기 시작했다(David T. Z. Mindich, 1998, p.19). '보통사람의 시대', 즉 '잭슨 민주주의(Jacksonian democracy, 재선 1832년)' 시대에 일어난 것이다.

그러한 경향은 당시 뉴욕에서 가장 많이 팔리던 《모닝 쿼리어 & 뉴욕 인쿼리(Morning Courier and New York Enquirer)》 편집자 웨버(James Watson

Webber) 등이 다른 신문과의 적자생존 경쟁을 시도한 이후로 지금까지 지켜지고 있다. 이들 신문은 더 이상 정당과 손을 잡지 않았다. 최초의 신문 선 (the New York Sun, 1933)은 '모든 사람에게 빛을...(It Shines for All)'라는 모토로 신문을 냈다. 모든 사람을 같은 계급으로 본 것이다.

처음부터 이들은 야성(野性)을 유지했던 것이다. 세월호 사고로 정치권력을 끌고 오는 추태는 그들에게 아예 없었다. 잭슨 시대의 사회변동과 동원은 엄청난 것이었지만, 세월호 사고는 정치인이 바뀔 뿐 사회 내 어떤 변동도 가져올 수 없다. 당시 '페니 프레스'는 과학보도, 객관보도, 현장의 합리성을 통해 논리적 정당성을 확보해야 했다.

이는 자서전 필자, 역사가, 예언자 등에는 볼 수 없는 관행이었다. 저널리스들은 분리(detachment), 비당파성(nonpartisanship), 역삼각형(inverted py-ramid), 사실성(facticity), 균형(balance) 등 '객관성'5의 요소를 언급한다. 객관성은 과거, 현재, 미래도 같을 전망이다(David T. Z. Mindich, ibid., p.2).

사실성은 하늘에서 떨어진 도덕적, 윤리적 코드가 아니다. 초기 신문들은 대부분 지역신문들로 커뮤니티 복원에 관심을 뒀다. 저널리즘은 당시 시민들을 위한 기능을 했다. 더욱이 관습법의 나라, 개인주의 사회에서 자신을 객관화, 그것을 기사화함으로써 객관성이 그들에게 그만큼 중요할 수밖에 없다.

지방의 인턴 기자가 중앙 기자로 평행이동을 한다. 현장에 밝은 기자가 처음부터 충원이 된다. 이들 기자들에게 중산층의 경험세계가 그만큼 중요했다. 그 전통으로 CBS는 최근까지 '실생활 텔레비전(real TV)6', '실생활 드

---

5 전문직 저널리스트 협회(The Society of Professional Journalists)의 윤리코드가 객관성으로 진실성(truth), 정확성(accuracy), 종합성(comprehensiveness) 등으로 바꿀 것을 토론했다(David T. Z. Mindich, 1998, pp.5~6).

6 1990년대 케이블 TV, 신디케이션, 팩스, 컴퓨터 등 새로운 미디어 충격, 융합의 도전을 받았을 때 CBS Evening News의 레드(Dan Rather)는 우리는 Reality TV, Real Life Dramas를 야기하 했다.(David T. Z. Mindich, 1998, p.2).

라마(real life dramas)'를 지향했다(David T. Z. Mindich, 1998, p.2). 물론 실생활은 자연철학의 영향과도 분리시킬 수 없다.

바쏘(Sebastian Basso)는 17세기 『자연철학(Philosophia Naturalis)』에서 새로운 개념의 자연 개념을 최초로 규정했다(문창옥, 1998, 54쪽). 그 후 자연의 영역은 자연을 구성하는 물질계의 자연과학이 지배하였고, 정신을 본질로 하는 인간의 영역은 철학이 지배하게 되었다. 한편 레클릭(Leclerc)은 자연철학의 위대한 전통이 복구되어야 한다고 주장하는 가운데 화이트헤드(Alfred North Whitehead, 1861~1947)의 작업이 20세기에 있어 그러한 복구의 뛰어난 사례였다고 발표했다(I. Leclerc, 1973, pp.158~168; 문창옥, 1998, 54쪽). 화이트헤드는 감각적 경험과 과학적 경험을 중요한 원천으로 하는 가운데 전통의 의미의 자연철학적 과제를 떠안을 수 있었고, 그의 철학을 '유기체 철학(organic philosophy)'이라고 했다.

'자연철학'과 언론의 객관성, 사실성과 같은 차원에서 논의된 것이다. 그러나 인터넷 시대에 오면서 그 도덕적, 윤리적 코드가 기능을 상실하게 된다. 인터넷 시대의 언론은 객관적 사실보다 감정·신념이 여론에 더 영향을 미치게 됨으로써 '탈진실' 시대를 맞이하게 된다.

그에 따른 대중매체의 행위양식과 윤리코드가 바뀌고 있다. 인터넷에서 다양한 의견을 뽑아내지만, 그 사실을 뒷받침할 논리적 정당성이 점점 더 약해진다. 언론에는 취재원을 밝히지 않는 가십거리의 기사가 넘쳐흐른다. 취재원이 확실하지 않은 구술의 '탈진실'이 점점 증가 추세이다. 기존의 저널리즘은 댓글과 차별성을 갖지 못함으로써 자신의 고유영역을 상실하게 된다.

인터넷 기술 방식이 대중 매체에 흘러들어가게 된 것이다. 전통 저널리즘의 사실 취급 형태가 달라지고, 인터넷 언론과 경쟁하는 저널리즘이 되다보니 속보성과 내용면에서도 기존 미디어가 위기를 맞게 된다.

다른 한편으로 인터넷이 발달되면서 세계가 하나가 된 '지구촌'일수록 풍부한 내용의 기사를 요구하게 된다. 뉴스를 소비하는 주체가 달라지고, 그 공동체가 과거와 같지 않다. 과거의 전통적 집단의 친밀감으로 엮어진 사회와 현재 인간관계의 정도는 판이하게 다르다.

더욱이 타인과의 '우리끼리' 관계는 주관을 과다하게 표출하면서, 대화의 상대방에서 본인의 의도를 뒷받침할 정당성 확보가 어느 때보다 필요하게 된다. 콘텐츠의 논리가 필요한 시점이다. 강철 핵심 뉴스는 경제 모델의 뉴스에 자리 잡고, 독자에게 가외로 정보를 제공한다(Alex S. Jones, 2009, p.4).

설령 인간관계의 모델이 변했다고 하더라도 객관성뿐만 아니라, 현장성, 현실성(reality)을 강화시킨다면 문제 될 것이 없다. 이것도 저것도 아니면 현실성, 혹은 현장의 합리성만 갖는다면 문제가 될 이유가 없으나 객관성, 현실성 사실의 융합이 아니라면, 개방사회의 저널리즘 근본에 문제가 생긴다.

인터넷 시대를 대비한 언론과 사회과학의 방법론이 대두된다. 지극히 자연적이면서, 자연법적이며, 창조주 신의 오묘한 논리 탐구에 더욱 관심을 갖게 된다. 이성의 원리가 감성 못지않게 중요한 시기가 된다. '자기 정체성', '자신과의 대화', '삶의 철학'이 필요한 시점이다. 더욱이 인간 공동체가 붕괴됨으로써 오히려 개인을 규제하는 자연법과 이성과 합리성이 더욱 설득력을 얻어간다.

초연결망 사회, 즉 인터넷 시대의 언론은 과거의 잘못된 언론관행이 더욱 첨예하게 나타나고 있다. 전통 취재논리, 즉 발표 저널리즘, 나팔수 그리고 출입처 중심의 취재보도는 패거리 문화를 만들어 내기에 충분하다. 출입처 중심으로 나팔수 역할을 하거나, 혹은 비판적 기사를 쓰거나를 반복한다. 양쪽으로 갈라져 기사를 작성한다.

객관성, 현장성이 필요한 시점이다. 최근 문제가 된 사건, 사고들로부터 언론이 풀어야 할 두 가지 큰 과제는 '진영논리'에 매몰되었다. 정권마다 바뀌는 논리이다. 언론의 정치적 독립(detachment), 비당파성(non partisanship)

이 필요한 시점이다.

전술했듯 미국 사회에서 1830~1860년대 심각하게 논의된 것이 '객관주의 덕목[7]이다. 사실 진정한 객관주의는 존재하지만, 얻을 수는 없다(David T. Z. Mindich, 1998, p.41). 진실 규명이 어려울 터인데, 객관주의가 그렇게 쉽게 얻어 질 리가 없다.

과학적 객관주의는 사실을 사실대로 규명한다. 다윈은 『종의 기원』에서 적자생존의 법칙을 설명했다. 그는 "토끼풀의 수정 능력은 전적으로 꽃을 찾는 벌에 의존하기 때문에 만약 땅벌이 어느 나라에서 감소된다면, 꿀벌이 그 꽃의 꿀을 빨아들일 수 있도록 꽃 통이 작아지거나 또는 꽃 통이 더욱 깊이 갈라지는 식물에게 큰 이익을 가져다 줄 것이다. 이리하여 나는 어떤 꽃 또는 어떤 벌이 동시에 혹은 교대로 서로에게 유리하도록 아주 작은 구조상의 편차를 계속 보존함으로써 가장 완전한 방법으로 서서히 변화하고 또 서로 작용하게 된다는 것을 이해하게 되었다."라고 했다(Charles Darwin, 1860/1984, 146쪽).

초기 대중신문은 치열한 경쟁 속에서 적자생존을 유지했다. 그 때부터 대중신문은 사실과 의견을 분리시키고, 정치와의 단절을 시도했다. 사생활, 명예훼손을 피하면서 논리적 정당성을 확보하는 길이다. 그 위에서 그들은 연방수정 헌법 제1조, '의회는 종교와 언론의 자유를 제약하는 어떤 법도 만들지 못한다.'라는 덕목을 지키기를 노력했다. 그 결과 민주주의 '보통 사람들의 시대'를 열게 되었다.

현장에서 합리성을 찾았던 야성을 가진 그들은 서구 민주주의를 꽃피웠고 언론자유를 구가했다. 언론인들은 출입처에 앉아 '나팔수 언론(an obedi-

---

7 객관주의 덕목 중 독립(detachment and nonpartisanship, 1830~40), 역삼각형(the inverted pyramid, 1860년대), 순수한 경험주의(naive empiricism, 1850년대 중반)와 균형(balance, 1890년대) 등은 역사적 과정을 거치면서 형성되었다(David T. Z. Mindich, 1998, p.10).

ence press)', 적대자 언론(an adversarial press)도 아닌, 제3자의 길을 걸을 수 있었다. 그들이 묘사한 현장의 합리성은 곧 민주주의 역사의 기록이 되었고, 깊은 분석은 또한 다른 사실과 사건의 인과관계를 뽑을 수 있었다. 그렇지만 출입처 중심의 언론은 썩은 정치판 뉴스가 톱뉴스가 되고, 여전히 발표저널리즘이 주류를 이룬다.

출입처 중심이 아닌, 현장에는 오묘함이 있다. 삶의 철학이 있고, 창조적 진화가 있다. 식물, 동물에게도 돌연변이가 있다. 다윈은 "어떤 개체에서 이상하게 발달된 부분은 변이성을 나타내는 일이 매우 빈번하고, 아무리 이상하게 발달한 부분이라도 그 발달이 모든 종에 공통된 것이라면 변이성의 정도가 약하다는 것,-이차적인 성적 특징이 변이성은 매우 크고 이와 가까운 종 사이에 있는 변이의 양도 매우 크다는 것."이라고 했다(Charles Darwin, 1860/1984, 230쪽).

적자생존과 돌연변이 현상은 세밀한 관찰과 정확성이 생명이며, 과학적 사고의 보도가 아니면 규명할 수 없는 일이다. 언론의 주제를 좁히고 강한 사실 규명이 필요한 시점이다. 우리 사회는 여전히 민주주의 사회에서 가장 근본이 되는 '강철 뉴스(The iron core news)'[8]를 도외시 한다.

이는 기자가 강한 정파성을 띠거나, 패거리 문화에 익숙하다는 소리가 된다. 다른 한편 이런 이유에서 정확한 사실 규명을 하지 않는 논리가 되고, 현장의 합리성의 문제가 생긴다. 출입처 중심의 취재 시스템이 가져다 준 피해이다. 권력 기구로서의 언론이 불평등을 조장한다. '모든 사람에게 빛을,...'이라는 명제 하에 균형(balance)있게 기사를 다룰 수 없는 입장이다.

---

8 존스(Alex S. Jones)는 강철 정보의 조건으로 정확성(accuracy), 균형성(balance), 책임성(accountability), 독립성(independence), 그리고 이익에 대한 경계(checks on profit) 등 5가지 덕목을 언급했다(Alex S. Jones, 2009, p.45). 그리고 그는 인터넷 시대에 저널리즘의 타블로이드화(tabloid), 정파성(advocacy), 오락(entertainment) 등에 매몰되는 것을 경고했다(ibid. p.56).

균형은 서로 상반된 견해에 균형을 취하게 한다. 한편 《뉴욕 타임스》 사주 오크스(Adolph Ochs)는 1896년 4월 취임연설에서 불편부당(impartial), 높은 품격(high standard newspaper), 깨끗함(clean), 고품(dignificed), 진실성(trustworthy) 등을 제시했다(New York Times, 1896.4; David T. Z. Mindich, 1998, p.139). 그리고 사시(社是)도 '인쇄하기에 적절한 신문(All the News that's fit to print)'으로 규정했다. 고급지의 품격은 그만큼 중요한 덕목이다. 기자에게는 '뉴스에서 자신을 분리시킬 것을 권장했다(Keep Yourself out of the Story)'라고 했다.

《뉴욕 타임스》는 엘리트 저널로 옐로 저널리즘에 대항하여, 정보사회의 주축이 될 정보지로 규정을 했다. 이 신문은 1890년대 당시 경향에 따라 의사, 법 등의 분야와 같이 전문지를 지향했다. 더불어 오크스는 다른 신문과 '도덕적 전투(a moral war)'를 선포한 것이다(David T. Z. Mindich, 1998, p.122).

이는 극단적인 정파성을 펴는 우리의 신문과 대조를 이룬다. 기자협회 김창남 기자는 "언론이 갈등과 반목을 조장하고 '진영논리'에 매몰된 사이 독자들과 시청자들은 지면을 덮고 TV뉴스를 외면했다. 하지만 언론은 오히려 귀를 닫고 독자들이 멀어진 이유를 급변하는 미디어 환경 변화에 따른 언론사업 위기 탓으로 돌리기에 급급했다. 뉴스 경쟁력 강화 보다는 수익을 우선하면서 기자들을 사업에 내몰았고, 입바른 소리를 하면 징계하거나 왕따시키는 조직 문화가 언론 내부에 암처럼 퍼졌다."라고 했다(김창남a, 2017.1.4).

언론이 '진영논리'에 벗어날 수 있는 길은 물론 자신이 쓴 기사에 대한 논리적 정당성을 확보할 때 가능하다. 출입처 중심의 현장 합리성을 결한 기사는 당연히 의견이 자동 개입되게 마련이다. 더욱이 최근 새로운 미디어의 등장으로 '미디어 결정론'의 관점에서 기자는 더욱 혼란스럽다.

의견이 쉽게 개입할 수 있는 유혹으로 미디어의 다변화를 들 수 있다. 맥루한의 '미디어는 메시지이다.'라는 논리라면, 새로운 미디어는 당연히 새로운 콘텐츠를 만들고, 그 논조의 변화는 혼란스러울 수밖에 없다.

전술했듯 SNS는 대중 매체에서 다루는 하드 뉴스보다 의견 내용이 많아 소프트의 연성 뉴스에 치우칠 수 있다. 인쇄매체에서 방송매체 그리고 SNS로 변화하면서, 매체의 성격에 따라 메시지가 달라질 수밖에 없다. 새로운 매체를 모방을 하다 인쇄매체가 그 정체성을 상실하게 되었다.

그 역사성을 언급한다면 인쇄매체의 특징을 금방 알 수 있다. 인쇄매체는 전문용어, 과학 기술의 발전과 더불어 발전되었다. 과거는 구술언어로 개인 간의 커뮤니케이션이 이루어졌으나, 인쇄언어는 천문학, 해부학자 등 자연과학자들이 사용했던 생소한 언어였다. 이들 언어는 거리에서 사람들이 이야기하는 말과는 전혀 달랐다(Elizabeth L. Eisenstein, 2005/2008, 276쪽).

중세에서 근대로 넘어 오는 과정에서 일어난 것이다. 아이젠스타인에 의하면 "대개 이들은 '쓰이지 않는 언어(unspoken language)'였으므로, 설교단과 인쇄물을 연결하는 고리로서 신의 말씀을 전파하려는 기독교도가 즐겨 쓰는 말과는 전혀 달랐다. 음성에 의하지 않고, 상세한 메시지를 정확히 전하는 '무언의 교사들(silent instructors)'에 의지하게 되어 기술 문헌이 의미론적인 함정에 빠질 위험성은 적지 않았다. '언어의 지배(reign of words)'는 끝났다고 1733년 폰트넬(Fontenelle)은 쓰고 있다. 현재 요청되는 것은 '사물(things)'이다."라고 했다(Elizabeth L. Eisenstein, 2005/2008, 278쪽).

이런 현상이 대중신문에도 나타난다. 미국의 대중신문이 본격적으로 나타난 것은 19세기 중반이었다. 그 때는 주로 의학과 과학의 시대였다. 대중신문은 이를 먼저 수용할 수밖에 없었다. 당시 의학, 과학, 예술, 문학 그리고 사회과학은 종교와 철학의 패러다임을 과학의 것으로 넘겼다. 저널리즘은 당시 더욱 경험적이고, '사실 근거(fact based)' 패러다임 사용에 앞장섰다(David T. Z. Mindich, 1998, p.11).

최근 '미국 잡지 학술대회(The American Magazine Conference)'에서 카(David Carr)는 "독자들이 신뢰를 하는 좋은 저널리즘이 사라진다면 웹 자체는 쓸모 없는 정보의 쓰레기통이 된다."라고 했다(David T. Z. Mindich, 1998, p.174).

그 현실은 지금도 유효하다. 최근 '강철 팩트 뉴스(iron core news)'의 대부분을 제공하는 것은 국내의 신문이다. 존스는 "85%의 전문직으로 보도하는 책임이 있는 뉴스는 신문에서 오고, 아주 신뢰 있는 소스는 95%까지 올라간다."라고 했다(Alex S. Jones, 2009, pp.3~4).

맥루한(Marshall McLuhan)의 언급에 따르면 인쇄 미디어는 '눈의 확장'으로 간주할 수 있다. 그러나 라디오, TV, SNS는 오히려 복합감각, 즉 '공감각(tactile)'의 구술문화 쪽으로 간다. 대중 신문은 '강철 팩트'를 사용하는 역사성이 필요한 시점이다.

최근 SNS에 대한 언급이 나온다. 기자협회 김창남 기자는 "연성기사가 위기에 빠진 언론을 구할 '구원투수'가 될 것이라고 믿고 다양한 시도가 이뤄졌다. 페이스북 등 SNS에서 리스트클(독특한 기사), 카드뉴스 등이 이용자들의 눈길을 끌면서 그 곳에 답이 있을 것이라고 착각했다."라고 했다(김창남 a, 2017.1.4).

원론에 충실하면서 현장의 합리성을 확보할 수 있는 방법은 초기 의학, 과학 등 사실에 기초한 기사나, 그 정신에 따르는 자연법 정신에 투철하게 다룬다. 자연의 변화에 민감하게 반응을 하면서, 그에 따른 관찰, 실험 그리고 비교를 통해 사건의 증거를 확보한다. 자신의 주관성을 철저히 배격할 때, 자연의 질서, 적자생존의 법칙을 알 수 있게 된다. 그 원리에서 포퍼가 말한 '본질적으로 잘못을 제거하는 시행착오의 방법'이 보인다.

그 근거에서 인과관계를 뽑아낸다. 이는 사실주의, 실증주의자인 다윈(Charles Darwin)의 진화론적 접근을 시도할 수 있다. 만약 돌연변이가 일어나지 않으면, 그 원인과 결과는 명료하게 일어나고, 관찰, 실험, 비교는 현장의 합리성을 더욱 확고하게 할 수 있다.

실증주의자는 원래 꽁트(Auguste Comte, 1798~1857), 다윈(Charles Darwin, 1809~82) 등에서 그 편린을 찾을 수 있다. '실증주의'는 자연현상을 관찰과 실험을 통해 검증 가능한 변수만 선택했다. 사실주의 19세기 후반에 실증주의는 자연과학의 비약적인 성장과 함께 매우 커다란 영향을 끼쳤다. 사회변동은 피할 수 없게 된다. 질서와 변동이 함께 하고, 사회정학(social order)과 사회동학(social change)이 함께 하게 된다.

최근 지구촌 현상은 통제할 수 없는 환경의 변수가 엄청나게 불어나게 하고 있다. 그만큼 사회 동학의 역동성이 깊게 자리하게 된다. 분석에는 알고리즘 기사까지 등장한다. 이런 때일수록 내용은 사건과 사고의 가장 합리적인(rationality) 견지에서 사건의 실마리를 찾아간다. 통제할 수 없는 환경의 요소를 체제 안으로 끌어 들여와 가장 효율성이 있는 보도를 하고, 그에 대한 분석적 대안을 제시한다.

한편 커뮤니케이션에서 강조되는 내용과 관계성의 측면에서 어떤 사건이 일어났을 때 개인과 다른 개인 간의 관계성을 엮어 이야기한다. 둘 이상의 관계는 개인적 관계일 뿐 아니라, 사회적 관계로서 서로 결합할 때 또 다른 세력을 형성할 수 있다.

내용(contents)과 관계성(relationship)의 커뮤니케이션 관계성은 사회의 정학(靜學, order)과 동학(動學, change)의 양자 측면에서 사건과 사고를 관찰한다. 정학은 체계이론이 다루기 쉽고, 동학은 유기체론이 분석에 알맞다. 진화론은 변화가 극심할 때 동학을 다루는 학문이다.

'창조적 진화'의 모습을 알아낸다. 이를 합산하여 꽁트는 인류의 역사가 신학적 단계, 형이상학적 단계 그리고 실증적 단계를 거친다고 봤다. 바로 현대 인류는 실증(實證)을 통해 논리적 정당성을 얻는다고 한다.

말하자면 꽁트는 신학적 단계에서 절대성을 찾았다면, 실증적 단계에서는 절대성이 없고 상대적 가치로 현대를 분석하기 시작했다(Lewis A. Coser, 1971/1994, 16쪽). 그는 자연현상은 끊임없이 발전, 진화를 한다고 여겼다. 진화이든, 돌연변이가 나타나든 자연현상을 이해하는 인간은 계속적인 자기 수정을 거쳐 자연현상을 관찰할 필요성을 갖게 된다.

자연과 더불어 인간과 사회도 사회정학과 사회동학을 갖고 있다. 어떤 형질은 안정된 발전을 하고, 다른 것은 계속 변화하게 된다. 변화하는 현상에도 변화의 법칙이 존재하고, 안정에도 일정한 법칙이 존재한다.

커뮤니케이션의 내용과 관계가 존재한다면 그 안에서도 고정된 '반복', 패턴(patterns)이 있을 것이고, 이를 구조기능주의에서는 항상성(homeostasis), 혹은 질서가 형성된다. 다른 한편으로 사회 동학적 현상은 계속 전문화 분화(differenciation)가 이뤄진다.

한편 언어는 과거, 현재, 미래를 엮어 모형 만들기를 가능하게 한다. 이는 문화와 관련이 되어, 인간의 감각에 영향을 주기도 한다. 더욱이 유기체(organ)와 체계(system)는 전혀 다른 차원이다. '자연과학'에서 논한 유기체는 감각으로 느낄 수 있지만, 설령 체계가 유기체로부터 파생된 것이라고 하더라도 감각으로 느낄 수 없는 추상화된 체계, 즉 유기체가 화석화된 부문이 존재한다. 감각으로 풀이할 때 놓칠 수 있는 부분이 체계이다. 맥루한은 감각의 '확장'에서, 통합 감각의 유기체론으로 논리를 전개시켰다.

체계는 전문화, 분화를 가능하게 한다. 체계 안에서 개인은 행위의 형태(patterns)를 갖게 되고, 그 패턴은 유기체의 원리를 이용할 때, 객관화(objectification)가 가능하게 된다. 체계가 유지체의 속성에 의존한다면 당연히 자신의 행위를 성찰을 통해 객관화시킬 수 있고, 사물을 인지할 때 객관화가 가능하고, 다른 사람의 행동을 상황의 논리에 따라 객관화를 시도할 수 있다.

인쇄문화가 등장하면서 이들의 의학, 과학 그리고 객관화가 더욱 현실화가 되었다. 프랑스 혁명가의 콩도르세(Condorcet)는 인쇄문화의 속성을 이야기했다. 웅변술이 부족했고 정렬과 감성에 호소하는 것을 경멸했던 수학자 출신의 정치가인 그는 인쇄의 출현에 특별한 역사적 중요성을 부여했다. 그에 따르면 "인쇄술이 웅변의 힘을 증가시켰으며, '차가운 이성의 빛(light of cold reason)' 아래에서 새로운 정체를 형성시킬 기회를 증가시켰다고 말했다."라고 했다(Keith Baker, 1975, p.298; Elizabeth Eisenstein, 2005/2008, 300쪽).

아이젠슈타인은 인쇄매체의 특성을 논하면서, 이성과 합리성의 정수를 이야기했다. 그에 따르면 "새로운 물리학의 조용하고 무색무취한 세계에서는 발성법이 필요 없었다. 인쇄의 지지 아래 이것들은 '이성의 내적인 귀(reason's inner ear)'에 호소하게 되었다."라고 했다(Elizabeth Eisenstein, 2005/2008, 300쪽).

한편 언어가 어떤 의미를 가지든, 환경이 어떻든 언론인은 '모형 만들기'로 언어, 기사를 구성한다. 맥루한은 자신의 '심리적 모형'을 '확장'이라는 개념으로 미디어를 설명을 했다. 맥루한의 이야기의 핵심은 "인간이 자기의 소외에 몰입한다. 다시 말해 그들은 자기를 확장시킨 것이다. 자기 자체가 아닌 모든 것에 매료되어 생활을 하게 된다."라는 것이다(Frank Hartmann, 2006/2008, 349쪽).

미디어는 인간을 확장시켜 만든 것이지만, 이에 마취된 인간은 미디어에 따라 자신의 삶을 영위하게 된다. 자기 정체성, 자기와의 대화가 필요한 시점이다. 아니면, 초연결사회에서의 자신의 확장으로 인해 결국 본인의 삶을 빼앗기게 된다. '자아 개념', '자기와의 대화'가 필요한 시점이다. 지금 우리 사회는 탈진실이 늘어나고, 민주주의는 위기에 봉착하게 되었다. 말하자면 기술을 통한 초(超)연결사회는 자신의 확장이 자신들을 마취시킨다는 것이다. 기술이 가져다주는 삶의 형태이다. 지성은 왜곡되고, 감성은 분리된다.

그 문화에 급속히 탐닉하고, 매몰되면서, 오히려 일제 강점기 문화보다 더욱 천박화의 길을 걷게 된다. 일제 강점기 시대에 쌓아 놓은 지역성, 통합하는 문학성, 뜻글자의 의미성 강화 등까지 상실하게 되었다. 역사의식이 상실되고, 그렇다고 서구 언론의 발전 양상, 즉 언론의 과학성도 섭취하지 못했다. 더욱이 기술에 따라 춤을 추는 방송문화의 통감각의 합성화로 시각 단일 감각의 속성을 상실하게 되었다. 인쇄신문은 그 문화의 정체성 위기를 맞게 된 것이다. 이는 곧 '탈진실' 문화가 우리 사회를 엄습하게 만들었다. 청각의 균형 감각이 필요한 시점이다.

4) 알고리즘의 과학기술 보도

타블로이드 저널리즘(tabloid journalism)의 최고의 덕목은 수용자를 될 수 있도록 많이 확보하는 것이다. 앤터만(Robert M. Entman)은 그 덕목의 이유로 최대의 이윤창출을 잡았다(Alex S. Jones, 2009, p.46). 더욱이 타블로이드 문화의 방송광고는 살인적이다. 맥루한은 「익사하는 인간(The Drowned Man)」에서 기업의 이윤창출에 5개의 감각의 마비상태를 묘사했다.

그는 "미국 시민은 새벽부터 자는 시간까지 포위된 상태에 있다. 그가 보고, 듣고, 맛보고, 만지고, 냄새 맡는 거의 모든 것들은 무엇인가를 그에게 팔려는 시도다. 정신 건강을 위해 운이 좋게도 그는 기저귀를 떼자마자 단기간에 굳은살이 박혀버린다. 이제 광고인들은 그를 보호하는 굳은 방어막을 뚫기 위해 지속적으로 충격을 주고, 집적거리고, 간지럽게 하고, 성가시게 하며, 또는 한 방울, 한 방울, 한 방울의 끝없는 반복 속의 중국식 물고문으로 그를 지쳐 떨어지게 만들어야만 한다."라고 했다(Marshall McLuhan, 1951/2015, 103쪽).

신문 독자, 시청자를 위해 언론은 봉사한다. 언론인들은 상업적 이익을 위해 '강철 팩트'를 연성화시킨다. 언론인은 정확성, 균형성, 책임성, 독립성 등 요소를 느슨하게 적용한다. 정확한 뉴스를 전달하는 것이 아니라, 뉴스로 이익을 취한다. 방송 종합편성채널의 '패거리' 상업주의로 국가 정체성까지 휘젓고 다닌다.

2017년 박근혜 대통령의 탄핵은 이익 우선의 타블로이드 저널리즘과 표를 구걸하는 정치인의 포퓰리즘이 만나 절묘하게 만든 역사적 사건이었다. 인터넷 문화에 휩쓸린 저널리즘 문화는 '탈진실'을 토해냈고, 저널리즘은 타블로이드 세기를 연출했다.

기사의 과학화와 저널리즘의 원론에 충실할 때가 되었다. 의학, 과학이 만난 대중신문의 역사성을 반추할 필요가 있다. 언론인은 더 좁은 영역에서 더 전문화가 되어야 하고, 현장의 합리성이 더욱 강화될 필요가 생겼다. 아니면 타블로이드 저널리즘 문화와 정치인의 포퓰리즘의 만남으로 인해 예견하지 못하는 사회로 흘러가게 된다. 언론자유를 위장한 독소가 사회를 엄습한 것이다. 폭로는 일상화되었고, 사생활 침해, 명예훼손은 사회 곳곳에서 일어난다. 민주주의의 위기가 국민 각 개인 앞에 다가온 것이다.

본능에 매몰된 현대인은 감각의 균형을 상실하게 된다. 더한 것은 개인의 감각 기관을 통제하는 전두엽이 고장이 난 군상들이 점점 늘어난다는 것이다. '욱' 하는 참지 못하는 성격은 과거의 좋은 경력들을 하루 만에 박살을 낸다. 개개인은 정체성을 상실한 나머지, 퍽 폭력의 성격을 지니고 있다.

뿐만 아니라, 패거리 문화는 세계 어느 곳에도 예를 찾기 힘들 정도로 심하다. 패거리를 형성시키고 희생양을 정하고, 특별한 이유가 있는 것도 아닌데 약자를 사정없이 공격한다. 사디즘적 생각은 자신 뿐 아니라 사회를 엄습했다.

그 문화에서 지식에 대한 사회의 신뢰가 바닥이다. 사람에 대한 신뢰 뿐 아니라, 전문가에 대한 신뢰마저 무너진다. 더욱이 삶과 죽음의 문제를 다루는 의사에게 까지도 신뢰를 주지 않는다. 인공지능이 전문직 인간의 자리를 넘보고 있다. 조선일보 〈만물상〉은 "인천 길병원에서 최근 두 달간 닥터 왓슨으로 85명의 암환자를 진료했다. 의료진과 왓슨의 처방이 엇갈릴 때 생명이 달린 사안임에도 암환자들 거의 모두 왓슨의 의견을 따랐다."라고 했다(김철중, 2017.1.14). 기사라고 다를 바가 없다. 데이터를 분석하고, 가장 잘 읽히는 좋은 기사를 작성하는 행위는 왓슨이나 구글의 인공지능(AI)이 더 잘 할 수 있다. 알고리즘 기사가 더욱 우수한 내용을 선보일 수 있다. 알고리즘의 기사는 사회의 퍼즐을 더욱 정교하게 분석할 수 있다.

타블로이드 문화가 엄습하는 가운데 알고리즘 기사가 등장한 것이다. 물론 인공지능을 통해 과학적 분석을 시도하는 내용이다. 인공지능은 환자를 정확하게 분석한다. 언론 기사에 인공지능의 우수성이 언급되었다. 인공지능은 이성적, 논리적, 분석력에서 뛰어나다. 역동성의 연산 작용은 기하학,

논리학, 수학의 원리를 잘 이용할 것이다.

조선일보 김철중 만물상은 이에 대해서 더욱 정교하게 분석했다. 김 논설위원은 "두 해전 이맘때 도쿄 의대병원에 60세 여성 환자가 빈혈증세로 입원했다. 갖가지 검사 끝에 의사들은 백혈병으로 진단했다. 세부 유형은 비교적 흔한 '골수성'으로 봤다. 그에 맞는 항암제를 썼지만 회복되지 않았다. '골수성'이 아니라는 얘기다. 이에 IBM 인공지능 왓슨(Watson)에 물었다. 왓슨은 수천 개의 환자 유전자 특성과 2000만개 논문을 비교 분석하더니, 희귀한 유형의 백혈병이라는 '정답'을 내놨다. 의사들이 2주 걸릴 일을 왓슨은 10분 만에 해결해 환자를 구했다."라고 했다(김철중, 2017.1.14).

기술은 '권력에의 의지'가 작동된다. 그렇다면 과학정신으로 이들을 보강해줘야 한다. 이번에는 관찰의 과학적 방법을 통해 알고리즘으로 분석하는 방법을 택한다. 과학 '현장취재'를 늘리고 현장의 합리성을 찾는다. 후술한 미국의 초기 대중신문은 시각 중심의 매체가 갖고 있는 이성과 과학 중심의 세계관 그리고 그 세계관으로부터 파생되는 사실(facts) 중시 사상에 관심을 둘 필요가 있다. 사실의 합리성, '순수 경험성(naive empiricism)', 객관성을 유지할 필요가 있다. 대중신문이 갖고 있는 초심으로 돌아가는 것이다. 한편 전신 등 전자매체가 나른 6하 원칙에 따른 '강철 팩트'에 관심을 가질 필요가 있다. 즉, 기술이든, 콘텐츠이든 초심으로 돌아갈 필요가 있다.

현장의 합리성이 필요한 시점이다. 정치권은 그날의 중요한 이슈는 인터넷을 통해 공개할 필요가 있다. 더 이상 출입처 중심의 관급 기사에 '나팔수'가 되거나, 적대적 언론을 펴는 것은 삼갈 필요가 있다. 현장의 합리성이 없는 언론은 권력 기구는 될 수 있어도 언론으로서 본연의 위치를 찾을 수 없다. 그 언론을 1만 5천 개 까지 둘 필요가 없다. 이는 죽은 언론에 불과하다.

베테랑 기자를 현장에 배치하고, 수습을 썩은 출입처, 정치문화로부터 독립시켜 준다. 베테랑 기자일수록 '자기 검증 진실(self evidence truth)'을 확보할 필요가 있다. 저널리즘은 유능한 기자가 좋은 언론을 만든다.

매일 '자기 검증 진실'은 자연의 모습을 관찰하면서 객관성을 확보한다. 시간이 오래 걸리는 작업이다. 이들은 종교의 패러다임에서 벗어나, 의학, 생물학, 자연과학에서 얻은 지식을 사용한다. 과학자이자 철학자인 스펜서 (Herbert Spencer)는 "객관적 사실(objective facts) 그 자체가 우리에게 인상을 깊게 해준다."라고 했다(David Shi, 1850~1926 p.69; David T.Z. Mindich, 1998, p.95). 즉, 새로운 과학적 생각의 방식의 예는 1832년, 1849년, 1866년 등 3차례 뉴욕을 엄습한 유행성 콜레라에 대응한 의학의 반응에서 진화되었다. 1866년 의사는 전염병을 퇴치하기 위해 데이터를 수집하고, 과학적 방법으로 풀어갔다. 더 이상 미신과 종교적 믿음, 무작위 실험 등이 통하지 않는 시대가 도래한 것이다.

다윈은 1860년 『종의 기원』에서 동물 유기체의 행위 습관을 언급했다. 그는 관찰을 통하거나, 기존 문헌의 조사를 통해 새의 속성을 파헤친다. 그는 "새의 경우에는 경쟁은 흔히 평화스러운 성질을 띤다. 이 문제를 연구한 사람들은 모두 많은 종의 수컷 사이에는 노래에 의해 암컷을 끄는 격심한 경쟁이 벌어지고 있다는 사실을 알고 있다. 기아나(Guiana)의 바다지빠귀 (rock-thrush)와 극락조 또는 다른 몇몇 새들은 함께 모이고, 이들의 수컷은 차례로 암컷 앞에서 아주 조심스러운 몸짓으로 그들의 아름다운 날개를 자랑하고 매우 익살맞은 몸짓을 해 보인다. 이 때 암컷은 마치 구경꾼처럼 서서 본 후에 나중에는 자기 마음에 드는 상대를 선택한다."라고 했다(Charles Darwin, 1860/1864, 136~7쪽).

관찰은 곧 과학 정신이며, 진실을 찾는 도구로 작동한다. 언론인은 관찰의 과학적 방법론을 통해 '콘텍스트'[9], 현장의 합리성을 찾아낸다. 물론 이

---

9 콘텍스트(context)는 구체적 환경(the physical context), 화자의 규범과 가치의 콘텍스트(the cultural contexts), 참여자의 신분적 콘텍스트(the social psychological context), 커

런 보도로 기록되면 역사의 기초자료로 충분히 사용할 수 있다. 그렇지 않고, '권력에의 의지'로 기술을 수용하면 문제가 된다. 커뮤니케이터의 이익과 목적에 모든 것을 구속시킨다.

기술에 모든 것을 의존하는 문화가 된다. 더욱이 신뢰 없는 우리 문화에서 왓슨의 기능은 매력적 요소를 갖고 있다. 이성이 아닌 감성은 순간순간 변화하기 때문에 예측이 불가능하다. 감각에서 들어오는 경험의 세계는 인지하는 개인의 경험에 따라 천차만별이다. 그 인지 성격 자체도 역시 퍽 수동적이다. 언론의 선정주의와 포퓰리즘은 이를 잘 이용한다. 그 결과 언론은 수용자들을 공중으로 대하기보다 군중으로 대한다. 군중은 아주 빈번히 폭도로 변한다.

언론인은 더욱 의학, 과학 분야에서 알고리즘이 쓰는 기사를 눈여겨 볼 필요가 있고, 기사 내용을 알고리즘에 맡길 수 있다. 그들의 글쓰기 양식은 과학기술의 저널리즘과 일맥상통한다. 동 칼럼의 결론은 "인공지능이 번성할수록 정신과 마음을 대하는 따뜻한 의사나 사람이 더 절실해질 것이다."라고 했다(김철중, 2017.1.14). 일자리도 인공지능이 반드시 전부 빼앗아 가는 것이 아니라는 소리이다. 그렇지만 기자와 알고리즘이 서로 공존하는 시대가 열렸다.

알고리즘이 하지 못하는 영역도 존재한다. 설령 내용과 분석을 알파고(AI)에 맡겨도 그 현장에서 구체적인 콘텍스트는 인공지능이 전부 읽을 수는 없다. 어떤 사고, 사건에 관련된 사람의 정서 상태, 가해자와 다른 사람과의 관계, 가족관계, 상황적 맥락, 역사적 맥락 등은 알고리즘이 분석할 수 없는 부분이 분명 존재한다. 그렇다면 앞으로 기사는 더욱 현장의 합리성, 현장의 실증주의 정서를 읽을 수 있는 노련한 전문기자가 더욱 요구될 시점이

뮤니케이션이 이뤄지는 역사적 상황(the temporal or time context) 등이 있다(Joseph A. Devito, 1997, pp.7~8).

다. 인공지능 기사와 전문가가 쓰는 기사가 공존하는 세상이다. 과학과 기술이 함께 하는 세상이다. 인공지능이 못하는 부분이 있다. 기술과 과학이 어우러질 때, 우리의 저널리즘은 더욱 발전될 수 있다.

4. 포퍼의 논리적 실증주의

1) 객관주의

포퍼(Karl Popper)[1]는 논리적 실증주의, 혹은 반증주의에 관심을 가졌다. 커뮤니케이션에서 포퍼의 유용성은 '환경감시' 정기능과 역기능에 대한 연구, 메시지의 논리적 정당성 등에서 언급할 수 있다. 더욱이 전술했듯 포퍼는 '본질적으로 잘못을 제거하는 시행착오의 방법이 효과', '과학이 진리에 부단히 다가가는 진리 근접성을 지식의 성장' 등을 풀려고 했다.

인공지능은 논리적 실증주의를 기본으로 하고 있다. 베르그송은 "인간 이외의 동물은 환경으로 머무는데 반하여 인간은 스스로 상황을 구성한다."라

---

1 칼 포퍼(Karl Raimund Popper, 1902.7.28~1994.9.17)는 과학철학, 사회철학, 역사철학 등 영역에 괄목한 업적을 남겼다. 그의 양친은 유태인 출신의 오스트리아 사람들이었다. 이들은 유태인이면서 루터교에서 세례를 받고 기독교인 사회에서 주로 활동했다. 그의 아버지 시몬 칼 포퍼(Dr. Simon Sigmund Carl Popper)는 변호사였으나, 학자라는 평을 받았다(李初植, 1990, 16쪽). 식당을 제외하고는 온 집안에 책이 있었으며, 칼 포퍼는 어릴 때부터 책 읽는 분위기에서 태어났다. 한편 그의 어머니는 피아노를 잘 쳤다. 그는 음악학교 Vienna Konservatorium에서 1년간 수학을 했다. 그 후 그는 비엔나 대학에서 수학, 물리학, 철학 등을 주로 공부하여 1928년 철학박사 학위를 받았는데 그의 논문은 "사고심리학에 있어서의 방법론문제(Zur Methodenfrage der Denkpsychologie)"였으나 부제의 논문은 음악사에 관한 것이었다. 그는 우주공간의 무한성과 유한성을 제1차 대전 당시의 무질서에 적용시키곤 했다(상게서, 18쪽). 1차 대전 이후 광기의 서구 세계를 비판하면서 학문적 업적을 쌓아갔다. 그 구체적 방법론으로 비엔나학파의 논리적 실증주의자 즉, 슐릭(M. Schlick), 카르납(R. Carnap), 파이글(H. Feigl) 등과 친교를 맺었다. 그러나 그는 비엔나학파의 논리적 실증주의를 비판적 관점에서 접근하고, 열풍의 마르크스주의에 비판을 가했다(상게서, 18쪽).
그는 대학을 졸업하고, 중학교 교사생활에서 『탐구의 논리(Logik der Forschung, 1934)』로 대학 강의를 얻게 되었다. 히틀러의 압력이 들어오자 1937년 뉴질랜드의 캔터베리대학에서 철학 강의를 맡았다. 2차 세계대전 이후 영국으로 돌아와 『열린사회와 그 적들』(The Open Society and Its Enemies, 2 vols, London, 1945)을 내놓았다. 그 후 그는 런던대학에서 철학, 논리학, 과학문법론의 강의를 맡았다. 1969년 퇴직하여, 명예교수로 연구를 계속했다. 주요 저서로는 『역사주의의 빈곤(The Poverty of Historicism, 1957)』, 『탐구의 논리』, 그 증보판으로 『과학적 발견의 논리(The Logic of Scientific Discovery, 1969)』, 그 전의 논문들을 모아 『추측과 반박(Conjectures and Refutations)』을 출간했으며, 실프(F. A. Schilp p)가 편집한 『포퍼의 철학(The Philosophy of Karl Popper)』 등이 있다.

고 했다(강영계, 1982, 46쪽). '창조'와 '직감'까지 컴퓨터가 처리한다. AI는 지성과 직관을 동시에 작동시킨다.

학교는 '디자인싱킹(Design Thinking)'[2] 인공지능을 활성화시키는 교육을 시킨다. 즉 AI를 통해 "취업은 물론 자기계발, 학사정보 컨설팅 등을 맞춤형으로 제공한다는 계획이다. '디자인싱킹'을 전문적으로 교육·연구할 'SW디자인융합센터'를 신설, 빅데이터와 클라우드 시스템 등을 교육 도구로 활용하고 있다."라고 했다(오선영, 2017.7.5).

최근 컴퓨터의 AI 기능은 직관의 영역까지 확장되고 있다. 베르그송에 따르면 직관이 본능에서 구별되는 것은 그것이 공정하고 스스로를 의식하며, 자신의 대상을 반성하고 그 대상을 무한히 확대하는데 있다(H. Bergson, 1957, p.178; 강영계, 1982, 48쪽).

포퍼는 실증주의를 논리적으로 풀고자 했다. 상황을 규정하고, 기본 데이터만 입력하면 알고리즘이 알아서 기사를 작성해준다. 즉, 컴퓨터가 직관의 영역까지 감지하여 논리적으로 맞춰준다. 그러나 포퍼의 태도는 "과학이론의 '통약불가능성(incommensurability)'을 주장하는 파이어아벤트의 입장은 궁극적으로 '어떠한 것도 좋다(anything goes)'는 이론적 다원주의와 반방법론주의를 옹호한다."(박만엽, 2008.11, 78쪽)라는 입장과는 근본적으로 다르다.

논리적 실증주의, 반증주의 등을 통해 과학적 접근을 풀이하고자 했다. 포퍼의 논리적 실증주의, 반증주의에서 선전, 선동술 그리고 '카더라' 언론은 용납이 되지 않는다. 그는 끝까지 비판을 통해 실증주의적 사고의 논리를 세운다.

물론 포퍼가 세상을 낙관적으로 본 것은 아니다. 그는 "과학에서 최종적인 진리란 없으며, 과학의 진보는 일련의 추측과 논박(1963년에 출간된 논문집

---

2 '디자인싱킹(Design Thinking)'은 '혁신을 위한 사고방식'을 뜻하며, 여기서 디자인은 '잘 정의되지 않은 문제에 대해 최적의 해결 방법을 제시하는 것'이란 의미다(손현경, 2017.7.5).

제목)을 통해 이뤄진다고 주장했다(Ziauddin Sardar, 2000/2002, 34쪽). 즉, 포퍼에게 과학의 핵심은 바로 반증주의 정신, 즉 자기비판의 정신이었다.

물론 포퍼는 인간의 이성, 논리적 사고 등에 대한 확고한 믿음이 있었다. 그는 "'나는 합리적'이라는 말에 대해 '비판적'보다 더 나은 동의어를 알지 못한다."(Karl Popper, 1979, p.62; 고인석, 6~7쪽)라고 했다. 또한 그는 "나는 합리적인 태도와 비판적인 태도를 동치로 놓는다."라고 했다(Karl Popper, 1968, p.16; 고인석, 2003봄, 7쪽). 같은 논리로 포퍼는 "우리가 살고 있는 자본주의 피해는 비판하되, 그 개혁은 점진적으로 이뤄져야 한다."라고 했다(신일철, 1990. 2쪽).

그 만큼 바른 이성이 작동하기 위해 현장의 합리성이 중요한 시점에 이른다. 사회가 요동칠 때 과학철학의 방향 설정은 포퍼에게 그만큼 긴요하게 요구된다. 즉, 포퍼에 의하면 "자유민주주의의 기초가 흔들리고 있을 때에 과학철학의 토대 위에서 자유사회의 존립을 옹호했을 뿐 아니라, 자유사회의 적(敵)인 전체주의와 그 급진적인 이데올로기에 오염되지 않음을 상기했다"(신일철, 1990, 1쪽).

『'열린사회'3와 그 적들』에서 포퍼는 "유기체 속에는 열린사회의 가장 중요한 특성 중의 하나인 구성원들 간의 지위 다툼에 해당되는 것이 아무것도 찾아볼 수 없다. 유기체의 세포나 조직은─종종 국가의 구성원에 대응한다고 말해지지만─영양분을 얻기 위해 경쟁할지는 모르겠으나, 다리가 머리가 되려 한다든가, 몸의 어느 다른 부부분이 배가 되려고 하는 선천적인 경향

---

3 열린사회(open society), 닫힌사회(closed society)는 H. Bergson이 처음 이야기했다. 베르그송은 『도덕과 종교의 두 원천』에서 열린사회란 열린도덕과 동적 종교를 기초로 하는 사회이고, 닫힌사회란 닫힌도덕과 정적 종교를 기초로 하는 사회로 규정했다. 닫힌도덕은 불변의 도덕, 의무의 도덕, 배타적인 도덕으로서 사회 통합만을 목적으로 삼는 지성 하에 기원을 둔 도덕인 데 반해, 열린도덕은 변화를 승인하는 도덕, 호소와 열망의 도덕, 인류애의 도덕으로 지성 이상의 직관적인 것에 근거하는 도덕이다(이한구, 1990, 120쪽).
열린사회는 신비적 정신, 합리적 정신을 기초로 하는 사회. 비판의 정신이 필요한 곳이다.

은 없을 것이다."(Karl Popper, 1945/2013, 294쪽)라고 했다.

포퍼는 사회체계를 이야기하는 것이 아니라, 인간 유기체의 사회이론을 주창한 것이다. 포퍼의 '비판적 합리주의'로 열린사회(open society)는 ①바람직한 사회라는 것이며, ②바람직한 사회를 창조하는 최선의 방책은 '점진적 사회공학(piecemeal social engineering)'이라는 것이다(이한구, 1990, 119쪽). 그는 민주적인 사회 재구성의 원리들을 분석하며, 사회적 재구성의 문제에 대한 합리적 접근을 방해하는 몇몇 장애물들을 제기함으로써, 사회 개혁을 주도한 것이다.

그는 반증을 통해 사회문제를 제거할 수 있다고 봤다. 체계 안에서 언론의 끊임없는 환경감시 기능이 그만큼 중요하다. 아울러 그는 논리적 실증주의를 제외시키지 않는다. 그는 "경험을 통한 배움을 강조한다. 우리는 항상 겸손한 태도로 자신의 잘못을 찾아내고 고치려고 노력해야 한다. 비판과 토론은 사회적으로 형성되고 장려되어야 한다. 비판과 토론이 허용된 사회가 '열린사회'이다. 그는 인간이 인간다운 삶을 영위할 수 있고, 문화다운 문화를 누릴 수 있는 유일한 정치적 공간으로 열린사회를 설정한다."라고 했다(신중섭, 1999, 102쪽).

포퍼는 열린사회의 전형을 과학자 사회에서 찾는다. 과학의 객관성은 과학자 개인의 무사공정성의 산물이 아니라, 과학적 방법의 공적인 산물이다(신중섭, 1999, 125쪽). 과학의 객관성은 전문가들 사이의 자유로운 비판을 통해 얻지는 상호주관성에 지나지 않는다. 비판과 토론이 자유로운 과학자 사회가 포퍼의 열린사회의 모델이다. 더욱이 이 사회는 관용과 다양성을 요구한다.

반면 포퍼가 말하는 닫힌사회와 열린사회의 특징은, 마술적이거나 부족적이거나 집단적인 사회를 닫힌사회라 부르고, 개개인이 개인적인 결단을 내릴 수 있는 사회를 열린사회라 부른다(포퍼, 1945/2013, 241쪽; 신중섭, 1999, 139쪽).

여기서 열린사회는 닫힌사회와 대립되는 사회이며, 점진적 사회공학은 전체론적 사회공학 내지 역사주의와 대립되는 방법이다.

그가 분석한 1930년대 상황은 열린사회가 아니었다. 그는 "파시즘과 코뮤니즘의 인기가 상승하던 1930년대에 '개방 사회'의 적인 교조적 마르크스주의와 나치즘, 그리고 그 밖의 갖가지 전체주의의 공통적인 특징인 역사법칙주의(historicism)에 대한 비판에 착수했다."라고 했다(신일철, 1990, 1쪽).

반면 포퍼의 닫힌사회는 "새로운 마술적 금기를 받아들이는 특성을 갖는다(Karl Popper, 1945/2013, 292쪽)." 그 종교적 개종이나 반동적 사회는 사회조건을 개선하려는 합리적인 의도에 관심이 없다. 그 사회의 금기 생활로 모든 삶을 엄격하게 통제한다. 개인의 자유가 억압된 상태이다. 포퍼는 개인으로 구성된 집합체로 사회를 고려했지, 종족, 국가, 계급 등 집합적 전체로 사회를 보지 않았다. 오히려 이런 민족주의 국가는 개인의 자유를 희생시킨다고 본 것이다(신일철, 1990, 2쪽).

포퍼에 따르면 닫힌사회는 "구체적인 개인들의 구체적 집단으로서, 노동의 분업이나 상품의 교환과 같은 추상적인 사회관계에 의해서 상호관계를 하는 것이 아니라, 만져보고 냄새 맡고 바라보고 하는 구체적인 육체적 관계에 의해 맺어진 사회이다."라고 했다(Karl Popper, 1945/2013, 293쪽).

커뮤니케이션이 콘텐츠와 관계의 문제라면, 과학은 콘텐츠, 즉 내용의 문제이다. 질 좋은 내용을 역동성 있게 표출하기 위해서는 그만큼 언론사는 전문기자를 많이 보유하고 있어야 한다. 전문 기자는 현장의 합리성(rationality)을 읽을 수 있어야 하고, 밑으로부터 수용자의 목소리에 민감할 필요가 있다.

물론 포퍼가 이야기를 하는 세계는 세 가지로 규정한다(Karl Popper, 1979, 106~52쪽; 여명숙, 92쪽). 그 내용을 언급하면 "제1세계(World 1)는 시공 속에 존재하는 자연적인 사물들과 물질적인 속성들의 세계로서 객관적 세계이다. 제2세계(W2)는 개별자로서의 인간의 의식 속에 있는 의도, 느낌, 기억,

사고, 꿈, 환상들로 이루어진 세계로서 주관적 세계이다. 제3세계(W3)는 언어, 윤리, 법률, 종교, 철학, 과학, 예술, 제도와 같은 구조물이 존재한다... 포퍼가 특별히 관심을 가진 것은 제3세계의 사물들이 지닌 정보적 특성이다."라고 했다.

제3세계는 제1세계의 대상들인 두뇌, 책, 기계, 필름, 컴퓨터, 그림, 디스켓 등에 기호화 되어 보존한다. 제3세계는 베르그송이 이야기하는 지성의 영역이다. 컴퓨터 안에서 제2세계가 갖는 뇌의 구조를 밖에 보존시킨다. 컴퓨터는 중추신경의 체계를 2진법으로 기억시킨다. 당연히 제1세계의 모든 실재를 재형성(reshape)한다. 즉, 이는 물질적 속성들의 세계에서 지성의 세계로 자리를 옮겨놓는(displace) 것을 시도한다(Karl Popper, 1979/1998, 92쪽).

물론 제3세계가 유연성과 경고성을 수용하려면, 그 만큼 제1세계의 객관성이 필요하게 되고, 그것을 융합할 수 있는 제3세계의 자율성이 필요하게 된다. 그 사회는 열린사회에서만 가능하다. 내용이 중심이 되는 열린사회는 개인의 행위를 법으로 규제한다. 즉 열린사회는 법률과 제도에 의존하며, 그리고 일정 형태의 사유방식과 행동의 기준을 필요로 한다. 열린사회는 눈에 보이지 않는 잘 짜인 미세한 구조를 가지고 있다. 닫힌사회에는 권위의 역할이 과도하지만, 열린사회가 될수록 권위는 줄어들게 된다(신중섭, 1999, 163쪽).

닫힌사회는 나와 다른 생각, 우리와 다른 문화를 인정하고 이해하고 공존하기 위해 노력하기보다는 부정하고 낮게 평가하고 말살하려는 태도를 가지기 쉽다(신중섭, 1999, 126쪽). 이런 생각을 가진 사람이나 국가가 물리적 힘을 가지게 되면 자기와 다른 사람이나 문화를 정복하고 억압하려는 전체주의 제국주의로 나아가게 마련이다.

반면 열린사회는 개인의 자유와 권리를 존중하고 그들의 의사가 반영되는 사회이다. 개개인이 스스로 독자적인 판단을 내리고 책임지는 사회이다. '자기 개념', '자기와의 대화'가 잘된 사회이다. 열린사회의 시민은 자신의 운명은 자신의 손에 달려 있다고 생각한다(신중섭, 1999, 126쪽).

포퍼의 논리는 닫힌사회에서 벗어나 열린사회로의 사고의 전환이 필요하게 된다. 물론 그는 전면적이며 급진적인 개혁보다는 착실하게 부분적인 수정을 거듭해 나가는 점진적인 사회공학이 훨씬 바람직하다고 말한다(신일철, 1990, 2~3쪽).

포퍼에 따르면 지식의 분류는 존재론적으로 구별되는 세 가지 종류의 세계가 존재한다. 위에서 언급한 세 가지 세계 중에 3번째의 세계이다. 힌데스에 따르면 3번째로 이해 가능한 세계, 즉 '객관적인 의미에 있어서의 관념들'의 세계이다(Barry Hindess, 1977/1990, 95쪽). 이것이 사유 가능한 대상들의 세계이다. 이 관념의 세계는 이론 자체와 이론의 논리적 관계의 세계, 논증 자체의 세계이며, 문제 상황의 세계이다(신중섭, 1999, 112쪽). 즉 이 세계는 이야기, 과학이론, 과학적인 문제, 사회제도, 예술작품처럼 인간정신이 산출해낸 세계이다.

여기서 포퍼에 따르면 '과학의 객관성'은 과학자의 무사 공정성의 산물이 아니라, 과학적 방법의 사회적인 성격, 즉 공적인 성격의 산물이다(Karl Popper, 1945, pp.305~8; 신중섭, 1999, 94쪽). 과학자 개인의 무사 공정성은, 그것이 존재한다고 하더라도 과학의 객관성의 원천이 아니라 결과이다. 과학의 객관성은 사회적으로, 즉 제도적으로 보장되는 객관성이다. 특히 여기서 객관적인 세계는 개인들의 주관적인 심리상태와 독립해서 존재한다는 의미에서 '객관적'이라고 말한다. 인식주체가 확실하지 않으면, 학문의 세계는 흔들리게 마련이다.

2) 현장의 합리성

인식론 또는 과학적 발전의 논리는 과학적 방법론과 동일시되어 한다(Karl Popper, 1959/1994, p.61). 방법론은 과학적 언명들 간의 관계를 순수하게 논리적으로 분석하는 일을 넘어서는 한, 방법들의 선택, 즉 과학적 언명들이 취급될 방식에 관한 결정들에 관심을 갖는다.

포퍼가 학문의 세계, 과학의 세계를 규명하는 방법은 우선 분석 단위를 철저히 개인으로 한다. 그가 문제를 삼은 경험적 근거는 지식이론의 기초가 된다(Karl Popper, 1968, p.43).

그의 관점에 따르면 "사회를 진정으로 인식하기 위해서, 우선 그 구성원인 개인들과 그들의 행동, 태도, 관계구조 및 환경을 분석해야 한다는 방법론적 개체주의를 제창한다."라고 한다(이초식, 1990, 25쪽).

개체주의의 관점에서 사회 비판이 필요하게 된다. 이러한 정치철학은 그의 유명한 '반증가능성의 원리'에 기초한 반증주의적 과학관에서 비롯된 것이다(신일철 1990, 2~3쪽). 포퍼는 19세기에 성행했던 귀납주의에 반기를 들었다. 그의 반증주의는 "귀납주의 과학관을 비판하는 데서 시작된다."라는 것이다(신일철, 1990, 3쪽).

그렇다고 그는 이성에 의한 논리적 실증주의에 완전히 의존하는 것은 아니다. 포퍼는 ①양자이론의 해석, ②단칭진술로 언급한 단일사건의 확률 문제를 해결하기 위해 성향해석을 시도했다(진성배, 2000.6, 119쪽). 여기서 성향은 "물리적 성향이며 뉴턴의 힘처럼 물리적 상황의 관계적 속성인데, 그 이유는 그것이 실험결과에 영향을 줄 수 있다는 관점에서 뿐 아니라, 일정조건 하에서 다른 것들과 서로 간섭하고 상호작용 할 수 있다는 점에서 '실재적'이다."라고 했다(진성배, 2000.6, 119쪽). 이들은 '물리적 실재성을 가지며', '전체 대상의 상황에서 나타나는 관계적 속성이며', '사건의 반복 시에도 상관적인 상황을 일정하게 유지한다.'등의 원리가 작동한다.

이 점에서 성향은 직관의 영역이다. 이는 "형이상학적인 개념이 아니라 역학에서 사용하는 힘, 또는 힘의 장(field)과 유사하다. 개체와 개체 사이에 작용하는 물리적 힘이 전체 물리학체계의 속성으로 설명되고 시험되듯이 관계적 개념인 성향도 실험될 수 있다."라고 했다(진성배, 2000.6, 120쪽).

126

개인주의로 풀어가지만, 사건이 일어날 때는 일정한 성향과 관계를 짓고 일어난다. 개인과 개인 사이 그리고 그들이 전체와 체계를 움직이면서, 사고와 사건을 일으킨다. 복잡한 현장의 합리성이 일어나고 있다. 애커맨(R. J. Ackermann)은 성향이론을 요약해서 "성향이론은 물리적 성질이 요청하는 것처럼 어떤 사건이 일정한 속성을 지닌 채 반복하는 경향성을 초래한다. 따라서 성향의 속성은 실험에 의해서 시험될 수 있는 사건들에 관한 실재적인 진술들을 허용한다."라고 했다(R.J. Ackermann, 1976, p.79; 진성배, 2000.6, 120쪽).

현장의 복합성에 따라서 본다면 검증 가능한 것은 과학이고 검증 불가능한 것은 과학의 자격이 없다는 기준은 '가능태(potentiality)'를 너무 단순화시킨 것임을 쉽게 알 수 있다.

검증의 대안으로 포퍼가 제시한 것은 바로 '반증가능성'의 원리이다. 과학이론은(실험에 의한) 완전히 실증하거나 검증할 수는 없어도 반증할 수는 있다는 것이다(신일철, 1990, 3쪽).

이론적인 과학은 바로 이런 의미에서 쉽게 허위화(falsifier) 가능한 이론들을 얻어 내는 것을 목표로 한다. 그것은 "허용되는 사건들의 범위를 최소한으로 제한하는 것을 목표로 삼으며, 만약 이것이 이루어질 수 있다고 한다면, 더 이상의 제한은 그 이론의 현실적인 허위화로 인도될 정도까지 그렇게 한다."라고 했다(Karl Popper, 1959/1994, p.153).

허위화를 발견하는 것은 범위를 좁게 잡으면 가능하다. 그 현장에서 직감과 성향, 타자와의 역학 관계가 명료하게 나타난다. 협약주의자(The conventionalist)의 관점에 따르면, 자연 법칙들은 관찰에 의해 허위화(虛僞化, falsifying)가 가능한 것이 아니다. 왜냐하면 그것들은 관찰이 무엇인가를, 그리고 더 특별히 과학적 측량이란 무엇인가를 결정하기 위해 필요하기 때문이다. 우리들의 시계를 조정하고 소위 엄밀한 측량인자들을 수정하기 위해 필요 불가결의 토대를 이루는 것은 바로 우리가 세운 이 법칙들이다(Karl Popper,

1959/1994, p.102).

만약 한 이론의 가능적 허위화 수행자들의 집합이 다른 이론의 그것보다 크다면, 첫 번째 이론이 경험에 의해 뒤집혀질 기회가 더 많으리라고 말할 수 있을 것이다. 따라서 둘째 이론과 비교할 때, 첫째 이론은 '고도로 허위화 가능하다'고 말할 수 있다. 이것은 또한 첫 번째 이론이 두 번째 이론보다 경험의 세계에 관해 더 많이 이야기한다는 것을 의미한다. 왜냐하면 그것이 더 큰 기본 언명들의 집합을 제외시키기 때문이다(Karl Popper, 1959/1994, p.152).

반복 가능한 실험들의 경우처럼 특정 사건들이 규칙들 또는 규칙성에 따라 되풀이해서 일어날 경우, 우리의 관찰들은 누구에 의해서든지 검증될 수 있다(Karl Popper, 1959/1994, p.54). 포퍼의 책 어디에서도 쉽게 찾을 수 있는 한 가지 예가 있다. 즉, '모든 까마귀는 검다'라는 언명에 대해 이 언명이 참임을 검증하기 위해서는 모든 까마귀를 관찰해야 한다. 실제 그것이 불가능하다. 그 이유로 공간적으로나, 시간적으로 모든 까마귀를 관찰한다는 것은 불가능한 일이다. 하지만 그 언명이 거짓임을 반증하는 데는 다만 한 가지 사실, 즉 '검지 않은 까마귀가 관찰되었다.'는 것만으로 충분하다.

반증주의의 과학은 문제 풀이로부터 시작된다(신일철, 1990, 3쪽). 즉, 포퍼의 과학이론은 검증이나 경험적인 사실에 의해 구축된 것이 아니라, 사람들이 문제를 해결하기 위해 제안한 잠정적인 가설이요 대담한 추측들에 불과하며, 그것도 '반증'을 견디어내고 있는 동안만 이론으로서의 자격을 유지할 뿐이다(신일철, 1990, 4쪽).

예를 들면 마르크스의 역사관은 경제적 요인이 정치를 결정한다고 주장해왔으나, 러시아 혁명의 역사적 사실에 의해 우리의 정치권력이 강제적 해체론을 만든 것이 확인됨으로써 반증되었다(신일철, 1990, 5쪽). 그렇다면 더 이상 그의 역사관은 현재의 문제를 풀 수 없을 뿐 아니라, 이론으로서 가치를 상실하게 된다.

포퍼의 세계관에 따르면 마르크스주의 사회적 실천을 공상적·유토피아적 사회공학이라고 보는 것이 정확하다. 그의 점진적 개혁론은 원대하고 복잡한 이상을 내거는 것보다는 현재의 당면한 개개의 구체적인 악(惡)을 배제하는 방안이 보다 적절한 설명이다(신일철, 1990, 12쪽). 즉 포퍼의 과학은 거대한 정의적 진리의 발견에 근거를 두는 것이 아니라 꾸준한 추측과 반박의 과정을 통해서 점진적으로 진화하는 것이며, 그리고 과학은 신념이나 방법을 점진적으로 수정함으로써 누적적으로 전진하는 것이다(신일철, 상게서, 13쪽).

포퍼는 그렇다고 추상적 수준에서 어떤 논리의 합리성을 찾는 것은 아니다. 그에 따르면 사회개혁론은 '추상적인 선의 실현을 위해 힘쓰지 말고 구체저인 악의 배제를 위해 노력하라'는 것이다(신일철, 1990, 12쪽). 이처럼 선(善)의 유토피아적 실현보다 소극적·구체적으로 악의 제거에 힘써야 할 것이다.

현재의 언론은 정파성으로 악을 양산하고 있다. 반복되는 성향이 결국 나쁜 관행으로 이어지고 있다. 니체의 용어를 빌리면 '권력에의 의지'가 일상화된 것이다. 언론이 권력기구가 되었다. 최영재는 "한국 언론의 정파성은 태동과정이 매우 불량한 데다 저널리즘 가치까지도 비틀고 오염시키는 악성 바이러스 역할을 하고 있다. 한국 언론의 정파성은 권위주의적 정치권력을 물리친 민주화 이후 권력의 공백상태를 언론자본이 치고 들어와 스스로 정치권력이 된 결과라는 것이 학계의 정설이다."라고 했다(최영재, 2007, 12쪽).

정파성에 대한 포퍼의 논리를 보자. 포퍼에 따르면 그 이유로 첫째 선이나 가치에 대해서는 각 사람에 따라 가치관이 다르므로 합의나 타협의 여지가 없고 폭력을 일으킬 수도 있으나, 악에 관한 논의는 쉽게 의견의 불일치가 결합되고 합의에 도달된다는 것이다. 양자역학의 과정은 "쉽게 진위를 파악할 것도 아니다. 이런 측면에서 관찰자의 어떤 주관적 역할을 배제하게 된다."라고 했다(진성배, 2000.6, 136쪽).

물론 방법이 없는 것이 아니다. 악의 구분은 인간 이성에서 가장 정확한 표현이기 때문이다. 그렇다면 '모든 악의 제거는 직접적 수단에 의해서 행해야 한다.'는 것이다. 그에 따르면 지금 당장의 빈곤, 실업, 질병 등을 처리하는 것이지, 먼 장래의 유토피아의 건설에 의해 간접적 목표의 실현으로 성취하려 해서는 안 된다는 것이다. 시·공간 안에서 일어나는 현장, 현실의 문제를 직시할 필요가 있다.

그렇다면 포퍼의 반증주의는 그 학문적 분포로 볼 때 현실적인 비판적 합리주의로 봐야 한다. 여기서 비판적 합리주의의 정신은 잘못을 계속적으로 수정함으로써 의식적으로 배우려는 태도이다. 개인은 '자기 개념'을 갖고, 자기만의 끊임없는 대화가 필요한 시점이다.

이 정신은 평화와 인간성과 관용과 겸손, 자신의 잘못으로부터 배우려는 노력, 비판적 토론의 가능성에 대한 포퍼의 믿음을 표현하고 있다. 이것은 곧 이성에 호소하는 것을 의미한다(신중섭, 1999, 83쪽). 즉, 포퍼는 그 방법으로 폭력 대신 이성 또는 이성적 태도를 존중해야 한다는 것을 제시하고 있다(신일철, 1990, 14쪽). 이성은 현장의 합리성에 의해 상황판단을 정확하게 하게 한다.

3) 구획 설정의 문제

개인들이 사회생활을 하면서, 타인과 상대하면서 서로 의견이나 이해가 상반되어 어떤 결정을 내리려고 할 때 끝까지 논리에 의해 결론을 지으려고 하고, 폭력에 호소함을 그만두어야 한다는 것이다. 자유롭고 비판적인 토론과 공공적인 여론은 구별되어야 한다.

포퍼에 따르면 "개별적 이론들의 도움을 받아 보편적 이름들을 정의하려는 어떠한 시도도 실패하게 마련이다."라고 했다(Karl Popper, 1959/1994, p.85). 포퍼는 여론의 주도에 대해 단호했다. 그에 따르면 "과학의 법칙들이 엄격 보편 언명이냐 아니면 수적 보편 언명이냐 하는 문제는 논변에 의해 해결될 수가 없다. 그것은 다만 타협이나 협약에 의해서 해결될 수 있는 문제들 중의 하나이다."라고 했다(Karl Popper, 1959/1994, p.81).

더욱이 항상 여론은 다수의 폭력이 가해질 수 있다. 여론은 이러한 토론의 영향을 받지만 그 토론의 결과도 아니고 토론에 의해 통제되지도 않는다. 이러한 토론이 솔직하고, 단순하고, 명쾌하게 행해질수록 토론이 가져오는 이익은 커지게 된다(신중섭, 1999, 265쪽).

이 때 폭력을 사용하면 이런 폭력은 또 다른 폭력을 가져온다. 폭력에 휘둘리면, 이성의 잣대가 무너지게 된다. 일상생활에서의 비판적 태도가 그만큼 중요하게 된다. 따라서 포퍼의 비판적 태도는 자기의 입장을 절대화하지 않고 자신도 잘못을 저지를 수 있음을 겸허하게 인정하는 관용과 지적 겸허의 덕을 갖추는 일이다.

그에 기초한 비판적 합리주의, 반증주의와 과학관은 이성과 비판에 의해 점진적으로 진리에 접근하듯이 사회의 개선도 그런 방법으로 이루어져야 한다는 '점진적 사회 공학'을 함축한다(신일철, 1990, 6쪽).

반증주의자 포퍼는 귀납적 방법으로 인과관계를 풀이하는 방법에 회의를 갖고 있었다.

그는 경험에 기초한 확률 자체에 별로 신뢰를 두지 않는다. 확률성 이론을 포함한 아이디어는 현대 물리학에서 결정적 기여를 한다. 그러나 여전히 우리는 확률성의 만족과 일관성을 별로 신뢰하지 않는다(Karl Popper, 1968, p.146).

포퍼는 확률과 경험 사이의 관계를 잘 규정할 필요가 있다(Karl Popper, ibid., p.146)고 하였다. 같은 맥락에서 포퍼의 원인과 결과로 인과관계를 규명하는 일은 귀납법의 원리와는 차별화를 둔다. 성향은 하나의 원인만으로 풀 수 없다. 원인들 하나하나가 서로 영향을 주고 받는 역학 관계에 있다. '현장성'이 필요한 이유이다.

포퍼는 객관성도 어렵게 풀이하지 않는다. 그에 의하면 "과학자 개개인이 편견을 가지고 있고 독단적이라 할지라도 과학의 방법을 진리 탐구의 방법으로 채택하고 있으면 '객관성'에 도달할 수 있다(신중섭, 1992, 265쪽)." 그는 아카데미즘에서 철저한 방법론에 의존하면 그만큼 객관성에 가깝다고 본 것이다. 물론 많은 대중을 상대로 하는 대중매체는 객관성에서 그만큼 엄격하다.

포퍼에 따르면 "우리가 '과학적 객관성'이라고 부르는 것은 과학자 개인의 무사 공정성의 산물이 아니라 과학적 방법의 사회적 혹은 공공적인 성격의 산물이다. 과학자 개인의 무사 공정성은, 설령 그것이 존재하는 경우에도, 사회적으로 혹은 제도적으로 짜인 과학의 객관성의 원천이 아니라 결과이다."라고 했다(Karl Popper, 1966, p.220; 신중섭, 1992, 265쪽).

포퍼는 그만큼 기자나 연구자의 비판적 태도, 이성적 사고를 중요하게 간주했다. 한편 과학에서 이야기하는 인과관계도 그의 독특한 시각을 피력했다. 초기 조건들은 보통 문제되고 있는 사건의 '원인'이라 불리는 것을 기술한다. 그리고 예측은 보통 결과라고 불리는 것을 기술한다...필자는 이 이론적 설명이란 연역적 방법의 보편적 적용가능성에 관해 어떤 일반적 주장도 하지 않을 것이다. 따라서 필자는 어떠한 인과성의 원리(또는 보편적 인과의 원리)도 주장하지 않을 것이다(Karl Popper, 1959/1994, p.77).

포퍼는 어떤 사건에 인과적 설명을 가한다는 것은 하나 또는 그 이상의 보편적 법칙들을 특정 단칭 언명들의 초기 조건들과 더불어 연역을 전제들로 사용하여 그것을 기술하는 하나의 언명을 연역해 낸다는 것을 의미한다(Karl Popper, 1959/1994, p.76).

설령 그렇더라도 우리가 보편적 법칙들과 정합성(整合性)을 지닌 이론체계의 탐색을 포기해서는 안 되며, 또 우리가 기술할 수 있는 어떤 종류의 사건도 인과적으로 설명하고자 하는 시도를 단념해서도 안 된다고 하는 간단한 규칙이다(Karl Popper, 1959/1994, p.78).

원인과 결과 대신 포퍼는 논리의 내적 일관성에 중요성의 무게를 두고 있다. 그는 "일관성이 경험적이든 비경험적이든 간에 쓸모가 있으려면 한 체계가 만족시켜야 하는 가장 일반적인 요인이 되는 이유이다. 일관적이라는 것 이외에 한 경험적 체계는 또 다른 조건을 만족시켜야 한다…일관성의 조건을 만족시키지 못한 인명들은 모든 가능한 경험적 기본 언명들의 총체 내에서 어느 두 언명들을 차별화해 내는 데 실패한다."라고 했다(Karl Popper, 1959/1994, p.122).

포퍼는 일관성을 바탕으로 사실의 문제를 설명하고 또한 미래에 대한 예측을 하는 것에 관해서 이야기했다. 그는 "필자가 설명에 대한 이론가의 관심, 즉 설명적인 이론들의 발견에 대한 관심이 예측들의 연역에 대한 실제적이고, 기술적인 관심으로 환원불가능하다고 본다는 점을 아주 분명히 해 두고 싶다."라고 했다(Karl Popper, 1959/1994, p.79).

포퍼는 논리 실증주의, 반증주의로 일관성을 유지했다. 더욱 구체적으로 포퍼의 과학철학은 19세기 이래 지배적이던 귀납주의와 과학관을 비판하는 데서 시작한다. 귀납주의자들의 과학적 탐구는 먼저 데이터를 수집하고 거기서 귀납법에 의해 일반법칙을 발견했다. 그들의 과학연구의 시작은 '사실' 즉 경험적 사실이라는 귀납주의적 전제를 갖고 있었던 것이다. 포퍼는 그 방법 적용을 거부한 것이다.

포퍼는 귀납적 논리에 매몰되지 않으면서, 기하학, 수학의 논리를 이용한 추리의 방법을 사용하고 있다. 알고리즘이 채택하고 있는 방법이다. 알고리즘은 개인의 이성, 직관, 경험 등을 통해 오류를 판별해낼 수 있다. 말하자면 포퍼는 우리의 이성이나 직관과 같은 마음의 눈을 통해서만 진리에 직접 도달할 수 있다고 믿었다(이초식, 1990, 21쪽).

포퍼의 이성과 직관은 자신이 나름대로 세계관을 형성할 수 있다. 반드시 수학과 물리학만으로 세상을 풀이 하지 않는다. 포퍼는 오히려 자신의 직관과 현장의 합리성이 중요한 판단근거가 된다. 이 같은 논리라면 과학철학자들이 주장하는 과학의 몰가치성 원리는 때때로 엉뚱한 반발에 부딪힌다. 포퍼에 따르면 과학으로부터 가치를 추방함으로써 과학의 자율성을 상실케 하였으며 과학을 한낱 수단으로 전락시켰다는 반발했다(이초식, 1990, 29쪽).

물론 가치성의 원리를 주장하는 배후에는 전적으로 가치에 의존하는 것은 아니다. 포퍼는 오히려 정치적인 이데올로기의 간섭을 피하면서 과학자의 연구의 자유를 보장받으려는 의도도 숨어 있는 것으로 간주할 수 있다(이초식, 1990, 29쪽).

포퍼는 적절한 가치를 바탕으로 현실 비판을 게을리 하지 않았다. 그에 따르면 과학의 합리성은 단순히 기술적, 도구적 합리성에만 머무르는 것이 아니라 비판적 합리성의 존재를 확대했다. 구체적 상황을 인식하는 한에서 이성을 작동시키는 것이다. 막연한 이성이 아니라 포퍼는 '창조적 상상력'을 언급했다. 즉, 그는 과학이론의 귀납추리의 과정을 통해서 형성되는 것이 아니라, 과학자가 그의 창조적인 상상력을 통해 과감한 가설을 설정함으로써 성립된다는, 명료하면서도 획기적인 통찰과 과학에 있어서 경험의 역할에 대한 새로운 해석에 근거하고 있다(신중섭, 1990, 36쪽).

이성과 경험에 의한 어떤 융합물이 창조적인 상상력이다. 이성과 더불어 여기서 필요한 현장의 합리성에 관한 내용이다(신중섭, 1999, 82쪽). 그가 말하는 합리성, 합리주의는 감정이나 정열이 아니라 명석한 사고와 경험, 즉 이성에 호소하여 문제를 해결하려는 태도를 가리키기 위해 사용한 말이다.

이성에 근거한 객관적과 주관적이란 용어들에 대한 포퍼의 용어는 칸트의 그것과 다르지 않다. 그는 객관적이란 단어를 과학적 지식이 어느 누구의 변덕과도 독립적으로 정당화 될 수 있어야 한다는 점을 지적하기 위해 사용했다. 어떤 정당화가 만약 그 누구에 의해서나 검사되고 이해될 수 있으면, 그것은 객관적이다. 그는 '만일 어떤 것이 이성을 소유한 그 누구에나 타당하면, 그것의 근거는 객관적이고 충분하다(Immuel Kant, 1781, p.848; Karl Popper, 1959/1994. 54쪽).'고 했다. 이 경우 합리주의는 현장의 실천적 태도나 행위와 관련이 있다.

그렇다고 합리성이 완전한 진리가 될 수는 없다(신중섭, 1999, 89쪽). 즉, 인간은 잘못을 범할 수 있는 존재이기 때문에 절대적인 진리에는 도달할 수 없다고 생각한다. 가능성에 대해 논하면서 포퍼의 지식은 합리적인 비판을 통해 성장한다. 우리가 가장 신뢰하는 과학적인 지식도 최종적인 진리가 아니라 추측적인 지식이다(신중섭, 1999, 90쪽).

한편 토론과 비판을 통해 과학은 진리에 접근한다. 진리에 더 가까이 접근한 이론을 찾아내는 것이 과학자의 목적이라고 하고, 합리주의에 대한 이러한 관점을 그는 '열린사회론'에 적용하여 그의 논의를 사회철학으로까지 확대하였다(신중섭, 1999, 90쪽).

포퍼는 학문을 하는 자세로 합리적 사고를 제시한다. 그에 따르면 과학자나 철학자, 지성인은 진리를 찾아다니는 사람이 아니라, 오류를 찾아 나선 사람들이다. 자신의 이론이나 생각에서 잘못된 것이 무엇인지를 찾아내려고 노력하는 사람만이 진리를 향해 진보할 수 있다(신중섭, 1999, 89쪽).

이런 관점에서 포퍼가 말한 합리주의는 비판적 논증에 귀를 기울이고, 경험으로부터 배울 마음의 자세가 되어 있는 태도를 의미한다(신중섭, 1999, 82쪽). 물론 여기서 합리성에는 목적·도구의 합리성이 있을 수 있고, 가치의 합리성이 있을 수 있고, 전통의 합리성을 포함시킬 수 있으며, 애증의 합리적 잣대가 포함된다.

이런 여러 요소를 비판적 합리성으로 삼는다면 포퍼는 과격성을 제외시킴으로써, 우유부단한 나약한 지식인의 형태일 수 있다. 포퍼에 대한 반론도 만만치 않았다. 소렐(Sorel)과 같은 폭력론자의 주장처럼, 점진적 개량주의는 장기적으로 보아 실제로는 아무것도 개혁할 수 없으며, 특권에 의해 피압박자에 대한 약간의 관용이나 양보를 통해 불만을 완화시켜 그들의 목적을 수정하고 나면 다시 제자리로 되돌아온다는 것이다(신일철, 1990, 13쪽).

포퍼는 명료한 사회의 문제의식을 강하게 부각시켰다. 설령 그렇다고 하더라도 우리의 지식과 어떤 사회 문제가 일치하지 않을 때 갈등이 일어난다. 지식과 문제 간의 모순의 발전에서 문제가 발생한 것이다(Popper, 1969, p.104; 신중섭, 1990, 37쪽). 물론 여기서 사실은 현장의 사건, 사고에서 일어난

문제이다. 강한 '창조적 상상력'이 필요한 시점이다.

포퍼의 방법론에 의하면, 지식의 성장은 과학의 고유한 특성 중의 하나이다(신중섭, 1990, 38쪽). 그에 따르면 지식의 성장에 의한 과학의 진보는, 끊임없이 혁명적이고 대담한 이론을 제시하고, 이론이 지니고 있는 약점을 반복된 관찰과 실험을 통해서 제거하려는 노력에 의해 성취된다.

포퍼는 이론은 관찰 사실들에 의한 테스트를 받아야 한다고 말함으로써 실증주의에서 완전히 벗어나지는 못한 것처럼 생각된다(Barry Hindess 1977/1990, 87쪽). 그는 비판적 합리주의로 항상 검증이 가능한 수준에서 논의하도록 바랬다.

명증성 확보는 문제 풀이 과정에서 일어난다. 포퍼는 자신의 문제성의 논리를 더욱 명료하게 하기 위해 구획 설정의 문제(Abgrenzungs problem)를 제기했다(신중섭, 1990, 31쪽). 포퍼 이전의 전통적인 방법론에 의하여 귀납적인 방법은 과학과 과학 아닌 것을 구별할 수 있는 유일한 구획기준을 정하는 일이다(신중식, 1990, 33쪽).

그러나 논리적인 측면에서 볼 때 귀납법은 타당한 추론의 형식으로 인정될 수 없는 문제를 안고 있다. 귀납법은 관습에 의해 매몰되어 있을 때 이성의 원리에 작동을 멈출 때가 있다. 말하자면 귀납추리는 사실을 관찰·실험하고 그것의 결과를 기록하고, 분석·분류해서 일반화하여 가설을 세우고, 이 가설에서 연역적인 결론(예측)을 이끌어내어 사실에 의해서 다시 검증하는 과정이다.

이처럼 귀납추리는 특수한 것으로부터 일반적인 것을 이끌어내는 추론의 형태이다. 그 형태는 잘못하면, 닫힌사회를 계속 유지하는 경향을 갖게 된다. 그 과정을 자세히 보면 귀납추리는 관찰과 실험의 결과인 단칭언명으로부터 가설 혹은 이론과 같은 보편언명을 추론해 낸다(신중섭, 1990, 33쪽).

포퍼의 과학은 연역과 반증에 의해 진행된다(Barry Hindess, 1977/1990, 91쪽). 이론은 반박될 수는 있지만 결코 증명될 수는 없다. 연역의 명제는 아주 빈번히 증명이 불가능할 수 있다. 불가능한 참인 보편언명의 탐구는 거짓인 언명이 제거함으로써 진실에 도달할 수 있게 된다. 포퍼가 과학에 관심을 갖고 있는 한 비과학, 형이상학, 사이비과학 등 요소는 반증 자체가 불가능한 요소를 갖고 있다.

포퍼에 따르면, 과학에 있어서, 또 오직 과학에 있어서만, 모든 이론들이 가장 엄격하고 엄밀한 테스트를 받는다는 사실로 말미암아 과학은 형이상학과 구별되며, 마르크스주의와 정신분석과 같은 사이비과학과 구별된다(Barry Hindess, 1977/1990, 87쪽). 테스트를 받음으로써 받을 수 있는 것과 없는 것을 철저하게 구획한다.

포퍼의 정치적인 관점에서의 구획기준은 과학과 사이비 과학을 구획하는 기준이고, 철학적 관점에서의 구획기준은 과학과 형이상학을 구획하는 기준이다(신중섭, 1990, 55쪽). 구획의 이분적 기준에 따라 포퍼의 논의에는 두 가지 원리적인 요소가 들어있다. 그 하나는 방법론적인 요소로 자유주의적 민주주의를 거부하는 전체주의자들의 역사법치주의의 기초를 논박하기 위한 것이다. 즉, 파시즘은 개인이 오직 국가에 대한 봉사를 통해서만 가치를 갖게 되는 호전적이고 민족주의적인 집단주의는 20세기 파시즘의 정신의 형성과 주도적인 분위기를 언급하였다(A. Quinton, 1975/1990, 69쪽).

한편 다른 하나는 윤리적인 요소로, 역사법칙주의의 비판을 통해 그 가능성이 입증된 자유 민주주의적 프로그램의 바람직함을 이끌어 내기 위한 하나의 도덕적인 입장을 제안한 것이다(A. Quinton, 1975/1990, 63쪽).

그의 구체적 삶의 목적은 "원대한 선의 추구가 아니라 구체적인 악의 제거에 초점을 맞추어 설정이 되어야 한다는 포퍼의 입장은 국가의 목적을 행복의 증진, 인간적이고, 완전하고, 도덕적이고, 계급 없는 사회의 건설이나, 평화롭고 질서 있는 사회의 존립 등으로 규정한 전통적인 정치철학자들의 입장과 완전히 구별된다."라고 했다(신중섭, 1999, 216쪽).

포퍼에 의하면 '점진적 공학자는 최대의 궁극적인 선을 추구하지 않으며,

그것을 달성하기 위해 싸우는 방법이 아니라, 그 사회의 가장 긴급한 악을 찾아내어 그것과 투쟁하는 방법을 채택한다.'(Karl Popper, 1957, p.67). 이의 적용은 자연, 사회과학을 확대해서 설명한 내용이다.

자연과학과 사회과학 사이에는 근본적인 유사성이 존재한다. 곧 자연과학의 법칙이나 가설과 유사한 법칙이 사회과학에도 존재한다(K.R. Popper, 1957, p.62; 신중섭, 1999, 46쪽).

그 구체적 방법론에 관해서 포퍼는 행복을 증진시키기 위해 노력할 것이 아니라 고통을 제거하기 위해 노력해야 한다고 말한다. 그는 공리주의자들의 주장을 정면으로 반대하고 있는 것이다. 그가 주장하고 있는 방법론은 확립된 진리의 획득이 아니라 거짓 이론의 제거에 초점을 맞추고 있다(신중섭, 1999, 216쪽).

선·악에만 거치지 않고, 포퍼는 하나의 세계관으로 이론체계를 구성했다. 그 체계에는 궁극적으로 세 가지 요건들을 구비해야 하는데, "첫째 그것은 종합이어서 모순되지 않는, 하나의 가능한 세계를 표상할 수 있어야 하고, 둘째, 그것은 구획(demarcation)의 기준을 만족시켜야 한다. 다시 말해서 그것은 형이상학적이어서는 안 되고 가능한 경험의 세계를 표상해야만 한다. 문제는 너무 폭 넓게 잡을 때, 직감의 영역이 작동을 멈춘다. 셋째, 그것은 우리의 경험의 세계를 표상하는 것으로서 다른 그런 체계들로부터 어떤 방식으로든 구별되는 체계이어야 한다."라고 했다(Karl Popper, 1959/1994, 46쪽).

포퍼는 이론체계에 만족하지 않고, 사회 체계와 그 제도와 관련시켜 논의했다. 즉, 그는 "장기적으로 볼 때 모든 정치문제는 제도의 문제이며, 사람의 문제라기보다는 법적 틀의 문제이며, 보다 평등한 사회로의 진보는 권력에 대한 제도적 통제에 의해서만 보장될 수 있다"라고 굳게 믿었다(신중섭, 1999, 217쪽). 그는 체계이론을 이야기하고 있다. 그의 반증주의는 언론인에게 환경의 감시 기능을 제대로 할 수 있게 한다.

5. 쿤의 과학혁명

1) 脫정상과학의 시대

쿤(Thomas S. Kuhn)[1]은 일찍이 과학 연구와 그 발전과정의 동태적 성격에 관심을 갖고 한때 과학사에 몰두했다(Thomas S. Kuhn, 1970/1980, 3쪽). 그의 『과학혁명의 구조』[2]에서 정상과학, 과학혁명이론 등은 이 동태적 분석과 무관할 수 없다. 대학원 시절부터 시작하여 1950년대의 연구는 주로 이 분야

---

1 쿤(Thomas S. Kuhn, 1922~1996)은 미국 오하이오 신시내티 출신이다. 그는 1949년 하버드대학에서 물리학 박사학위를 받은 뒤, 캘리포니아 버클리, 프린스턴, MIT 등에서 강의를 했다. 그는 초기 이론물리학 분야로 대학원에 진학했으나, 학위논문을 마치기 직전, 과학사로 전공을 바꿀 것을 결심했다. 그 이유로 "과학이론의 관념들의 교육적 효용과 추상적 개연성이 무엇이든 간에, 그런 관념들은 역사적 고찰에서 드러났던 과학의 실제와 전혀 들어맞지 않았다."라고 했다(Ziauddin Sardar, 2000/2002, 30쪽). 과학의 역사를 연구한 그의 저서로 르네상스 시대의 지동설의 발달을 다룬 『코페르니쿠스 혁명(The Copernican Revolution, 1957)』, 형식이론, 전통적 실험, 신뢰받는 방법론을 언급한 『과학혁명의 구조(The Structure of Scientific Revolutions, 1962)』 등이 있다. 후자의 경우 '패러다임'이라는 독특한 전문용어를 쓰고 있다. 사회과학, 인문과학, 철학 분야의 연구자들이 많이 읽는 책이었다. 쿤은 "나의 관심이 물리학에서 과학사로, 그 다음에는 비교적 통상적인 역사문제로부터 처음에 나를 역사로 이끌어간 좀 더 철학적인 문제로의 점진적인 변혁이 일어났다. 몇 편의 논문을 제외하고는 이러한 초기 관심이 지배적으로 나타난 나의 최초의 단행본이 바로 이 책이다."(Thomas S. Kuhn, 1970/1980, 6쪽)라고 하였다.

2 『과학 혁명의 구조』는 처음 나왔을 때 의례적이면서도 적당한 찬사와 상당한 비판을 받았다(http://100.daum.net/encyclopedia/view/b22k0021n2). 이 책은 쿤이 이론물리학으로 박사학위를 끝낼 때 시작한 것이다. 그러나 1960년대 중반 무렵에 가서야 이 책이 제2차 세계대전 이후의 학계에 큰 영향력을 끼친 저술로 인정받게 되었다. 이 책은 과학 연구와 과학 사조 형성에서 과학외적인 사회적·문화적 요인도 중요한 역할을 한다는 영감에 찬 주장으로 과학사와 과학철학에 혁명을 일으켰고, '패러다임'이라는 전문용어를 일반적으로 널리 쓰도록 만들었다. 그에 따르면 과학 발전의 역사를 과학혁명→새로운 패러다임을 갖는 정상과학의 전통 수립→변칙성 및 정상과학의 위기의 출현→과학혁명의 변증법적 과정으로 해석하고, 과학 연구에 있어서의 과학혁명과 정상과학의 상호 보완적 기능을 강조했다(Thomas S. Kuhn, 1970/1980, 3쪽). 이 책을 쓴 동기는 하버드대 총장이었던 제임스 브라이언트 코넌트의 조언이었다(Ziauddin Sardar, 2000/2002, 31쪽). 그는 하버드대 총장 재임 시 1차 대전 후 독일의 대규모 '산업적 모델'을 대학에 도입을 했고, 미국이 원자폭탄을 만들게 했고, 2차 대전에서 일본에 사용할 것을 종용한 인사이다. 코넌트는 쿤의 스승이었고, 쿤을 설득해 과학 교양과정에서 강의하도록 했다. 『과학혁명의 구조』는 그 강의내용을 다듬은 것이다(Ziauddin Sardar, 상게서, 32쪽).

에서 이루어진 것인데, 물리학자 쿤은 '사회문제 풀이(problem solving)'를 '퍼즐 풀이(puzzle solving)'로 '정상과학(normal science)'을 설명했다(Steve Fuller, 2003/ 2007, 29쪽). 더욱이 사회 문제를 정상과학 틀에서 풀어가는 것이다. 정상과학은 전문가 집단, 즉 '과학자 집단(scientific community)'에서 폭 넓게 수용하는 패러다임이다.

원래 쿤은 "과학이 객관성과 진리에 대한 추구가 아니라 이미 받아들여진 신념 양식 내에서 문제풀이를 하는 것에 지나지 않는다는 점을 보여주었다."라고 한다(Ziauddin Sardar, 2000/2002, 13쪽). 그 문제 풀이를 '패러다임'[3]이라는 용어를 사용하면서 풀어갔다. 여기서 패러다임은 과학적 성취를 이야기하는데, 이는 실험 커뮤니티에서 모델 문제와 그 해답을 제공한다(Thomas Kuhn, 1970, p.viii). 문제의 풀이(즉, 과학 조사의 역할)가 패러다임으로 가능하게 되는 것이다.

쿤은 전문 역사의 관점을 갖고 과학을 바라봤다. 그는 구체적이고 경험적인 분석을 통해, 실제 활동 속에서 나타나는 과학의 진정한 모습이 무엇인지와 같은 더 큰 주제들을 탐구했다(Ziauddin Sardar, 2000/2002, 36쪽). 쿤은 『과학혁명의 구조』에서 "과학자들이 새로운 진리를 발견해 내는 것은 모험이 아니라, 오히려 확립된 세계관 속에서 작업하는 퍼즐풀이를 연구대상으로 삼는 것이다."라고 했다.

물론 쿤이 사용한 '과학혁명'은 과학자 공동체에 주로 일어난다. 그 공동

---

3 패러다임은 패턴(pattern), 보기(examplar), 모델(model)을 의미했다. 과학철학자 쿤이 말하는 패러다임에는 과학에서 기본이 되는 이론과 법칙들, 기본적인 법칙을 다양한 상황에 적용하는 표준적인 방법, 도구적인 기술, 형이상학적 원리, 이론의 선택, 평가, 비판과 관계된 합리성 등이 포함된다. 쿤은 패러다임을 '특정 공동체의 구성원들이 공유하고 있는 신념, 가치, 기술 등의 총체를 지칭하는 개념' 또는 '이 같은 총체 중이 한 구성요소를 의미하는 것으로 구체적인 수수께끼 풀이에 사용되는 모델과 실례를 의미하는 개념'(T. S. Kuhn, 1970, p.1)으로 정의하였다. 사회과학도로서 번역의 어려움이 있었다. 패러다임은 '이론', '원리', 원칙 등 보다는 포괄적으로 사용하고 있다. 간혹 원형, 범례, 모범 등으로 번역할 수 있었다(Thomas S. Kuhn, 1970/1980, 5쪽). 물론 여기서 패러다임은 '정상과학'과 관련을 맺고 있다.

체는 지금까지 의견통합(consensus)이 된 부분이 있다. 그러나 상황이 달라져 진실 규명에 패러다임 퍼즐 풀이에 문제가 생긴다. 기존의 패러다임으로 풀 수 없는 지경에 놓인다. 즉, 기존의 패러다임으로는 현실의 문제를 풀 수 없게 되고, 진실이 계속 묻히게 된다. 과학자 개인이든, 그 소속된 공동체에서 경험이 쌓여 가는데, 그 경험적 요소에 오류가 축적이 된다. 언론에서 '탈진실' 현상이 일어난다. 베이컨(Francis Bacon)에게 진실은 "혼돈에서 오는 것이 아니라, 오류에서 주로 부각된다."라고 했다(J. Spedding, R.L. Ellis, and D.D. Heath, ed., 1869, pp.179~203; Thomas S. Kuhn, 1970, p.18). 오류의 발견 뒤에는 비판이 이뤄지고, 의견 통합에 대한 반발이 일어나면서 과학혁명이 발생한다.

과학 혁명은 직면하는 문제가 다르고, 그 풀이하는 방법이 다르긴 하지만, 인터넷이 발달되어 누구나 인터넷을 사용하고 있는 현대사회는 더욱 공통적 요소를 찾을 수 있다. 현대사회 어디든 문제를 직면하게 되고, 조사를 수행하고, 이론을 만들어낸다. 즉, 과학적 방법은 조작된 기술로 데이터를 모으고, 관련된 데이터를 논리적으로 엮고, 기존 교재의 이론을 일반화시킨다. 즉, 쿤은 관련문제를 관찰하고, 법칙을 발견하고, 이론을 만드는 작업을 언급했다(Thomas Kuhn, 1970, p.2).

사실 연구자 공동체와 언론인의 전문직 공동체는 같을 수가 없지만, 쿤은 '확장된 공동체', '확장된 동료 공동체'라는 말을 사용한다. 확장된 공동체라면 언론에도 쿤의 방법론을 원용할 수 있다. 현재 출입처 제도는 오보를 양산하고, 여론조사 보도에는 문제가 발생하고, 프레임을 짜는 방식에서 진실 규명에 문제가 생긴다. 뿐만 아니라, 자연과 인적 재해 등 대형사고가 발생하고, 태풍이 휩쓸고, 산불이 나고, 지진 등이 발생해도 언론의 위기관리 수준은 몇 십 년 전과 별로 달라진 게 없다. 때로는 오보를 내고, 그것도 언론 공동체 안팎에서 오보가 발생하면, 그걸 규명하는 것이 아니라, 패거리 오보를 일삼는 행위가 비일비재하게 일어난다. 패거리 안에서 어떤 과오도 용인하게 된다.

패거리가 아닌, 개인주의 사회가 필요한 시점이다. 더욱이 현실적으로 과학 정신과 과학혁명을 다루는 방법이 필요한 시점이다. 그 때 쿤은 과학사를 세속으로 끌고 와서, 일상생활의 과학화를 염두에 둔 것이다. 이는 인터넷 시대에 누구나 과학기술을 사용한 시기에 알맞은 주제가 된다.

쿤은 "과학을 실험실 밖으로 끌어내어 모두가 참여하는 가운데 과학의 사회적·정치적·문화적 측면에 대해 논의하는 공공 논쟁에 부쳤다."라고 했다(Ziauddin Sardar, 2000/2002, 85쪽).

쿤은 이때 '탈정상과학'이라는 말을 사용하고 있다. 이는 "과학자들로부터 사회과학자나 언론인, 활동가, 주부 등에 이르기까지 모든 이해당사자들이 형식적 자격이나 소속과 관계없이 서로 대화를 한다."라고 했다(Ziauddin Sardar, 2000/2002, 85쪽). 그는 확장된 공동체가 수집한 우연한 증거와 통계들을 포함하는 확장된 사실들을 이용한다고 봤다.

물론 쿤의 과학 혁명은 질적 수월성을 담보로 한다. 『과학혁명의 구조』에서 소재는 다양하게 잡을 수 있지만, 모든 행위가 과학으로 이름을 지을 수는 없는 것이다. 과학으로 칭할 때 쿤은 "관찰과 경험은 수용할 수 있는 과학적 믿음의 범위를 극적으로 제한시킬 수 있고, 제한되어야 한다."라고 했다(Thomas Kuhn, 1970, p.4).

어떤 위기가 일어났을 때, 혹은 혁명이 일어났을 때, 퍼즐의 풀이가 관심거리가 된다. 쿤은 "과학적 문제를 풀이할 때 질적 수준뿐 아니라 경계까지도 동료심사(peer review) 과정을 통제하도록 했다. 물론 동료심사의 공동체는 어떤 수용되는 확고한 믿음, 즉 전형적 내용의 믿음이 있어야 한다. 상인의 상행위를 분석할 때 과학자 공동체로 간주할 수 없는 것이다(Thomas Kuhn, 1970, p.4). 질적 수준을 통제하는 이런 방법은 높은 수준의 확실성과 낮은 수준의 위험이 존재하는 정상과학의 상황에만 적합하다."라고 했다(Ziauddin Sardar, 2000/2002, 101쪽). 그는 위기를 관리하는 측면에서 과학혁명을 이야기 했다.

　일인 미디어 문화가 대중매체로 영입되는 현실은 탈진실(post truth), 혹은 탈정상과학(post normal science) 시대를 불러오게 된다. 진실이 왜곡되고, 정상과학이 흔들린다. 쿤은 "오늘날 과학에 제기되는 새로운 도전들, 즉 '사실은 불확실하고, 가치는 논쟁에 휩싸여 있으며, 위험부담은 크고, 결정은 시급한' 숱한 문제들의 출현으로 그 현실적 적합성을 잃고 있다."라고 했다(Ziauddin Sardar, 2000/2002, 102쪽). 본 연구는 그 현실을 정상과학에 비춰, 과학 혁명을 도출하고, 그 혁명의 성격을 규명한다. 그 과정은 ①정상과학의 보편성, ②정상과학의 완성, ③과학혁명은 정상과학의 합리적 재구성 등의 순서로 서술한다.

2) 정상과학의 보편성 논리

　쿤은 전문 용어로 위기 상황을 분석했다. 그는 과학에서의 퍼즐 풀이를 지탱하는 믿음 체계를 기술하기 위해 '패러다임'이라는 용어를 사용했다(Ziauddin Sardar, 2000/2002, 36쪽). 패러다임은 같은 입장에 있는 전문가들이 공통적으로 공유하는 어떤 것이다. 물론 이 전문가들은 역사적, 과학의 교육적 관점에서 같은 기본에서 출발하는 사람들이다(Thomas Kuhn, 1970, p.46).

　이들 공유하는 패러다임은 법칙이나 이론, 응용, 기구 사용법 등을 포함시킨다. 물론 이런 논의들은 그 범위가 넓고 산만할 수 있다. 쿤은 퍼즐의 문제풀이에 관심을 가지면서 엄격한 방법론을 사용했다. 과학자 공동체는 전문가들로서 공동체 안에서 협회가 존재하고, 윤리강령이 존재하고, 그에 합당한 교육기구가 존재할 때 가능한 것이다.

　과학 공동체에서 행해지는 엄격한 규칙, 역할 등이 요구되는 것이다. 즉, 쿤은 "패러다임을 사용하여 정밀한 과학적 방법론으로 과학자들은 이론을 치밀하게 다듬고, 기존의 이론으로 납득하기 어려운 실험 결과들을 설명하고, 표준과 현상을 더욱 정확하게 계측하는 척도를 확립하기로 했다"(http://100.daum.net/encyclopedia/view/b22k0021n2)고 하였다.

물론 과학자 공동체가 너무 견고하면, 새로운 영역을 구축하려는 시도를 하지 않는다(Thomas Kuhn, 1970, p.19). 각 과학자는 지금까지 제공한 패러다임의 현상과 이론만을 고집한다. 물론 과학자 공동체의 견고한 개념들은 다른 결과를 초래한다. 시대는 바뀌고, 환경이 변화하고, 사람관계가 변화한다. 여전히 견고한 과학자 공동체는 변화에 둔하고, 자기 공동체를 지키려고 폐쇄적으로 운용된다.

그의 혁명이론은 패러다임에 대한 신뢰는 해결할 수 없는 이론적 문제나 실험상의 예외로 말미암아 서서히 무너질 수 있고, 그런 난점이 누적되면 결국 위기가 발생하게 마련이었다(http://100.daum.net/encyclopedia/view/b22k0021n2). 새로운 패러다임이 형성되어 낡은 패러다임을 대체하는 혁명이 일어나야만 문제를 해결할 수 있다.

초기에는 그 문화에 익숙한 사람들은 혁명 자체를 거부하기에 이른다. 패러다임을 구성하고 사실들의 거짓이 진실로 둔갑하여, 사회를 짓누른다. 그 사실로 구성하는 체계가 거짓과 기만으로 둘러싸이게 된다. 그쪽 하부 시스템이 급속히 팽창하고 있고, 사회 전체의 발전 방향은 점점 왜곡의 도를 넘어선다. 시스템의 붕괴 직전에 이르게 되나, 과학자 공동체는 여전히 엉뚱한 소리를 일삼는다.

그는 패러다임의 혁명을 전쟁으로 풀이하고, 그 상황을 묘사했다. 그는 과학자들은 정교한 개념을 사용하고, 더 넓고 다양한 주제를 포함시켜, 포괄적으로 이야기한다고 한 것이다. 한편 브레헤(Tycho Brahe)와 로렌트(E.O. Lawrence) 같은 과학자는 발견의 월등함이 아닌, 전에 알려진 사실을 재규정하는 방법론의 정밀화, 신뢰성, 범위 규정 등으로 큰 신뢰를 얻었다(Thomas Kuhn, 1970, 26쪽).

재규정한 것은 전의 패러다임에서 예측한 것과 비교한다. 또한 정상과학의 사실을 모으고, 애매한 부분을 정리하고, 전에 가정했던 관심의 퍼즐 해결을 시도한다. 이젠 양적이 아닌, 질적 수준에 더욱 관심을 둔다.

쿤은 이런 방법을 반복하면서 패러다임의 변동으로 새로운 혁명을 준비했다. 그는 1960년대 말 미국사회에 일어나는 변동을 직감하고 있었다. 학생운동이 수면에 올랐지만, 과학자들과 그 비판자들 사이의 적대감은 수십 년 동안 수면 바로 아래서 서서히 끓어오르고 있었다.

과학의 역사에서 코페르니쿠스의 지동설이 프톨레마이오스의 천동설을 뒤엎고, 양자물리학과 일반상대성이론이 뉴턴 역학을 뒤엎은 것은 패러다임의 근본적 변화를 보여주는 실례로 꼽힌다(http://100.daum.net/encyclopedia/view/b22k0021n2). 그 자세한 논리로 과학자는 정상과학을 거부하고, 새로운 '패러다임'을 선보임으로써 완전히 신화의 이론을 발표한 것이다(Steve Fuller, 2003/2007, 29쪽). 기존 퍼즐 짜 맞추기에 예외적 사례가 많지 않다면, 그 커뮤니티의 과학자들은 과거의 정상과학을 그대로 적용시켜, 문제 풀이를 하는 것이다.

물론 혁명이 일어난다고 하더라도 새로운 혁명에는 오류가 있게 마련이다. 쿤은 "과학이 항상 진리였다 하더라도, 교정해야 할 '오류들'은 있게 마련이었다. 역사책에서의 설명은, 일단 진리가 밝혀진 후에도 오류가 밝혀진 내용을 계속 고집하는 과학자들은 어쨌든 나쁜 과학자라는 식이었다."라고 했다(Ziauddin Sardar, 2000/2002, 13쪽). 과학자 집단에서 주도적 패러다임을 수용하고, 나머지는 버리도록 강화하는 것이다.

물론 여기서 말하는 패러다임은 두 가지 의미로 풀이 된다(Thomas S. Kuhn, 1970/1980, 207쪽). 그 하나는 특정 집단 구성원들이 가지고 있는 신념, 가치, 기법 등의 구성체를 지칭하는 것이고, 다른 하나는 그 구성체 안에 있는 한 가지 종류의 요소를 지칭한다. 이때 구체적인 문제 해결로써, 연구자는 모델이나 범례를 차용한다. 이런 노력으로 정상과학에 남아 있는 퍼즐(puzzle)을 풀 수 있게 되고, 명백한 새로운 법칙이 기존 과학을 대체할 수 있게 된다.

그 전자의 패러다임은 언론에서는 관행이라 말할 수 있다. 언론관행은 지금까지 영세한 자금으로 출입처 중심으로 짜여 있는 형태가 하나의 패러다임일 수 있다. 한편 후자의 경우는 사실을 근거로 프레임을 시도하게 된다. 즉, 언론이 하고 있는 특종 등 프레임 전쟁 같은 것이다.

쿤에 의하면 정상과학 연구의 단일한 전통 안에서만은 예외일 수 있겠지만 과학적 사실과 이론은 분리될 수 없게 된다(Thomas S. Kuhn, 1970/1980, 24쪽). 바로 이 때문에 예상치 않은 발전은 그것이 단순한 사실일 뿐 아니라 동시에 과학자 세계를 근본적으로 새로운 사실 혹은 이론에 의해 양적으로 비대화 하고 질적으로 전환시킨다는 데에 그 중요성이 있다.

언론의 취재영역의 관행에서 사회의 언론은 항상 출입처 중심으로 기사를 취재하고, 그 형식에 따라 취재원의 나팔수 역할을 한다. 이는 패거리를 쉽게 할 수 있는 원인도 될 수 있다. 한쪽이 진실이면, 모두 진실로 둔갑한다. 한 회사가 오보를 하면, 다른 곳도 따라서 오보를 양산한다.

여기서 학문에서의 정상과학은 많은 과학자들이 대부분의 시간을 필연적으로 사용하게 되고, 과학자 공동체가 이 세상이 어떻게 전개된다는 가정에서 예측을 가능케 한다(Thomas S. Kuhn, 1970, p.5). 한편 정상과학은 "교과서에서 발견하는 과학이며, '과거에 있었던 하나 또는 그 이상의 과학적 성취들', 즉 어떤 특정 과학 공동체가 당분간 한걸음 더 나아간 활동을 위한 기반을 제공하는 것으로 인정하는 그런 성취들에 근거해 연구할 것을 요구하는 과학이다(Thomas Kuhn, 1962/1999, 41쪽)."

이런 의미에서 언론계는 출입처를 집요하게 고집하고, 그 자체는 금과옥조 같은 가치로 간주한다. 이들 취재 관행은 취재 공동체에서 일반적으로 받아들인다. 그 관행에 따라 기자는 관급 기사를 받아쓰거나, 그에 대한 비판을 가한다. 이 공동체는 퍽 폐쇄적이고, 이들 스스로 다른 이외의 집단과는 분리시킨다. 권력기구로서 언론이 존재하게 된다. 권력기구로서의 언론은 그 자체가 견제 기구라는 언론의 고유영역에서 벗어난다.

언론인의 잣대가 쉽게 부패하게 되고, 기사에서 일관성을 유지할 수 없게 된다. 이들 원리는 언론 공동체가 외롭게만 존재하는 것은 아니라는 소리가 된다. 제도권 언론은 다른 여타의 기관과 관련을 맺고 있다. 한곳의 비리는 고무줄처럼 다른 기구와 함께 줄줄이 달려있다. 그러니 한 번의 뉴스 취재 관행이 고착되면 그 행동을 반복하면서, 같은 프레임의 뉴스를 양산하게 된다.

쿤은 "과학연구는 연구공동체와 그 공동체의 권위적 전통 및 그것이 처한 환경, 이 3자 간의 복잡한 상호작용의 산물"이라고 보았다(Thomas Kuhn, 1962/1999, 43쪽). 이성의 논리라는 것은 제도권 안에서 서로 주고받음으로써 형성되는 유일한 기준으로 볼 수 없다. 오히려 현 상황을 독특하고, 주관성을 발휘하여 '구성'하는 논리가 작동한다. 그런 구성의 논리라면 각 기관이 서로 단합을 함으로써, 반드시 언론이 진실을 추구, 혹은 어떤 논리의 정당성을 확고히 하지 않을 때가 허다하다.

한편 취재를 할 때 주로 사용하는 방법은 인터뷰를 통해 새로운 '폭로성 기사'를 얻어오는 것이다. 폭로 위주의 취재가 특종의 주종을 이룬다. 우리의 '현장의 합리성'에 의한 퍼즐 맞추기 게임에는 익숙하지 않는 것이다. 취재 영역에서 과학적 접근을 통해 '인과관계'[4]를 끌어내는 것은 쉽지 않은 상황이다.

풀리지 않는 문제가 속출할 때까지 취재방식을 바꿈으로써 더욱 진실에 가깝게 접근할 수 있다. 더욱이 인터넷이 발달되면서, 유튜브, 페이스북, 1

---

4 쿤은 구성주의 방법 뿐 아니라 자연주의 방법을 택했다. 인과론적 설명은 자연주의적 접근과 상통한다. 쿤의 철학적 입장은 두 가지 의미에서 자연주의적이다(천현득, 2013.5, 130쪽). 첫째는 과학의 실제 활동을 기술하고 설명하는데 주안점을 둔다는 점에서 자연주의적이고, 둘째는 과학에 대한 철학적 이론은 실제 인간 인지와 과학 활동에 대한 올바른 기술에 의해서 제약되어야 함을 요구한다는 점에서 자연주의적이다.

인 미디어 등 SNS가 발달되었다. 과거의 출입처 중심으로 '임장감'(presence)
이 떨어지는 취재 시스템에 문제가 생겼다. 패러다임의 혁명이 일어날 시점
에 놓여있게 되는 것이다.

취재 상황과 방법이 달라진다면 그 기사의 프레임과 그 내용이 전혀 달라
질 수 있다. 과거의 이론을 재구성하고, 전의 사실을 재평가 하고, 그에 따
라 새 이론에 맞는 동화를 하게 된다. 언론사를 돕고 있는 모든 제도가 한꺼
번에 무너지고, 새로운 형태의 취재방식과 뉴스거리를 찾게 된다. 물론 이
때 뉴스를 프레임하는 양식도 달라질 수밖에 없다.

한 예를 들면 최근 취재에서 '빅 데이터'를 사용하거나, 알고리즘에 의존
한 취재는 기존의 취재 영역의 기존 체제를 완전히 무너뜨렸다. 오히려 확
인된 사실에 근거하기보다, 인터넷에 떠있는 사실을 재구성하는데 더욱 신
경을 쓰게 된다.

같은 맥락에서 지구 중심의 사고를 벗어나 우주를 하나의 구성체로 본다
면 그 결론은 분석 틀이 달라지는, 즉 전혀 다른 접근이 된다. 쿤은 "어떤
과학이 자연과 우주 및 시간과 논리에 대한 다른 관념에 기초한다면 그것은
서구 과학과는 전혀 다른 기획이 될 수 있는 것이다"라고 했다(Ziauddin Sardar,
1988; Thomas Kuhn, 1962/1999, 71쪽).

물론 출입처에 근거할 때에 특종은 힘이 들더라도, 낙종은 면할 수가 있
게 된다. 출입처 관행이 몸에 배어있는 셈이다. 언론인이 룰(rules), 관행에
메여있는 것이다. 현장은 패러다임의 문제와 퍼즐 풀이 사이에 갭이 상당히
벌어져 있다. 쿤은 룰 대신 유연한 패러다임으로 문제를 풀었다(Thomas Kuhn,
1970, p.42). 그는 정규 탐색의 전통을 위해 연관관계의 원천으로 공유하는
규칙, 관행, 가정의 관점보다 오히려 공유하는 패러다임을 사용한 것이다.

한편 현장에서는 예기치 않은 일들이 벌어지지만, 쿤은 출입처 중심의 유
연한 논리 잣대를 사용한다. 현장 전문가의 갖가지 동기, 다양한 접근과 내
용이 묵살되기 일쑤이다. 출입처에서 올챙이 기자가 좋은 먹잇감을 물어 와

148

도, 데스크는 벌써 현장감을 잃게 된지 오래이다. 출입처에 익숙한 데스크가 존재하고, 이들은 벌써 정치·자본권력과 결탁하고 있다. 언론 패러다임이 바뀔 이유가 없다.

고정관념의 잣대가 퍼즐 풀이에 도움이 될 이유가 없게 된다. 현장의 아나키즘 상황을 담아내기는 역부족이다. 문제는 최근 그 방식이 인터넷 시대에는 맞지 않고, '임장감'을 결할 뿐 아니라 오보까지 대량 생산하게 된다. 인터넷 닮은 기존 대중매체가 된다. 사회는 '탈진실'이 판을 친다.

더욱이 기존 출입처 관행, 한 사람의 인터뷰로 집중할 때 문제가 생긴다는 것이다. 기사의 객관성, 공정성, 형평성 확립에 위기가 속출했다. 물리학의 열전도 법칙은 정교하고, 정밀하고, 수학적 논리는 아니더라도 그 자연현상의 인과관계가 확실하다. 그러나 인터뷰의 기사는 어떤 특수성을 알아낼 수 있어도 일반적 성향을 알 수 없게 된다. 인터뷰 기사는 콘텍스트를 놓치고 있다. 언제든 목적에 따라 폭로, 왜곡이 도사리고 있다.

개인의 목적의식은 대부분 특수성에 머문다. '세월호 참사', '성완종 게이트', '최순실 게이트' 등 기사는 주관성을 개입하고, 자신이 '구성'하는 논리, 즉 자기 의도대로 결론을 얻게 된다. '모형 만들기'에 문제가 생기면, '커뮤니케이션'과 '제어'는 이상한 방향으로 끌고 가게 된다. 언론이 지탄의 대상이 되는 것이 보편성이 아닌, 특수성의 덩어리가 된다. 사회는 왜곡된 소비성의 탐욕 덩어리가 된다. 쿤의 구성주의 측면이 부각되는 시점이다. 어떤 일반적 사회 규칙을 만들기 어려운 상황에 직면하게 된다.

쿤은 『과학혁명의 구조』에서 일반적 퍼즐 풀이를 설명하고 있다. 즉, 쿤의 과학관은 역사학과 사회학 분야의 몇 가지 새로운 연구에 대하여 실제적인 유용성을 시사한다(Thomas Kuhn, 1970/1980, 11쪽). 그 논리에 의하면 쿤은 개개의 과학혁명이 그것을 경험하는 집단의 역사관을 변화시킨다는 나의 주장이 옳다면, 그 역사관의 변화는 혁명 후의 교과서의 연구논문의 구조에 영향을 줄 것임을 단정한 것이다.

3) 정상과학의 완성

학문이든, 역사든, 언론이든 어떤 분야의 혁명이 일어나면, 그걸 수용하는 사람들이 생겨나고, 혁명이 급속도로 진행되고, 다시 되돌아갈 생각을 하지 않게 된다. 우선 그 새로운 패러다임에 적응하도록 신속하게 전문가 집단을 움직인다.

과학자 집단에서도 세대교체가 자연스럽게 일어나게 된다. 물론 쿤에 따르면 과학적 발전은 과학기술과 지식을 구성하는 성장적인 누적현상에 이러한 요소들이 개별적 혹은 연쇄적으로 첨가됨으로써 점진적인 과정을 통해 이루어지는 것이다(Thomas S. Kuhn, 1970/1980, 18쪽).

쿤이 전공한 과학사는 이러한 지속적인 증대현상과 그 누적을 저해하려는 요소들을 연대적으로 기술한다. 여기서 간과할 수 없는 두 가지 사실은 정상과학이 형성되는 과정으로 현대의 과학적 사실, 법칙, 이론이 누구에 의해, 언제 발견되거나 발명되었는가를 결정해야 한다. 그 정점으로 정상과학이 성립된다.

다른 한편 혁명의 조짐을 먼저 알아낸다. 즉, 현대 과학교과서의 내용이 좀 더 빨리 누적되지 못하게 방해했던 오류, 신호, 미신 등의 누적분을 기술하고 설명한다(Thomas S. Kuhn, 1970/1980, 18쪽). 정상과학과 과학혁명은 어떤 새로운 형식이라기보다, 누누이 역사적으로 증명이 되어왔고, 지금도 그 방식에 따라 정상과학과 과학혁명을 설명을 한다.

풀러(Steve Fuller)는 쿤을 이해하면서, "과학자들이 정상과학의 자질구레한 부문들에 동기를 부여하기 위해 자기 스스로나, 제자들, 대중들에게 말해야만 하는 영웅적이고 진보적인 역사와, 다른 한편으로 샛길과 복잡한, 불완전함으로 가득한 실제 과학의 역사 사이의 긴장에 초점을 맞춘다."라고 했다(Steve Fuller, 2003/2007, 30쪽).

물론 여기서 혁명은 누적적 성장에 의한 것이라기보다, 개종적 경험, '게슈탈트 전환(Gestalt Switch, 인식형태의 전환)'라고 한다(Steve Fuller, 2003/2007,

29쪽). 지금까지 영웅적, 진보적인 사실의 잣대를 사용했다면, 샛길과 복잡한, 불완전한 사실의 것을 들이댄다. 혁명이 일어나기 전과는 전혀 판단의 잣대가 달라지는 것이다.

쿤의 잣대의 이중성이 여기에 나타난다. 그의 사고는 버드(A. Bird)가 잘 말해준다. 버드는 "현대 분석철학의 진정한 혁명인 인과이론이나 자연화된 인식론에 이르지는 못했지만, 『과학혁명의 구조』를 역사 이론으로 볼 때 쿤이 '불충분한' 자연주의자로 낡은 논리실증주의와 여전히 많은 것을 공유한다고 결론 내린다."라고 했다(A. Bird, 2000; 이정민, 2012, 196쪽). 즉, 불완전하지만, 쿤은 여전히 과학자의 공통적 인식론을 가지고 있었다.

쿤에 따르면 "'태양 숭배 사상'은 과학적 증거가 아닌 미신이 되어 케플러의 '과학적' 활동과 관련이 없는 부분이 되고 만다. 따라서 이러한 사관 아래서는 과거의 자연 탐구에서 과학적인 부분과 비과학적인 부분을 분리해 내려 할 것이다. 반대로 케플러 텍스트의 '과학적'인 부분만을 일관되게 이해하려 해도 그의 '비과학적' 신념을 끌어들이지 않으면 안 된다는 생각이 있을 수 있다."라고 했다(이정민, 2012, 181쪽).

쿤의 결론은 현재 중심의 과학과 비과학 구분은 인위적인 구분일 뿐이라는 것이다. 그 상황의 내적 논리가 중요하게 부각되는 시점이다. 물론 쿤의 자연관은 대체로, 각기 부분적으로 과학적 관찰과 방법의 제시로부터 이루어졌으며, 거의 전부가 이 지시에 어긋나지는 않는다(Thomas S. Kuhn, 1970/1980, 20~1쪽).

자연과학의 물리학, 혹은 경험론에서 상황을 지배하는 룰 대신 그 현장의 합리적 잣대와 패러다임의 형태가 중요한 것이다. 즉, 현장의 합리성은 그만큼 중요한 요소이다. 17세기의 베이컨(Francis Bacon, 1561~1626)의 자연지(自然誌) 등을 연구하는 사람은 누구나 사실 수집에서 때로는 혼돈을 초래한다는 것을 발견하게 된다(F. Bacon, 1869, pp.170~203; Thomas S. Kuhn, 1970/1980, 34쪽). 패러다임이 바뀐 현대의 의미로 볼 때 전혀 관계없는 그것이 그 당시 상황에서는 중요한 요소로 기록되어 있는 것이다. 이들 요소는 현대 정상과학의 범주에서 벗어나 있는 것이다.

역사학자는 이런 종류의 관련된 현상에 관한 과학적 지식을 과거로 거슬러 올라가 보면 하나의 유형이 약간 변형된 것들임을 발견하게 된다(Thomas S. Kuhn, 1970/1980, 29쪽). 베이컨 시대 이후 몇 번의 정상과학이 변화한 것이다.

물론 쿤은 "현대적 의미에서 이들 문헌을 과학적이라고 부르기에는 문제가 있다."라고 봤다(F. Bacon, 1869, pp.170~203; Thomas S. Kuhn, 1970/1980, 34쪽). 베이컨의 과학과 지금의 과학이 개념이 다른 것이다. 물론 베이컨의 열, 색, 바람, 광선 등에 관한 '자연지'는 정보가 풍부하게 기록되어 있으며, 그중에는 귀중한 정보가 있음을 숨길 수 없다.

그러나 그것은 훗날 입증된 사실들(예를 들어 혼합열)과 다른 사실들(예를 들어 퇴비의 열기)이 함께 나열되어 있으며, 당시 이론과 합치할 수 없을 정도로 복잡하게 되어 있었다(F. Bacon, 1869, pp.170~203; Thomas S. Kuhn, 1970/1980, 34쪽).

다른 한편 패러다임이 바뀐 현대에서 전형적인 자연사는 어떤 서술도 부분적일 수밖에 없기 때문에 광범위하게 상황적인 설명을 하는 중에 흔히 후대 과학자들에게 중요한 설명적인 근거를 제공할 수 있는 상세한 부분을 빠뜨리기도 한다(Thomas S. Kuhn, 1970/1980, 34쪽).

그렇더라도 그들의 논리는 어떤 방향으로 질서가 정연했다(F. Bacon, op.cit., p.210; Thomas S. Kuhn, 1970/1980, 37쪽). 즉, 사실 수집과 이론의 정식화는 모두 방향이 뚜렷이 잡힌 활동이 되었다. 이에 따라 전기 연구의 효과와 능률을 실험적으로 보였으며, 진실은 때때로 혼돈보다는 실수에서 보다 쉽게 발생한다는 베이컨의 예리한 방법론적 경구에 산 증거를 제공하기도 했다.

그에 의하면 설령 많은 요인이 동시에 작동하더라도, 그 패러다임 안에서 단순한 오류가 발생하지 말아야 할 뿐만 아니라, 복합적 요인의 오류가 발생하지 않아야 한다. 오류가 있을 때는 과학으로서 존재가치를 상실하게 되는 것이다. 오류가 빈번히 발생하게 되면, 그 공동체는 과학적 공동체와는 거리가 멀어지게 된다. 이들을 무조건 수용하면 과학자 공동체가 아니라, 종교적 광신자 집단이 되는 것이다.

쿤은 문화적 요인을 중요하게 여기지만 결국 관찰, 실험, 비교의 자연과학적 방법론에 의존함을 쉽게 알 수 있다. 여기서 관찰과 실험만 한다면 과학자 누구든 칸트의 '선험적 범주'를 인정하게 된다는 것이다. 같은 맥락에서 호이닝겐은 "'자연적 관점'에서는 내가 자극으로 받아들이는 세계가 모든 이에게 공통인 실제 세계이며 유일한 현상계이다."라고 했다 (Hoyningen-Huene, 1993; 이정민, 2012, 198쪽).

쿤은 현대 언론에서처럼 처음부터 이데올로기적, 사변적 사고의 과학혁명을 이야기하지 않았다. 또한 그는 문화상대주의자도 아니었다. 그 만큼 과학자는 개인의 이성과 현장의 합리성에 바탕을 둔 것이다. 출입처에 의존하는 의존적 패거리 문화와는 전혀 다른 차원의 기술이 가능하게 된다.

직관을 결핍한 지식의 누적은 엉뚱한 일을 번번이 나타낸다. 베르그송은 시간의 지속을 중시했다. 그에 따르면 "지속으로서의 시간은 우리의 신체와 지각 및 기업의 외부에만 존재해서는 그 참된 모습이 알려지지 않는다. 왜냐하면 이러한 경우 지속은 '삶 자체'를 도려내지 못하고 단지 형식적인, 측정 가능한 시계의 시간으로 머물기 때문이다."라고 했다(강영계, 1982, 58쪽).

지속을 좀 더 풀이하면 베르그송은 "기억을 동반하지 않는 의식은 있을 수 없으며 동시에 과거의 기억이 현재의 감정 속에 들어 와 있지 않는 연속이란 있을 수 없으므로 우리들의 정신 상태는 끊임없이 변화한다."라고 했다(강영계, 1982, 82쪽). 지성이 직관을 도외시하면 삶 자체의 의미, 행복 등을 상실하게 된다.

베르그송의 원리로 본다면 현재 시각에서 볼 때 베이컨의 과학 탐구가 반드시 과학적일 수 없다. 그 이유는 시간과 공간에서의 정상과학의 개념이

다르기 때문이다. 물론 여기에 공통점이 없는 것은 아니다. 그 단적인 예로 과학자들의 탐구는 공동체 안에서 이뤄진다(Thomas S. Kuhn, 1970/1980, 20~1쪽).

공동체가 다르면, 그 방법, 그 방향과 그 관점이 다를 수밖에 없다. 그들은 각기 독특한 문화를 갖고 있기 때문이다. 즉, 이들 여러 학파 간에 차이가 나는 것은 방법이 틀렸기 때문이 아니라 그들이 모두 다른 과학적 관점을 사용하기 때문이다. 즉, 소위 세계를 보는 방향과 그 방향에서 과학을 탐구하는 방법이 달랐다.

현장의 합리성은 시간과 공간 그리고 과학자 공동체 안에서 이뤄진다. 물론 서로의 직감을 사용하면, 공감의 영역이 확보된다. 그렇다면 경험적 연구에서 일반적 원리인 이성의 원리, 수학 및 기하학의 원리가 같을 수는 없는 것이다. 또한 현장의 합리성은 관찰과 경험만으로 특정한 과학적 신념을 결정할 수는 없게 된다. 개인적이고 역사적인 우연과 혼합된 일련의 자의적인 요소도 항상 그 시대의 과학자집단이 갖고 있는 신념을 구성한다(Thomas S. Kuhn, 1970/1980, 20~21쪽).

물론 현장에서 다른 강압적 요구가 있다. 언론에서 출입처 중심에서 일어나는 정권의 논리가 있듯, 과학에서 강압하는 힘이 없을 수는 없다. 즉, 정상과학(normal science)을 음미해 볼 때, 쿤은 전문교육에 의해 형성된 개념의 상자 속에 자연을 강제로 집어넣으려는 끈질긴 노력으로 그 연구라는 것을 기술하려고 했다(Thomas S. Kuhn, 1970/1980, 21쪽). 그 강압적 노력은 자연 현상의 인과관계로 풀 수 없는 부분도 있으나, 역사적 근원에 자리 잡고 있는 자의적 요소가 무엇이든지 때로는 강제함으로써 공동체를 유지시킬 수는 있는 것이다. 문제는 현장의 합리성의 정교함에 승패가 달린 것이다.

즉, 관찰과 경험으로 수용 가능한 과학적 신념의 범위는 철저하게 한정될 수 있고, 한정되어야 하며, 그렇지 않으면 과학이라 볼 수 없을 것이다(Thomas S. Kuhn, 1970/1980, 20~1쪽). 정상과학이라 함은 하나 또는 그 이상의 과학적 업적에 확고한 기반을 둔 연구를 의미한다. 그만큼 그 패러다임 안에서 연구자 공동체를 머물게 함으로써, 연구의 정교함의 장점도 지녔다. 이들 정상과학 연구자의 업적은 일정기간 동안 어떤 특정한 과학자집단이 연구사업의 기초로 인정한 그러한 업적들이다(Thomas S. Kuhn, 1970/1980, 26쪽).

이때 연구자는 정상과학에 몰두함으로써 퍼즐을 푸는데 몰두하지, 패러다임들을 증명할 생각을 하지 않는다. 그만큼 정상과학은 외부와 단절을 시도한다. 정상과학을 수용하면 고정관념으로 기존의 패러다임을 수용할 뿐이다. 그가 특정한 퍼즐의 해결을 추구하고 있는 동안, 쿤은 소기의 결과 산출에 실패한 접근법을 버린다. 그렇다고 수많은 다른 대안을 시험해 본다 하더라도, 그것만으로 '패러다임 그 자체'를 증명하고 있는 것은 아니다. 오히려 그는 유형, 무형으로 당면문제와 판(板)을 놓고 어떤 답을 위해 갖가지 수(手)를 꾀해 보는 장기 두는 사람과 비슷한 것이다(Thomas S. Kuhn, 1970/1980, 180쪽).

그 결과는 괄목하다. 즉, 정상과학의 연구자들의 업적은 끈질긴 신봉자 집단이 대립되는 자신들의 과학 활동을 버리고, 전례 없이 그것에 매혹될 수 있을 만큼 탁월한 업적을 만들어낸다. 동시에 그 업적은 새로이 구성된 연구 집단에게 여러 가지 문제들을 제시할 수 있을 만큼 개방적 속성을 지닌다. 여타의 연구자들이 넘볼 수 없을 정도로 논리적 무장도 된다. 이들 과학 이론을 '패러다임(paradigm)'이라고 부를 것이며, 이것은 '정상과학'과 밀접한 관련을 맺는다(Thomas S. Kuhn, 1970/1980, 27~8쪽).

여기서 패러다임은 중요한 사실의 결정, 사실과 이론의 조화, 이론의 정리-경험적, 이론적 측면에서의 정상과학 문헌을 전부 망라하는 것이다(Thomas S. Kuhn, 1970/1980, 55쪽). 말하자면 패러다임을 통해 실제 과학연구의 법칙, 이론, 적용, 도구화 등 사례를 포함하여 과학 연구의 특정한 일관성 있는 전통을 발생하게 한다(Thomas S. Kuhn, 1970/1980, 28쪽).

패러다임을 고집하는 이유도 있다. 사실을 추구하는 과학연구에서 초점은 "①패러다임이 사물의 성격을 특히 잘 표현해준다고 인정되는 부류의 사실이다. 어떤 새로운 발견을 하기 보다는 이미 알려진 사실을 측정하는 데 더욱 정확하고, 신뢰할 수 있으며, 적용범위가 광범위한 방법을 발전시킨 공적으로 된 사람들이 있다. ②사실 측정에 있어 평범하고 좀 더 작은 부류의 것으로, 그 자체가 흥미롭건 아니건 간에 패러다임이론이 예측한 바와 직접 비교할 수 있는 사실이다. 패러다임의 존재는 해결되어야 할 문제를 설정해주고, 패러다임이론은 그 문제를 해결해 주는 장치를 설계하는 데 집적 관련된다. ③실험 관찰은 정상과학의 사실 수집활동을 통틀어 이룰 수 있다."라는 데 있다(Thomas S. Kuhn, 1970/1980. 45~6쪽).

우선 패러다임의 성립조건은 실험과 잠정적 이론이 함께 조화를 이룰 때만이 발견이 가능해지고, 이론으로 인정받게 된다(Thomas S. Kuhn, 1970/1980, 87쪽). 여기서 쿤은 엄밀성에 관심을 가진다. 과학적 공동체가 정교한 프로젝트를 수행하지 못하면, 그 공동체는 다른 과학 공동체나, 일반인들에게 신뢰를 받을 수 없게 된다.

역사가의 목표는 그 집단의 성원들이 좀 더 광범위한 패러다임으로부터 어떤 명시적 또는 묵시적으로 분리 가능한 요소들을 추출해내고, 그들의 연구에 있어 규칙으로 사용했는가를 발견해내는 것이다(Thomas S. Kuhn, 1970/1980, 66쪽). 이는 철저한 자기 검증 원리를 거치게 된다. 하나의 연구 전통의 일관성을 규칙이라는 것으로 이해하려면 해당 분야에 있어서의 공통적인 기반에 대한 구체화가 요청된다.

선험적 인식 틀 하에서 공통적 요소를 찾을 수 있을 때에만 일반적 논리로 인정받을 수 있다. 그 때 비로소 정상과학으로 인정을 받을 수 있다. 이런 측면에서 쿤은 정규과학의 범주에 관습적 행동을 철저히 배격했다(Barry Barnes, 1980/1986, 153쪽). 물론 과학과 관습적 행동을 구분하기 쉽지 않으나, 관습적 행동을 정규과학으로 간주하는 한 정상과학의 의미도 퇴색시킬 수밖에 없다. 그래서 쿤은 관습과 같은 비과학적 행동을 재규정하도록 권장했다(Barry Barnes, 1980/1986, 153쪽).

그 결과로 특정 정상 연구의 전통을 구축하는 일련의 규칙을 찾는 작업은 계속적으로 깊은 좌절감을 불러일으킨다(Thomas S. Kuhn, 1970/1980, 67쪽). 여기서 전문가 집단이 필요하게 된다. 하나의 패러다임이 최초로 그 직위를 획득하기 위해서는 전문가집단의 조력이 필요하게 되는 것이다. 물론 전문가 집단이 인정한 몇 개의 문제를 해결하는 데 다른 경쟁 이론보다 우수하기 때문이다.

그러나 다른 이론보다 우수하다고 해서 한 문제를 완전히 해결한다거나 많은 문제들을 다 설명한다는 뜻은 아니다(Thomas S. Kuhn, 1970/1980, 43쪽). 진실은 그만큼 접근하기 어려운 과제이기 때문이다.

이때 파이어아벤트(Paul Feyerabend)는 법과 질서의 대안보다 아나키즘의 속성에서 더욱 인본주의적이고, 더욱 과정에 관심을 갖도록 독려했다(Paul Feyerabend, 1975, p.17). 아나키즘적 사고가 진지를 찾아내고, 과학철학을 규명하는 좋은 방법으로 제시되었다.

물론 패러다임이 정상과학으로 인정받기 위해서는 과학자 개인과 커뮤니티의 노력이 필요하다. 여기서 정상과학은 "교과서에서 발견되는 과학이며, '과거에 있었던 하나 또는 그 이상의 과학적 성취들', 즉 어떤 특정 과학 공동체가 당분간 한걸음을 더 나아간 활동을 위한 기반을 제공하는 것으로 인정하는 그런 성취들에 근거해 연구할 것을 요구하는 과학이다."라고 했다(Thmas Kuhn, 1962, p.v; Ziauddin Sardar, 2000/2002, 41쪽).

정상과학은 패러다임에 의해 형태가 결정되고 비교적 고정된 상자 안에 자연을 밀어 넣으려는 노력과 같이 보인다(Thomas S. Kuhn, 1970/1980, 43쪽). 외부와의 성을 쌓는 것이다. 물론 그렇더라도 그 형성 조건으로 쿤은 예측이 정확성, 문제해결 능력, 단순성 등을 조건을 충족해야 한다(Kuhn, 1970, p.210; 신중섭, 1999, 44쪽).

그 실현의 과정은 패러다임에 의해 특히 명료해지는 과정에 관한 지식을 확대함으로써, 그러한 사실과 패러다임에 의한 예측 간의 조화를 증대시킨다. 그렇다면 패러다임 자체를 좀 더 명확히 정비함으로써 정상과학이 완성된다.

완성된 정상과학은 정상적 연구문제에서 개념적으로나 현실적으로나 새로운 것을 발견하고자 하는 노력이 거의 없다고 하는 점이다. 과학자들이 정상적 연구의 문제에 대하여 보여주는 열의와 헌신을 다 설명할 수는 없다 (Thomas S. Kuhn, 1970/1980, 57쪽).

물론 정상과학은 끊임없이 현장의 합리성을 덧보탤 필요가 생기게 된다. 즉, 정상과학으로 인정을 받을 지라도, 모든 것이 계속 고정되는 것이 아니다. 항시 이론과 실천이 되도록 일치시키려고 노력하고, 활동은 검증이나 확인 또는 허위성의 입증을 하게 된다(Thomas S. Kuhn, 1970/1980, 109쪽). 연구자는 범위를 좁히고, 허위화를 계속 없앤다. 설령 현실적으로 패러다임을 통해 정상과학으로 인정을 받았다고 하더라도, 자의적 요소가 지속되는 한 정상과학의 기본적 전제도 오랜 과학자 공동체에서 억압할 수 없게 된다 (Thomas S. Kuhn, 1970/1980, 22쪽).

정상과학은 자의적 색깔을 띠게 됨으로써 쉽게 그 정상의 위치를 곧 빼앗기게 된다. 그 때 자의적 기술의 발전이 함께 이뤄질 때, 정상과학은 쉽게 무너진다. 연구자는 자신의 정신세계를 항상 대상화시켜, 객관성을 확보할 필요가 있게 된다. 물론 정상과학이 무너지는 것은 과학자 공동체에서 보다 과학혁명의 현실로 밖, 혹은 패러다임의 다른 접근으로 이뤄진다. 이는 전문가의 속성에서 기인한다. 같은 맥락에서 출입처 중심에서 꽉 짜인 프로그램은 특종을 생산하기 어려운 이유와 같은 것이다. 원래 전문화가 이뤄지면, 과학자의 비전이 극도로 제한되고, 패러다임 변동이 상당히 저항을 받는다(Thomas Kuhn, 1970, p.64). 밖에서, 혹은 다른 접근으로 패러다임 변동의 사례가 일어난다. 같은 맥락에서 밖에서 실험이 일어나고, 기존 기구에서 '탈진실'이 대량으로 유포된다. 과학 혁명도 주로 밖에서 이뤄지는 것은 그곳에서 실험이 쉽게 수행이 되기 때문이다.

라보이저(Antoine Lavoisier)는 1777년 연소에서 발생하는 산소이론(oxygen theory)이 아닌, 1772년 새로운 가스가 있다는 것을 발견한 것이다. 즉, 그는 기존 패러다임의 유추된 기대와는 다른 것에서 연구 성과를 얻어낸 것이다(Thomas Kuhn, 1970, p.64). 그래서 현장에서 관찰과 실험이 필요하고, 그 바탕에서 새로운 이론을 도출할 수 있다는 것이다.

물론 관찰과 실험에서 기존 현상과 공약수(common measure)가 있을 때가 있고 그렇지 않을 때 '통약불가능성(incommensurability)'이 있을 수 있다. 과학 공동체에서 일정한 부분 정상과학으로 공유하는 부분이다. 그러나 '통약불가능성'은 서로 공통적 요소를 찾을 수 없는 것이다. 후자는 의미상에 공유를 할 수 없는 부분이다. 어떤 사건에든 행위자의 동기가 전혀 다를 수 있다. 이는 사건 현장에서 과거의 관행으로 취재를 할 수 없었던 것을 빈번히 발견하게 된다.

설령 관행으로 기사를 발굴할 수 없지만, 그곳에도 자연과학의 원리를 얼마든지 발견할 수 있다는 논리이다. 특수성이 작동하지만, 보편성도 존재한다는 것이고, 우연히 일어나고 불완전한 변동이 일어나지만, 그곳에도 어떤 일반원리가 존재할 수 있다는 것이다. 쿤은 과학혁명을 3가지 곳에서 일어난다고 봤다(Thomas Kuhn, 1970, p.97). 첫째, 기존의 이론을 잘 정리하면 새로운 혁명을 예견할 수 있고, 둘째 기존의 이론을 좀 더 건설적 측면에서 정교화하게 발전시킨다. 그리고 나머지 하나는 동화가 아닌, 사회에 문제가 생겨나고, 정상과학이 작동하지 않음으로써 전혀 새로운 것을 고안하면서 과학혁명이 일어난다.

이런 발전은 동양의 전제군주의 사고와는 다르다. 전제군주는 카리스마의 독창성이 아니라, 힘이 있으면 설친다. 생물학적 나이로 능력이 떨어지면 모든 것을 붕괴시키고, 새로운 군주가 탄핵한다. 언론은 사건의 '적자생존(natural selection)'의 인과관계를 뽑기보다, 특종을 위해 매일 출입처를 나가는 기자와 별로 다를 바가 없다. 관성과 관행의 노예가 된다. 기자는 어떤 특종을 한번 챙기면 그만이다. 여기에서 진화론적 발전을 기대할 수가 없다. 소모성 기사만 난발함으로써 기사의 과학화는 저 멀리 있다.

한편 쿤은 패러다임의 변동에 관한 역사적 연구는 생물학 등 과학의 진화론에서 있어서 변동과 유사한 성격을 갖고 있다고 했다(Thomas Kuhn, 1970, p.94). 그에 의하면 과학의 혁명에도 관찰이 요구되고, 논리적 사고가 필요하다는 전제를 깔고 있다. 포퍼의 논리적 실증주의가 설득력을 얻는다. 과학 혁명을 인위적으로 재단할 필요가 없다는 소리가 된다.

설령 데카르트(Rene Descartes)가 생각한 역동적 자아가 있어, 사물을 다르게 본다고 하더라도, 범위를 좁히고 잘 관찰하면 자연의 논리가 있고, 어떤 사건의 진실을 알아낼 이성이 있는 것이다. 굳이 자신의 주관성 개입을 할 필요가 없다. 자연의 질서, 사건의 흐름을 추적할 때 오히려 이는 현실의 왜곡을 줄일 수 있다. 자연의 질서든, 사건의 질서든 변화하는 것이 있고, 고정된 것이 있다. 관찰로 얻어진 데이터가 분석의 가치를 지닌다. 때로는 커뮤니케이션의 콘텐츠와 관계가 화학적 반응을 일으킬 수 있다.

이때 일수록 데이터의 흐름을 판단하지 못하고, 주관성을 시도 때도 없이 개입시킬 때 미래를 전혀 예측할 수 없게 된다. 인위적 특종은 또 다른 소비성 특종만 난발하게 된다.

한편 어디든 공약수가 존재하는 것이 있고, '통약불가능성'에 관한 현상이 존재한다. '통약불가능성'에 관한 예를 들어보자. 쿤은 '행성(planet)'이라는 용어는, "두 이론에서 공통적으로 사용되었지만, 그 의미가 두 이론에서 동일하지 않다는 것이다. 즉 클라우디오스 프톨레마이오스(K. Ptolemaeus, 83~168) 이론에서의 '행성'과 코페르니쿠스 이론에서의 '행성'은 내포와 외연이 모두 달랐다. 먼저 전자의 내포는 '지구 주위를 도는 항성 아닌 천체들'이었던 반면, 후자의 내포는 '태양 주위를 도는 항성 아닌 천체들'이었다. 뿐만 아니라, 전자의 외연에는 태양이 포함되고 지구가 빠져 있었던 데 반해, 후자의 외연에는 태양과 달이 빠지는 대신 지구가 포함되었다. 그런데 이러한 의미의 변화와 그에 따른 '통약불가능'한 관계에도 불구하고, 프톨레마이오스 천문 이론과 코페르니쿠스의 천문 이론은 여전히 공통된 관측 자료를 통해 비교가 가능했던 것처럼 보인다."라고 했다(조인래, 2015.5, 270~1쪽).

프톨레마이오스와 코페르니쿠스 천문이론은 관측 자료를 공유할 수는 있었지만, 다른 개념은 '통약불가능'한 상태이다. 새로운 이론의 출현은 일반적으로 학문적으로 불안정한 시기를 거친 후에 이루어진다. 상상할 수 있듯이 그러한 불안정상태는 정상과학의 퍼즐들이 예상된 해답을 얻는데 계속적으로 실패함으로써 유발된다(Thomas S. Kuhn, 1970/1980, 94쪽). 이때 위기는 패러다임의 여러 변종을 유발시킴으로써 정상과학의 퍼즐 풀이의 규칙을 완화시켜 결국 새로운 패러다임이 출현할 수 있는 길을 열어 준다(Thomas S. Kuhn, 1970/1980, 108쪽).

연구자는 정상과학의 변칙성을 인지함으로써, 즉 자연이 정상과학을 주도하는 패러다임에 의해 유도된 기대를 깨뜨렸다는 사실을 인정함으로써 패러다임의 변화를 감지하게 된다. 물론 그 다음에는 변칙적인 분야에 대한 다수간의 광범한 탐색이 계속된다. 그리고 패러다임이론을 수정하여 변칙적인 상태까지도 예측이 가능해질 때 비로소 그러한 탐구가 끝을 맺게 된다(Thomas S. Kuhn, 1970/1980, 77쪽). 쿤에 의하면 과학혁명은 진화론으로 설명이 가능하다는 논리이다.

4) 과학혁명은 정상과학의 합리적 재구성

쿤에 따르면 패러다임이 바뀌면 세계관이 변하고, 관찰에 대한 해석까지 변하기 때문에, '이론 중립적인 관찰언어의 도입은 절망적이다.'라고 했다(Thomas Kuhn, 1970/1980, 126쪽). 새로운 이론은 새로운 형태의 규명이 필요하게 된 것이다. 곧 과학적인 이론과 과학적 관찰 사이에는 직접적이고 불가피한 얽힘이 있기 때문에 '중립적인 관찰언어도 존재할 수 없다.'라고 했다(Thomas Kuhn, 1970/1980, 267쪽).

쿤은 연구의 중립화를 강화시키기 위해 패러다임의 용어를 사용했다. 여기서 패러다임은 주어진 커뮤니티 구성원에 의해 공유되는 믿음, 가치, 기술 등이거나, 모델이나 혹은 예증으로 적용이 된 구체적 퍼즐 해결의 요소로 이름이 지어지는 즉, 이것은 정상과학의 퍼즐의 해결이 기초가 되는 '명료한 룰(explicit rules)'이다(Thomas Kuhn, 1970, p.175).

쿤은 패러다임을 통해 과학적 공동체(즉, 동일한 교육을 받은 전문성의 실천가) 안에서 과학 혁명이 가능하게 된다고 했다. 이들을 바탕으로 자연과학의 발전에서, 한 개인 또는 집단이 다음 세대 연구자들의 대부분을 매혹시킬 수 있는 종합(synthesis)을 처음 내놓을 때, 그 이전의 학파들은 점차 소멸을 경험하게 된다. 분명 엔지니어와 과학자는 다른 것이다. 과학자는 패러다임과 문제 풀이의 '명료한 룰'을 통해 객관성을 확보할 때에만 의미를 갖게 된다.

쿤은 정상적 상황에서 과학자 공동체가 문제나, 패러다임으로 규정한 퍼즐을 푸는데 엄청난 효과적 도구로 간주했다(Thomas Kuhn, 1970, p.166). 과학자 커뮤니티에서 정당성을 확보하기 위해 더욱 객관성을 유지하려고 한다. 물론 그 이론의 선택 과정은 계속 조사를 하고, 관찰을 한다. 그 조사를 하는 주체는 전에 갖고 있는 경험과 교육의 성격과 그 정도에 의존한다(Thomas Kuhn, 1970, p.198).

물론 과학적 관찰은 검사(testing), 검증(verification) 그리고 기존 과학 이론을 반증(falsification)한다. 여기서 검증은 자연 도태(natural selection)와 같다(Thomas Kuhn, 1970, p.146). 이는 특수한 목적이라기보다, 주어진 환경에 가장 잘 적응하는 것이다. 이때 탐미적 개인의 카리스마가 작동하여 이것의 수고스런 과정은 생략할 수 있다. 그러나 과학자 공동체를 생각할 때 그 공동체가 견고할수록 새로운 방법을 수용하기가 쉽지 않지만, 과학적 커뮤니티는 높은 수준의 연구의 질을 보장 할 장점을 지니고 있다. 그 수고는 결국 미래를 예측할 수 있게 한다.

한편 물리광학의 패러다임이 이렇게 전환된 것을 과학혁명이라고 할 수 있으며, 혁명에 의해 하나의 패러다임이 다른 하나로 단계적인 전환을 이룬 것으로 과학 발전의 전형적인 유형이라고 할 수 있다(Thomas S. Kuhn, 1970/1980, 30쪽). 여기의 발전은 과학혁명의 형태로 일어난다. 이를 통해 과학혁명의 전이가 완료되면 그 분야에 관한 관점, 방법, 목표 등이 변화한다(Thomas S. Kuhn, 1970/1980, 114쪽).

이런 혁명은 "코페르니쿠스(Nicolaus Copernicus, 1473~1543), 뉴튼(Isaac Newton, 1642~1727), 라부아지에(Antoine Lavoisier, 1743~94), 아인슈타인(Albert Einstein, 1879~1955) 등이 대 전환점을 이룬다."라고 했다(homas S. Kuhn, 1970/1980, 22쪽).

물론 패러다임의 변화는 과학자들로 하여금 그들이 연구에 종사하는 세계를 기존과는 차별화를 두게 한다. 가능한 문제, 개념, 설명들을 지배하는 기준의 변하는 과학 개념 자체를 변화시켜버린다.

기존 과학에서 다른 차원의 새로운 혁명의 검증은 자연도태와 유사하다. 즉, 검증이라는 것은 특정한 역사적 상황에서 여러 대안들 중 가장 존속력 있는 것을 골라낸다. 그러한 선택이 과연 다른 대안들 중에 가장 최상의 것이었는지는 확인할 수 없지만, 자연도태의 법칙은 도외시할 수 없다.

그렇지만, 오늘날에 있어도 과학과 기술 사이의 심대한 차이를 알아보기 어려운 이유의 일부는 진보라는 것이 다른 분야의 명백한 속성이라는 사실과 연결되어 있다(Thomas S. Kuhn, 1970/1980, 201쪽). 즉 과학적 진보와 과학적 객관성이라는 표현은 어느 정도는 중복된 단어로 표현될 수 있음을 알 수 있다.

더욱이 사회과학자들은 연구문제 선택 방법을 사회적 중요성이라는 관점에서 변호해야 할 때가 빈번하다. 그만큼 중간 중간 경기순환, 인종차별 등

관계성이 얽힐 때 돌발성이 많이 도출되게 된다. 자연 과학자들은 전혀 그런 압력을 받을 필요가 없다(Thomas S. Kuhn, 1970/1980, 205쪽). 사회과학은 예측 불가능한 변수들이 작동하지만, 그 원리도 많은 부분 인과관계로 풀이할 수 있다.

쿤에서 관심을 가져야 할 부분은 과학자집단에서 과학혁명이 일어난다는 것이다. 쿤에 따르면 주어진 패러다임의 테두리 속에서 해결을 보려는 모든 노력에 대해 끈질기게 실패만 안겨 주는 문제들이 누적적으로 쌓인 경우에, 이것이 결국은 정규 과학적 연구 그 자체의 핵심적 내용에 무언가 결함이 있다는 의구의 전파를 촉발하게 된다(Barry Barnes, 1980/1986, 139쪽).

이는 장기간에 걸쳐 관찰을 하게 되고, 그 이론의 구조를 파악한 상태에서 전문성을 지닌 실천가로 구성되어 있을 때 가능하다. 과학자 공동체나, 언론인의 공동체는 특수한 전문지식을 요구한다. 물론 방법론에서 고난도의 정밀도 수준은 대중을 상대하는 것이나, 과학자의 공동체는 많은 점이 차이를 보인다.

물론 여기서의 전문 과학교육은 문제풀이의 사례와 사례들을 연관시킴으로써 유사 관계를 제시해 준다(Barry Barnes, 1980/1986, 136쪽). 연구는 연구 사례와 그 연구 사례를 다른 것과 관련시킴으로써 유사 관계를 확대시킨다. 양자의 경우 연관 관계는 공히 유추에 의해 형성된다.

이런 근거 하에서 대부분의 과학 이외 분야에 유사한 점이 없는 범위까지도 과학자집단은 비슷한 교육과 전문적 출발점을 경험해 왔고, 그 과정에서 그들은 동일한 기술적 문헌을 흡수하고 그것으로부터 동일한 많은 교훈을 도출한다(Thomas S. Kuhn, 1970/1980, 219~220쪽).

한편 과학은 논리나 법칙보다는 분석 불가능한 개인의 직관에 의존한다. '보다(see)', '지각하다'에서 오는 직관일 것이다. 설령 그렇다고 하더라도 내가 만일 직관에 관해 언급한다면, "①그것은 개인적인 직관이 아니라, 오히려 직관은 성공적인 집단의 구성원이 검증하고 공유하는 소유물이며, 초보

164

자는 집단구성원이 되는 준비과정의 일부로서 훈련을 통해서 얻게 된다. ②
그것은 원칙적으로 분석이 가능하다. 나는 현재 직관의 특성을 밝혀내기 위
해 고안된 컴퓨터 프로그램을 가지고 초보단계의 실험을 하고 있는 중이
다."라고 했다(Thomas S. Kuhn, 1970/1980, 237쪽).

그런 쿤의 방법론은 카르노(Sadi Carnot)가 1924년 열기관(heat engine)의
단일화회전 과정, 즉 '코르노의 사이클'을 설명하기 위해 사용한 것이다
(Barry Barnes, 1980/1986, 25~7쪽. 65쪽). 즉, 쿤은 ①어떤 주어진 맥락에서 표
출되고 있는 신념이 후속되는 맥락에서도 계속적으로 작용하고 있는 것으
로 짐작해 볼 수 있음을 직시했다. 또한, 내용에 있어서 주어진 문맥을 일관
성이 유지되는 방향으로 해석하는 것이 상호 모순되는 내용의 해석을 가하
는 것보다 더 나은 것으로 여겨져야 할 것이다. 그는 자연 법칙에 충실했다.
그리고 일련의 저작들은 상호간에 체계적인 내적 연관관계를 가진 것으로
취급되어야 한다. 상호간의 내적 연관성을 주의 깊게 관찰한 것이다.

또한 ②주어진 저자가 사용하는 용어의 의미는 그 저자가 위치하고 있는
교호적 관계를 맺고 있는 문화권 내에서 통용되는 의미와 합치되는 것으로
간주되어야 한다는 점이다. 쿤의 과학혁명은 그 지배 문화를 도외시 하지
않고 같은 원리로 설명을 시도했다. 즉, 주어진 시점에서, 주어진 맥락 속
에서 해석된 의미들 사이에 논리적 일관성이 유지되고 있음을 뜻하는 것
이다.

쿤은 문화 뿐 아니라, 그것의 관습적 관계를 염두에 뒀다. 지식이 항시 관
습적인 성격을 가진 것임을 우리에게 인식시켜 줌과 동시에 그토록 관습적
인 성격을 갖도록 만드는 요소가 무엇인지를 이해할 수 있도록 우리에게 도
움을 줬다(Barry Barnes, 1980/1986, 81쪽). 그는 관습이라는 성격을 구체적으
로 언급했다. 여기서 관습이란 "상황적인 판단과 합의를 포함하는 인식과정
의 산물이며, 이후에도 같은 성격의 인식 과정이 반복됨으로써 유지되고 발
전되어 간다."라고 했다(Barry Barnes, 1980/1986, 110쪽).

쿤의 연구가 널리 알려지게 된 원인이 되었던 것은 과학혁명에 대한 이상과 같은 설명과 이러한 관습적 설명 속에 분명히 함축되고 있는 '상대주의적 관점'이었다. 이에 대해 어떤 평가자들은 쿤 자신이 과학 활동의 '누적적' 성격에 관해 언급하고 있음을 지적하면서 그의 정규과학의 개념이 전통적인 의미에서의 '합리적 연구 활동' 이상의 어떤 것도 아니라는 해석을 내리기조차 하였다(Barry Barnes, 1980/1986, 142쪽).

여기서 누적적 발견은 한 개인이 마치 필름의 영상을 찍어내는 것처럼 사실을 찍어내는 카메라와도 같은 것이었다(Barry Barnes, 1980/1986, 112쪽). 마치 카메라가 갖추어야 할 모든 것이 왜곡이 없는 조리개와 렌즈라고 말하는 것에 비유할 수 있다. 또한 발견이 갖는 의미가 "과학지식을 문화와는 전혀 관계가 없이 자연현상 그 자체에만 연관시켜 해석하려는 관점의 맥락에 규정되고 있었던 것이다."라고 했다(Barry Barnes, 상게서, 112쪽).

물론 그렇다고 하더라도 쿤은 "'발견'이라는 용어는 정확히 말해서 타당성이 입증된 발견을 지칭하기 위해서 사용된다. 근거 없이 상상된 것이나 통제되지 않았거나 검증되지 않은 관찰은 그 정당성을 입증할 만한 어떤 요소도 포함하고 있지 않기 때문에 절대로 '발견'이라고 부르지 않는다."라고 했다(Barry Barnes, 1980/1986, 120쪽).

결과적으로 (측정에) 요구되는 것은 결국 "물리적 환경, 즉 거기에 위치한 요소들이 미치는 영향력과 이들 간의 관계적 상황, 그러한 요소들의 영향력과 그들 간의 관계적 상황의 변화에 영향을 미치는 요인들, 측정도구가 만들어진 물질의 본질적 특성 등을 헤아릴 수 없이 많은 요소들에 대한 이론적 이해이다."라는 것이다(Barry Barnes, 1980/1986, 124쪽).

마지막으로 ③모든 설명 변인들은 역사적으로 보아 그 저서가 쓰여지기 바로 이전에 실제로 존재하던 사실들로부터 찾아져야 한다는 것이다. 원인적 요소는 그 원인에 의해 초래된 결과를 선행해서 나타나야 할 것이다(Barry Barnes, 1980/1986, 25~7쪽). 그는 인과관계의 분석을 염두에 둔 것이다.

그렇다면 쿤의 과학 혁명은 어떤 측면에서건 '이성'이 사회적으로 부과되어 온 속박으로부터 해방되는 것을 의미하는 것은 아니다. 오히려 그것은 "주어진 형태의 관습적이고 일상적인 활동으로부터 다른 형태의 그것에로의 전환일 따름이다."라고 했다(Barry Barnes, 1980/1986, 45쪽).

일단 과학 혁명이 일어나면 모든 잣대가 바뀌게 된다. 새로운 현상이나, 예견치 않은 전문가 집단에서 혁명이 이루어진다. 이것 때문에 새로운 것이 과거의 것에 비해 '발전'이나 '진보'한 것이라는 확고한 증거를 제시해 보이는 것은 가능치 않을 것이다(Barry Barnes, 1980/1986, 46쪽). 그 이유로 개념, 이론, 방법들이 바뀌고, 연구해야 할 문제가 바뀐다.

그렇게 되면 퍼즐 풀이의 방법이 함께 변화하게 된다. 무엇이 연구하기에 적절한 문제이며, 그러한 문제에 대해 무엇이 적절한 해결책이 되는 것인지를 가늠해 주는 기준을 포함시켜 판단의 기준이 바뀌게 된다(Barry Barnes, 1980/1986, 46쪽). 그 때 어떤 분야에서 신뢰되는 사실들을 논리적 판단에 비추어 객관적인 진실로 받아들이지 않을 수 없다는 의미에서의 '증거'라든지 '증명'의 뒷받침을 받아서 신뢰되는 것은 아니다. 그보다는 주로 권위의 주어진 방법에 따른 권위의 행사를 통해서 신뢰되는 것이다(Barry Barnes, 1980/1986, 65쪽).

그렇더라도 과학자 집단에서 교육에 의해 형성된 일반법칙을 도외시하는 것은 아니다. 과학에 있어서의 어떤 일반적인 법칙 또는 명제가 선택되면, 특수한 실험상황에 구체적으로 존재하는 '주어진 조건'들에 관한 명제들도 함께 검토의 대상이 된다(Barry Barnes, 1980/1986, 66쪽).

여기서 문제가 되는 판단의 근거는 이성이다. 쿤에 따르면 "빛의 근원은 '경험'이며, 그것의 대변자는 '이성'이다."라고 했다. 즉, 줄기는 이성에 따른 것이고, 구체적 특수성은 경험의 원리가 작동하는 것이다(Barry Barnes, 1980/1986, 68쪽). 쿤은 과학자 집단에서 사용하는 물리학의 이성과 합리성에 합치시켰다. 그에 따르면 "이성적이거나 합리적인 것에 반대되는 어떤 것이 과학적 사유를 이끌어 가고 있다는 것이 아니라, 그가 강조하는 것은 단지 합리적인 것과 사회적인 것을 서로 반대되는 것으로 규정지으려는 생각을 송두리째 버려야 한다는 것일 따름이다."라고 했다(Barry Barness, 1980/1986, 70쪽).

물론 실제 관행과 작업행위는 일반적으로 말하는 이성과 합리성에 전혀 근거하지 않을 수 있으나, 저널리즘은 공정성, 객관성, 정확성을 확보함으로써 철저한 취재의 틀을 유지한다. 많은 독자나, 시청자를 상대할수록 그 형식이 요구된다. 이들은 결국 개인의 노동과 관련을 맺고, 개인의 합리성과 시대정신을 집약하게 된다.

저널리즘은 끊임없이 자기의 논리를 대중에게 설득시키고, 그들과의 간격을 좁혀야 한다. 그들은 특수한 공학이 필요하다. 만약 그게 불가능하다면, 아무리 좋은 뉴스거리가 되어도 기사를 취재하는 행위에 전혀 도움이 되지 않는다. 저널리즘의 세계는 독특한 합리성과 이성이 필요하다.

더욱이 실제 개인적 작업과 집단의 작업 그리고 제도권 안에서, 그리고 대중과의 관계에서 언론의 작동 원리가 과학자 공동체와 전혀 다를 수 있다. 그렇더라도 저널리즘의 작업은 과학자 집단과 다른, 엄격성이 요구된다. 한 실례로 이데올로기에 경도된 홍보성 기사는 무서운 독선을 사회 내에 뿌리내리게 한다.

쿤은 '선험적 인식'을 공유하는 확장된 동료 공동체가 반드시 있어야 하는데, 이들은 공동체가 수집한 우연한 증거와 통계까지 포함하는 확장된 사실들을 이용할 것을 요망했다. 쿤은 과학의 지식이 과학적 공동체의 공통의 재산이어서, 그 안에서 끊임없이 정상과학의 합리적 재구성을 염원했다. 과학혁명은 이를 통해 이뤄지는 것이다.

쿤은 "과학은 정신분열적인 자의식의 일부다. 즉, 과학 연구의 최전선에서는 개방적인 논쟁이 벌어지지만, 교육과 선전활동에서는 확신에 찬 독단주의가 팽배해 있다."라고 했다(Ziauddin Sardar, 2000/2002, 77쪽). 즉, 취재현장은 이성과 합리성, 인과관계 규명이 아니라 아주 빈번히 '탈진실', 비이성적인 광란의 구성주의가 작동하게 된다. 그게 오래 지속되면 언론 망국론이 고개를 들게 된다. 언론인, 과학자 공동체가 필요한 이유가 여기에 있다. 그때 서로 걸러주고, 자연도태의 원리가 작동하도록 도와줄 필요가 있다.

6. 파이어아벤트의 아나키즘

1) 민주적 상대주의

파이어아벤트(Paul Feyerabend)[1]는 '어느 것이든 좋다'(무엇이든 좋다), '제멋대로 연구하는 것이 효율적이다'(anything goes)라는 명제를 연구자들에게 던졌다. 그는 '진실로 가는 길은 어떤 정해진 방법이 없다.'라는 논리를 주장한 것이다. 그의 논의는 갈등을 갖는 초기 그리스의 합리성(rationalism)을 언급했다(Paul Feyerabend, 1978, p.20). 즉, 파이어아벤트는 역사적 과정의 형태로 합당한 상황(circumstances), 가정(assumptions), 과정(procedures) 등 갈등관계를 언급했다.

역사적 과정에서 갈등관계에 있는 합리성, 현실의 사건·사고의 과정의 합리성을 찾는 과정이라면 현장을 풀이하는 합리성도 관심거리가 된다. 파이어아벤트는 언론인에게 현실 취재에서 어떤 고정관념으로 접근할 필요가

---

1 파이어아벤트(Paul Feyerabend, 1924~ 1994)는 오스트리아 빈에서 태어났다. 그는 『킬링 타임』에서 1939년 오스트리아 공무원, 아리안계 혈통, 독일 군대 시절 병역 기록, 빈에서 고립된 채로 보냈던 경험, 중하류계층의 어린 시절부터 극적으로 최고의 학문적 성공을 거두기까지 자신의 삶의 궤적을 추적하면서, '거대' 과학과 '거대' 철학 그리고 독일군 시절의 경험, 수많은 연애담 그리고 자신이 끊임없이 불러일으켰던 논쟁과 늘 고통 받았던 자신에 대한 의구심 등을 이야기했다(Paul Feyerabend, 1995/2009, 표지 설명). 그의 학문 세계는 빈대학 음악대학에서 연극과 오페라 공부, 동 대학에서 수학, 천문학, 물리학 등을 공부하고 철학박사를 받았다. 그 후 그는 영국 브리스톨대학의 강사, 1958년 미국 버클리 대학의 철학과 교수, 베를린 자유대학, 예일대학, 취리히대학 교환 교수를 역임했다. 1950년대 후반에서야 과학철학 분야에 저술 활동을 왕성하게 했다(Paul Feyerabend, 1975/1987, 353쪽). 그의 주요 논문은 "An Attempt at a Realistic Interpretation of Experience(1958)", "Explanation, Reduction and Empiricism(19620)", "Realism and Instrumentalism: Comments on the Logic of Factual Support(1964)", "Problems of Empiricism(1965)", "Consolations for the Specialist(1970)", "Against Method(1970)" 등이 있으며, UC 버클리에서 철학 교수를 역임하면서 아나키즘 측면에서 오랜 동안 연구한 나머지, 현대 과학 철학의 영역에서 크게 공헌을 했다(http://terms.naver.com/print.nhn?docId=3534133&cid=58537&categoryId=58537). 한편 그는 과학의 발전 과정에 있어서의 모든 방법론을 거부하였으며, 제멋대로 연구하는 것이 더욱 효율적이라는 표현까지 사용한 연구자이다. 심지어 그에 따르면 과학적 지식을 다른 종류의 지식과 구분할 수 있는 어떤 특성도 존재하지 않는다고 주장하였다.

없다는 전제를 깔고 있다. '진리에 접근하는 과학적 방법'이 '어느 것이든 좋다.'라고 함으로써 그 방법에서 잉태한 내용물은 상대주의적, 다원주의 일수밖에 없다. 연구자는 자유로운 영혼을 존중해야 하고, 다른 어떤 사회의 역사적, 지리적, 학문적 전통을 존중하는 입장에서 논리를 펴게 된다.

그리스인의 BC 6~4세기의 사고는 호머의 상식(Homeric common sense)과 갖가지 형태의 합리성이 존재 하지만, 그 안에 다른 형태의 내적 구조를 갖는다(Paul Feyerabend, 1978, p.20). 물론 그 안에 구체적 상황이 언급되고, 가정이 존재하고, 과정 등이 갈등 관계로 펼쳐진다.

이러한 갈등을 풀어가는 파이어아벤트의 방법론은 퍽 자유롭게 풀이한다. 파이어아벤트는 니체의 기술, 즉 '권력에의 의지'를 하나의 방향에서 보지 않는다. 이런 방법은 자연현상의 생물과 동물이 갖는 생존의 방법이다. 진화 생물학은 그렇게 연구할 수밖에 없다. 생물학, 물리학 등은 익숙한 방법이지만, 의도와 이데올로기가 확실한 사회과학에는 익숙하지 않은 방법이다.

물리학자 파이어아벤트는 니체의 사변적 아나키즘과는 근본적으로 다르다. 물리학은 시공간의 현장 개념이 뚜렷하다. 그 안에서 '무엇이든 좋다.'이다. 니체는 다윈의 진화론을 비판했다.

니체가 다윈을 비판하는 태도는 크게 3가지로 나눈다. 정낙림은 "①다윈과 다윈주의가 인간을 포함한 일체의 유기체가 '생존을 위한 투쟁'과 '적자생존론'의 법칙에서 벗어날 수 없다고 본점, ②다윈과 다윈주의가 일체의 생명이 근본적으로 환경에서 벗어날 수 없고, 그것에 적응하도록 진화한다고 봄으로써 생물의 능동적 측면을 간과한 점, ③진화론이 언제나 발전을 지향한다고 확신한다는 점이다."라고 했다(정낙림, 2013.9, 70쪽).

인과관계를 부정하는 니체의 입장에서 보면, '적자생존', '약육강식' 공식이 반드시 진실일 수는 없다. 예외적 사실이 너무나 많이 일어난다. 그러나 니체는 사변적 생각인데, 파이어아벤트는 구체적 시공간 안에서 '무엇이든 좋다.'의 입장이다.

베르그송은 인과율을 두 개로 나눈다. 그는 "자연현상에서의 인과율 곧 물리학적인 의미의 인과율과 의식 상태에서의 인과율 곧 심리학적인 의미의 인과율을 두 종류로 구분해서 이에 대한 비판적인 작업을 행하고 있다."라고 했다(강영계, 1982, 96쪽). 여기서 물리학적인 인과율은 지성과 직관을 사용할 때 현장의 합리성을 도입시킨다.

파이어아벤트는 공간을 포함시킬 뿐 아니라, 지성이 아닌 직관을 많이 포함시킨다. 같은 맥락에서 베르그송은 "지속이란 자신이 걸어온 길을 보존하는 의식에 대해서 실제적인 것이며 우리는 여기에서 동일한 조건을 말할 수 없는데, 왜냐하면 동일한 순간은 반복해서 발생하지 않기 때문이다."라고 했다(강영계, 1982, 86쪽). 직감은 경험이 같은 사람과의 공감의 영역이다.

파이어아벤트는 니체보다 더욱 상대적일 수 있다. 그가 인과관계에 관한 다른 지적 활동과 명확하게 구분 짓는 과학 연구는 진리로 인도해 주는 올바른 단 하나의 과학적 방법이 아니라는 것을 명확하게 했다. 쓸데없이 과거에 집착해서, 그것을 고수하는 어떤 확신주의자도 그에게는 도움이 되지 않았다. 과학자들은 각자가 해결하려는 문제에 적합한 방법을 그때그때 시공간 안에서 임시방편적으로 찾아 연구하는 것이 바람직하다고 본 것이다.

파이어아벤트는 일종의 방법론적 무정부주의로 간주될 수 있다. 그의 방황하는 모습은 현대사회에서 표준적인 지식으로 간주되는 서양과학이 정형적인 형태보다는 오히려 민간에 유행하는 요법, 즉 고대부터 전승되어 온 신화와 인식론적 지위에 더욱 관심을 가졌다(http://terms.naver.com/print.nhn?docId=3534133&cid=58537&categoryId=58537).

파이어아벤트는 '여유롭게 산보하는 지식인(a free floating intellectual)'이라는 사실을 상기시켰다. 즉 그는 자유분방한 라이프스타일을 선호했으며, 이곳저곳을 옮겨 다니기 좋아한 이력, 다채로운 예술가 혹은 연예인 기질을 가졌다. 그의 이런 자유로운 삶으로 인해 과학철학과 정치철학에 걸쳐 수많은 논쟁을 불러일으켰다. 그의 급진적인 견해로 인해 자타가 공인하는 요란스러운 삶을 자처했다. 그는 철학계의 풍운아 신세를 자처하고 나섰다(http://terms.naver.com/print.nhn?docId=3534133&cid=58537&categoryId=58537).

파이어아벤트의 개인사는 돌출의 연속이었다. 그는 1924년, 1차 대전의 상처로 어수선한 비엔나의 중산층 가정에 태어나, 철학자보다는 다른 사람을 '즐겁게 해주는 사람'으로 알려지는 것이 그가 갈망했던 전부였을 것이다.

『킬링 타임』에서 자신의 허약한 체질을 소개하곤 했다. 오랜 동안 한 곳에 집착할 수 없는 신체적 요인도 작동했다. 그는 집안에 틀어박혀 지내던 병약한 아이였다. 그러나 성장하면서 특유의 '끼'가 나타나기 시작했다. 그는 어려서부터 오페라가수, 배우가 되기를 원했고 상당한 재능이 있다고 생각했다.

엉뚱한 그의 삶은 과학 분야인 의학에서도 엉뚱한 주장을 했다. 그는 심지어 동양의 침술과 같은 대안 의학을 수용할 것을 주장했다. 물론 그에 대한 이유가 존재했다. 그는 2차 대전 중 징집되어, 참전 용사로서 철십자훈장을 받기도 했다. 그러나 그는 전쟁 중 척추 손상을 입고 한때 하반신이 마비를 일으켰고, 그 결과 평생을 지팡이를 짚는 신세가 되었다.

그의 지병은 표준적인 서양 의학이 자신의 고통을 경감시켜 주지 못한 반면 오히려 침술과 같은 대안 요법이 큰 효과를 가져다 준 점에 대해 주목했다. 그는 침술과 같은 대안 과학에도 서양 과학과 동등한 지위를 부여해야 한다고 주장했는데, 이와 같은 개인적 경험은 대안 과학에 대한 그의 신뢰를 더욱 강화했다.

이를 계기로 다른 한편으로 동양의 사고에도 서양 과학과 동등한 지위를 부여하기를 원했다. 학문적으로도 많은 영역에 관심을 표현했다. 그는 물리학과 천문학 그리고 문학에 특출한 재능을 보였다. 그의 철학에 대한 관심에 관한 이야기이다.

파이어아벤트의 개인사도 그의 철학의 관심 영역만큼이나 다채로웠다.

그는 물리학과 천문학 그리고 문학에 특출한 재능을 보여 초기에 철학에는 그다지 큰 관심이 없었다(http://terms.naver.com/print.nhn?docId=3534133&cid =58537&categoryId=58537).

더욱이 과학과 예술 모두에 재능과 관심을 가졌던 자신의 성향은 자신이 가진 또 다른 재능 때문에 방황의 길을 걷곤 했다. 특히 그는 자신의 목소리에 큰 자부심을 가지고 있었고, 성악 레슨을 꽤 오랫동안 받았다. 장래 직업을 음악에 두었던 것도 사실이었다. 그는 나이가 들어서도 노래 부르기에 많은 애착을 가졌고, 잘 훈련된 노래의 목소리는 지적 작업보다 훨씬 더 큰 즐거움을 준다고 생각했다. 오케스트라는 각 악기마다 독특한 소리를 내면서, 거대한 팀은 하나의 합주의 하모니를 이뤄냄을 알게 되었다.

말하자면 파이어아벤트가 꿈꾸었던 이상적 삶은 오전에는 이론 천문학 공부를 하다가 오후에는 성악 연습을 그리고 저녁때는 오페라 공연을 한 후 밤에 집에 돌아가서는 별자리를 관찰하는 것이었다. 자유분방한 그의 논리는 어떤 주장에도 지적 권위를 인정하지 않았고, 그가 꿈꾸는 자유주의 사회는 모든 개인이 자신의 의견을 표출할 수 있는 극도의 자유방임이 보장되는 곳이었다. 이러한 견해는 그가 미국 캘리포니아에서 교수 생활을 하던 1970년대 당시 사회 분위기와 맞물렸다.

그 분위기에 편승하여 파이어아벤트는 예일대학, 베를린대학, 런던대학 등에서 교수 활동을 하면서는 아나키즘(무정부주의)적이고 다다이즘적인 입장을 발전시켰다. 그는 철학적 아나키즘을 신봉한 것이다. 자유주의 정신의 끼가 발동한 것이다.

물론 그의 방랑 끼의 삶은 관심거리를 학문으로 엮으면서 일대 변혁이 일어났다. 철학과 물리학은 그에게 큰 영감을 얻게 했다. 그가 철학을 접하게 된 것은 우연한 계기가 있었다. 파이어아벤트는 어느 날 헌책방에서 희곡과 소설을 묶음으로 구입하면서 그 안에 우연히 끼어 있던 철학책을 읽게 되었고, 그게 계기가 되어 그는 철학의 매력에 빠져들게 되었다(http://terms.nave

r.com/print.nhn?docId=3534133&cid=58537&categoryId=58537). 철학적 흥미는 그의 생각을 실현시키고, 논리도 합당화 시키기에 따른다. 그의 세계관은 물론 학문적으로도 이단이어서, 초기에는 그는 갈릴레오는 논리 실증주의가 강조하는 검증 원리나 포퍼가 중시하는 반증주의가 요구하는 엄격한 규칙을 배척함으로써 그들의 성공은 규칙을 적절한 방식으로 '어겼기 때문에'라는 논리를 폈다. 그걸 자신의 논리에 맞춰 자유분방함으로 해석했다.

물론 파이어아벤트에게도 학문적 스승은 존재했다. 그는 비엔나 대학 재학 당시 자신에게 가장 큰 영향을 준 철학자 두 사람을 만나게 되는데 그 둘은 비트겐슈타인과 포퍼였다(http://terms.naver.com/print.nhn?docId=3534133&cid=58537&categoryId=58537).

파이어아벤트는 훗날 비트겐슈타인(Ludwig Wittgenstein, 1889~1951)의 『철학적 탐구』에 담긴 의미의 사용 이론을 나름대로 해석하여 과학 용어의 의미가 맥락에 의해 주어진다는 생각을 발전시켰다. 이 생각을 바탕으로 그는 이론 용어와 관찰 용어의 구별을 거부하고 다양한 이론적 전통 사이의 '통약불가능성'을 주장하게 된 것이다.

그 과정을 보면 1951년 박사를 마친 파이어아벤트는 원래 케임브리지로 가서 비트겐슈타인 밑에서 연구할 계획이었지만 비트겐슈타인의 갑작스러운 죽음으로 그의 노력은 실패로 끝났다. 그가 비트겐슈타인에 경도된 것은 그만한 이유가 있었다. 파이어아벤트는 오스트리아 빈대학에서 공부하던 시기에 비트겐슈타인의 학문적 유산을 물려받은 철학자 엔스콤(E. Anscombe)으로부터 분석철학의 주제들을 배웠으며, 양자역학에도 큰 관심을 가졌다(http://terms.naver.com/print.nhn?docId=3552023&cid=40942&categoryId=31528). 결국에는 런던 정경 대학에서 포퍼와 함께 연구를 하게 된다. 포퍼(Karl Raimund Popper, 1902~94)와의 연구 기간은 생산적이었고, 파이어아벤트는 포퍼의 반증주의를 발전시키는 작업을 수행했다.

물론 파이어아벤트는 이 시기에 이미 포퍼로부터 어느 정도의 거리를 두기 시작한 것 같다. 포퍼는 파이어아벤트가 자신 곁에 더 머물며 함께 연구하기를 원했고 장학금도 구해 주었지만 이를 물리치고 비엔나로 돌아간 것이 그 점을 시사했다. 그 후 두 사람은 각자의 회고록에서 상대방에 대해서는 거의 언급하지 않을 정도로 싫어하는 사이가 된다. 늘 자유롭기를 원했던 두 철학자의 관계에 적합한 결말이라고 할 수도 있겠다.

파이어아벤트는 런던 경제대학에서 과학철학자였던 칼 포퍼를 만나 영향을 받았는데, 초기에는 포퍼의 사상을 받아들였지만 추후에 포퍼의 경험주의와 합리주의를 반박하였다. 또한 과학철학자 임레 라카토스(Imre Lakatos, 1922~74)를 만나 함께 과학적 방법론에 대한 저서를 출간하려 했지만, 라카토스의 죽음으로 인해 혼자 저술한 《방법에의 도전》을 출간하게 되었다.

포퍼는 '이치에 맞다'라는 명제에 몰두했다. 물론 포퍼는 기존 이론에 대한 '합리성'을 전적으로 수용하지 않았다. 그는 대신 '비판적 합리론'에 관심을 가졌다. 귀납법의 명제를 갖고 와 적극적으로 풀어가는 데, 포퍼는 '점차로 증가하는 확증(confirmation)'도 단 하나의 결정적인 반증(falsification) 사례에 의하여 물거품이 될 수밖에 없다. 그는 '확증'과 '검증'에 무게를 두지 않았다(고인석, 1998, 31쪽). 그 대신 포퍼는 '진리 근접성'에 합리성이 완벽한가에 더욱 관심을 가졌다(고인석, 1998, 31쪽).

포퍼는 "체계이론(the system theory)에서 논리적으로 추론된, 경험적으로 확인 가능한 귀결들 가운데 어느 하나라도 거짓으로 드러날 경우는 반증이 된다."라고 했다(Kim, Bo-Hyung, 1장, 고인석, 1998, 32쪽). 여기서 체계는 인간 유기체(human organism)의 원리를 원용한 것이다. 인간 유기체는 팔다리가 있고, 몸통이 있고, 내장이 있고, 뇌가 있다. 어느 것 하나 고장이 나면 유기체는 작동을 멈춘다. 뇌가 손상이 되면, 모든 신체의 부분은 정상적으로 작동하기를 멈추게 된다. 그 작동원리가 진실이고, 신의 섭리이다. 포퍼는 체계이론을 수용하면서, 그 체계가 작동하는데 방해가 되는 경험적 데이터 규명에 더욱 관심을 가졌다.

포퍼는 합리성을 다른 말로 '비판적'이라는 말로 대치시켰다. 합리성은 신체가 제대로 돌아가는 것을 말한다. 신체는 항상성을 갖고 움직인다. 여기서 비판은 유기체의 작동에 문제가 되는 것을 발견하는 것이다. 즉 포퍼의 말을 빌리면 합리적인 태도와 비판적인 태도를 동치로 놓았다. 그렇다면 그의 논리는 반증가능성의 가설을 세우고, 반박하기 위한 철저하고 창의적인 시도를 계속함으로써 정상가동(진실)에 가깝게 접근을 시도한다.

언론은 환경감시기능을 통해 사회병리 현상을 진단한다. 이 때 체제 안에서 각 부분이 작동할 수 있게 해야 하고, 통제할 수 없는 환경의 문제를 체제 안으로 끌어와야 한다. '무엇이라도 좋다.'라는 통제할 수 없는 환경을 끌어들이는 적극적 노력이 된다.

안팎으로 체계가 제대로 작동하도록 독려하고, 고인 부분을 도려낸다. 언론의 비판 기능은 곧 합리성을 갖고 작동하도록 도와준다. 포퍼는 비판을 통해, 정상가동(진실)의 가능성을 타진한다. 그러나 파이어아벤트는 진실에 접근할 수 있는가에서 이성의 존재에 대해서 회의적이다. 그는 인간의 경험에서 얻는 어떤 지식이 이성에 근거한다는 가정을 버렸다.

파이어아벤트는 포퍼보다 한참 더 나아가 인간은 이성적 동물이라는 전제를 거부하며, 이제까지 비과학적인 것들이라 치부되어 왔던 비합리적이고 비이성적인 것들에 대해 재주목하였다(http://terms.naver.com/print.nhn?docId=3552023&cid=40942&categoryId=31528). 그는 과학사에서 등장하는 고대의 신화, 주술적 행위, 고대 의학과 점성술 같은 것들에 주목하며, 그동안 비과학적으로 판단된 것들이 꼭 비합리적인 것들은 아니라는 점을 주장하였다.

포퍼 이성은 지나치게 과학 중심적이고 합리적인 특성만을 고려했다. 그 결과 과학은 왜곡의 길을 걷게 되었다. 파이어아벤트는 이성이 생겨나게 한 수많은 종류의 문화적 결과물과 다양성을 통해 본래의 모습대로 사회현실과 인간을 다시 보게 되었다.

파이어아벤트는 포퍼가 이야기하는 비판적 합리주의보다 훨씬 마구잡이식의, 또는 비합리적인 면모를 드러내어 왔다. 그는 이렇게 규율에 어긋나 보이는 비합리적인 요소들이 과학에 진보를 가져온 전제조건이 되었다(고인석, 1998, 34쪽). 오히려 역설적으로 '편차(deviations)'와 '오차들(errors)'이 과학 발전에 더욱 기여하고 있다는 논리를 펴고 있다. 기존의 이론과 경험 사이에 일어나는 불일치가 과학 연구자들에게 더욱 호기심을 갖게 하고, 영감을 가져올 수 있었다.

파이어아벤트는 분명 포퍼의 비판적 합리성을 벗어나, 아나키즘의 사고를 유지한 것이다. 비합리성이 과학의 진보에 도움이 될 수 있는 요소가 흔하다는 말을 하고 있다. 심지어 그는 합리성의 근거에 대해서도 의심의 눈초리를 보냈다.

인간 사고의 한계가 바로 여기에 있는 것이다. 창의적 개인은 경험적 자신의 사고를 갖고, 다른 사람과 접하고, 시시각각으로 변화하는 역사적, 상황적 상황을 접한다. 과거의 합리성은 현재 더욱 복잡한 현실 세계를 향해 '진리근접성'을 찾기가 쉽지 않다. 개인이 접하는 현실 세계는 더욱 분화되고 전문화되어 있다. 말하자면 과학에 있어서 합리적인 방법을 제한적으로 규정하고 그것을 고수해가려는 태도는 이제까지 실제로 이룩되어 온 과학의 진보에 대한 설명의 바탕을 제공하지 못할 뿐 아니라 앞으로의 과학에 있어서도 결코 보편적인 유효성을 주장할 수 없다고 봤다(고인석, 1998, 36쪽).

포퍼가 경험적 내용을 설명할 때, 그 대상이 되는 단위체가 하나의 이론 혹은 이론 체계에 대한 반증주의이다. 그러나 파이어아벤트에게 있어서는 그것이 '하나의' 이론이 아니라 동시 다발적 이론이 서로 뒤엉켜 있다. 때로는 '양립 불가능'하고 또는 '통약 불가능한 이론'들이 동시에 작동하는 것이다. 이는 이론 체계들의 집합체라는 점이다. '이론 증식(theory proliferation)'이 한 현상에서 벌어지고 있다.

개인의 자유도가 증가하고, 세계 체계 안에서 빅뱅이 일어날 경우 포퍼의 이론은 무용지물이 될 수밖에 없다. 더욱이 문화가 다른 인종 간의 커뮤니케이션 현상은 포퍼의 이론으로 풀 수 없는 한계를 지닌다.

파이어아벤트는 이론과 학문의 영역을 뛰어 넘으면서 물리학의 영역을 확장시켰다. 즉, 합리성의 영역이 과학에만 적용될 수 있는 것이 아니라는 주장이다. 물리학은 감금된 학문이 아니라는 점이다. 더욱이 그는 개념에서 과학과 예술이 전혀 다르지 않다는 논리이다(http://terms.naver.com/print.nhn?docId=3552023&cid=40942&categoryId=31528). 파이어아벤트에게 전통적으로 과학은 다른 모든 분야의 방법론보다 더 우수하고 훌륭한 위치에 있고 신뢰할 만한 것이다. 과학의 정교함으로 인해 과학의 영역에서의 발전은 이전에 등장한 과학보다 나중에 나타난 과학이 좀 더 낫다는 비교를 통해 이루어졌다. 그는 현대 사회에서 학문의 으뜸을 물리학으로 잡았다.

설령 언어의 표현 양식은 온건했다. 그는 각각 다른 영역은 다른 언어로 쓸 뿐 통합할 수 있는 기능을 갖고 있다고 본 것이다. 포퍼의 말을 빌리면 서로 다른 영역이라면 ①정밀성에 더욱 관심을 가질 것을 원했고,②단순성을 확보하도록 바랐다. 후자의 경우 애드혹(ad hoc, 임시 변통적) 요소를 배제한다. 서로 관련이 없을 때는 과감히 버린다.

파이어아벤트는 버리는 것에 더욱 신중했다. 정당성을 확보하는 과정에서 쓸모없는 기존의 이론이나, 포함시키지 않은 요소가 때로는 새로운 이론을 도출하는 데 결정적 기여를 할 수 있다.

그것도 파이어아벤트에게는 포퍼의 세심함이 기우일 수 있다. 설령 애드혹의 경우로 제각각이지만 결국 삶의 형태가 다른 것이 아니라는 것이다. 예를 들면, 그는 오스트리아의 미술사가인 알로이스 리글의 '미술에는 진보도 퇴보도 없고 표현 양식의 형태를 만들어 낼 뿐'이라는 이론을 사용하여, '과학과 철학도 별로 다를 바가 없다.'라는 논리이다(http://terms.naver.com/print.nhn?docId=3552023&cid=40942&categoryId=31528).

그렇다고 현대 사회의 모든 영역은 과학과 기술의 연계를 가짐으로써 파이어아벤트는 과학지식만이 신뢰할 수 있는 유일한 지식이며, 이러한 지식의 확보는 과학의 방법에 의해 가능하다는 과학주의에 반대한다. 즉, 과학주의가 권력과 손을 잡고 행정과 교육과 정치 등 인간 생활 전반을 규제하고 있는 현대사회를 비판하고 있는 것이다.

그가 말하는 사회는 다양성이 존재하는 자유로운 선택이 존중받는 '민주적 상대주의'이다(https://ko.wikipedia.org/wiki/%ED%8C%8C%EC%9A%B8_%ED%8C%8C%EC%9D%B4%EC%96%B4%EC%95%84%EB%B2%A4%ED%8A%B80). 그는 '자유를 증대하고 풍요로운 삶과 보람된 삶을 살려고 하는 노력'을 옹호하고 '전인적으로 발전된 인간을 길러내고 또 길러낼 수 있는 개성의 함양'을 지지한다. 그는 과거의 관습에 대해 비판하고, 역사발전에 긍정적 생각을 가졌다. 즉, 조상들이 유일하게 참되다고 생각한 종교의 속박에서 우리를 해방시켰듯이 이데올로기적으로 경직된 과학의 속박에서 이 사회를 해방 시키는 것이라고 말한다. 파이어아벤트가 이상적으로 생각한 사회는 '모든 지식이 동등하게 취급되는 사회'이다.

2) 현장의 '통약불가능'

파이어아벤트는 물리학자이다. 그는 수학과 기하학에 익숙하였다. 그 원리 하에 그는 물리학의 합리성을 주장한다. 사회과학자들이 이야기하는 주의(主義, ism)라는 것이 가능하기는 한 것인가? 그는 체제보다 '삶의 세계'에 더욱 몰두한다. 파이어아벤트는 오히려 이론의 비합리성을 주장했다. 그는 18개의 주제를 두고, 『방법에의 도전』을 이야기했다.

전술한 것과 같이 이 책은 임레 라카토스(Imre Lakatos)와 같이 작성하려 했다. 파이어아벤트는 "나는 합리주의자의 입장을 공격하려고 했었고, 임레는 합리주의를 재차 진술하고, 옹호함으로써 네 입장을 분쇄하려고 하였다."라고 했다.

그러나 임레는 곧 죽음을 맞이했고, 파이어아벤트는 1964년부터 편지로, 강의로, 전화통화로, 논문으로 논의한 그 내용을 책으로 출간하게 되었다. 물론 여기서 합리성과 이성 관계는 논할 필요가 있다. 김보현 울산대학교 철학과 교수는 "우리가 흔히 말하는 '합리적 사람'은 사고 및 행동이 사리에 어긋나지 않는 사람일 것이고, 기업주의 '경영의 합리화'는 이윤의 극대화일 것이다.

철학에서 역시 합리성이란 개념은 여러 가지 내포를 가질 수 있다. 그러나 그것의 가장 일반적인 의미는, 이성에 따른다는 것일 것이다. 격정에 휩싸이거나 편견에 좌우되지 않고 이성적으로 판단하고 행동하는 것이야말로 합리적인 태도임에 틀림없다. 그러므로 합리성의 문제는 곧 이성의 문제이다(김보현, 1998, 42쪽).

포퍼의 합리주의를 다시 풀어보자. 파이어아벤트는 자기 스승 포퍼의 합리성에서 멀리 떠나지 않았다. 포퍼의 강의는 이렇게 시작했다. 즉, 그는 "'나는 과학방법론 교수다. 그러나 한 가지 문제가 있다. 과학적 방법이라는 것은 없다는 사실이다.' 포퍼는 계속해서 말했다. '하지만 몇 가지 간단한 주먹구구식 방법이 있기는 한데, 그것들이 매우 도움이 된다'"라고 했다(Paul Feyerabend, 1995/ 2009, 165~6쪽).

오늘날에도 이와 유사한 형태의 설명이 있을까? 물론 임시 변통적(ad hoc) 사고에서 잘 설명될 수 있는 영역이다. 그러면 어떻게 해야 그 순환성을 재거할 수 있을까? 그것은 설명하는 항이 설명되어야 할 상황보다 내용적으로 더 풍부하다는 것을 보여줌으로써 가능하다(Paul Feyerabend, 1995/2009, 165~6쪽). 더욱 정밀하게 표현할 수 있도록, 기술을 한다. 예를 들어 지구가 태양 주위를 300여일의 주기로 공전한다는 가설보다 365.24일의 주기로 공전한다는 사실을 설명함으로써, 더욱 설득력을 얻는다.

또한 설명하는 원리는 모종의 정합성을 가져야 하는데, 그 정합성은 힘, 장, 입자등과 같은 새로운 실체를 도입함으로써 가장 잘 성취될 수 있다

(Paul Feyerabend, 1995/2009, 165~6쪽). 이 실체들은 기존의 알려진 현상을 설명하려는 명확한 목적을 위해 도입되었기 때문에 이전에는 전혀 알려지지 않았다. 새로운 이론을 정립하는 데는 더욱 다양한 각도의 데이터가 필요한 시점이다.

다시 말해 흔히 주장하는 것과는 다른 각도로, 혹은 반대로, 지금까지 알려져 있지 않는 것으로 이론을 설명한다. 알려져 있지만 여전히 초점이 가 있지 않는 요소가 새로운 이론 정립에는 필요하게 된다.

이때 염두에 둬야할 것은 귀납주의적 접근에 대한 논의이다. 포퍼는 '귀납주의'를 공격했다. 여기서 귀납주의는 이론이 사실들로부터 도출되거나 사실을 기반으로 확립된다는 생각이다(Paul Feyerabend, 1995/2009, 166쪽).

포퍼는 말하기를, 경험주의자는 사실에 밀착하라고 조언하는데, 그것은 그들이 가능한 임시 변통적으로 노력한다는 것을 의미한다. 그러나 따지고 보면 포퍼에게 임시 변통성은 쓸모없는 것이다(Paul Feyerabend, 1995/2009, 166쪽).

더욱이 형이상학은 지금까지 알려진 사실을 넘어서며, 때로는 그것과 모순된다. 이것은 과학이 형이상학이라는 것을 의미하는가? 그렇지 않다. 과학적 가설은 반박이 가능하지만, 형이상학적 세계는 그럴 수 없다(Paul Feyerabend, 1995/2009, 166쪽). 이념에 경도된 사실은 오히려 과거 고정관념을 확산시킨다.

새로운 이론의 철학은 그 자체만으로 즐길 수 있는 음악과 다른 것이다. 그것은 그 자체가 혼란으로부터 우리를 인도해야 하고 변화를 위한 청사진도 제공해야 한다(Paul Feyerabend, 1995/2009, 168쪽). 포퍼는 그러한 안내나 지도는 단순하고 정합적이며, '합리적'이어야 하고 그 외의 다른 어떤 대안을 생각할 수 없게 했다.

파이어아벤트에게는 합리성 자체로 찾기보다, 설령 합리적이 아니라고 해도, 다원적인 사고의 틀을 요구했다. 오히려 음악적 사고와 순발력 있는 이야깃거리가 더욱 도움이 된다. 파이어아벤트는 어느 여름 알프바흐로 돌아와 그곳에서 필리프 프랑크(Philipp Frank, 1884~1966)를 만났다. "필리프 프랑크는 내게 즐거움이었다. 그는 폭넓은 지식을 가지고 있었고 지적이고 위트가 넘치며 뛰어난 이야기꾼이었다. 어려운 논점을 이야기로 설명할지, 아니면 분석 논변을 사용할지 선택하라고 한다면 그는 틀림없이 이야기를 택했다. 몇몇 철학자는 그런 태도를 좋아하지 않는다."라고 했다(Paul Feyer-abend, 1995/2009, 190쪽).

필리프 프랑크는 파이어아벤트에게 좋은 사고의 틀을 제공했다. 이는 『방법에의 도전』을 엮은 이야기 내용이다. 파이어아벤트는 일상생활은 단순하고, 단조했다. 그에 따르면 "10주 동안 일주일에 한 시간씩 과학철학에 관해 강의하는 것이었다. 과학철학을 공부한 적이 없는 나는 몇 권의 책을 읽었다. 그러나 그 책들을 읽는 것만으로는 충분하지 않았다. 얼마만큼 지식을 얻었는지 알아보려고 나는 내가 기억할 수 있는 모든 것을 종이 한 장에 적어보았다. 한 장도 채우기 어려웠다. (동거녀) 애거시는 나를 이렇게 위로했다. '여기 있는 첫 번째 줄이 너의 첫 번째 강의가 될 거야. 내가 말하려고 하는 내용을 먼저 진술해봐. 그리고 나서 그것을 다듬어봐. 한번 거쳐 간 것은 많은 부분이 기억이 날거야. 그리고 반복하고 요약하다 보면 어느덧 끝날 시간이 되지. 그러면 두 번째 줄로 가면 돼.' 나는 그녀의 조언에 따라 첫 번째 강의 내용을 짜고 나서 그것을 외우고 거울 앞에서 마치 연극의 배역을 연기하듯이 준비했다."라고 했다(Paul Feyerabend, 1995/2009, 191쪽).

파이어아벤트의 강의 경험이 소개되었다. 그는 "1958년 브리스톨에서 시작한 지 3년 만에 나는 캘리포니아 대학 버클리 캠퍼스에서 일 년을 보내도록 초청받았다. 그 초청은 적절한 시간에 왔다. (동거녀) 메리가 떠났고, 더 이상 나를 브리스톨에 붙잡아둘 것이 없었다."라고 했다(Paul Feyerabend, 1995/2009, 201쪽).

실제 파이어아벤트는 40년 간 해외에서 살았으나, 32년을 미국에서 살았다. 그에게 "미국은 할리우드, 보드빌, 뮤지컬, 레슬링, 소프오페라, 일인 코미디, 스필렌, 챈들러, 헤멧, 한마디로 쇼 비즈니스와 통속잡지의 세계 다."라고 했다(Paul Feyerabend, 1995/2009, 205쪽). 나중에 그는 이것에 덧붙여 문화적, 인종적 다양성을 들었다. 내가 유럽으로 돌아가고 싶지 않은 이유 중 하나로 유럽은 인종적 단일성에 있었다.

캘리포니아 도착은 1958년 9월이었다. 그는 통상 두 종류의 강의를 맡았다. 그중 하나는 일반철학이고 다른 하나는 과학철학이다. 그는 "참여자들이 자기 자신의 생각을 설명할 기회를 주는 세미나를 운영했는데 그이유로 그는 비형식적 절차를 좋아해서이다."라고 했다(Paul Feyerabend, 1995/2009, 219쪽). 그 구체적 내용은 전자기학, 광학, 양자이론의 역사부터 사례연구에 관한 것이었다.

파이어아벤트는 "같은 논리가 『방법에의 도전』의 형식이다. 이것은 책이 아니다. 그것은 콜라주[2]이다. 그것은 10년, 15년, 또 20년 전에 거의 같은 낱말로 출판했던 기술, 분석, 논변을 담고 있다(Paul Feyerabend, 1995/2009, 246쪽). 이 책의 다원주의(pluralism)에 대한 논변은 1963년 간행된 『델라웨어 과학철학 총서(Delaware Studies of the Philosophy of Science)』에서 찾아 볼 수 있는 것들이다. 물론 그 논의의 시작으로 1968년 나는 『방법에의 도전』이라는 제목의 논문을 하나 썼는데, 그것이 1970년 『미네소타 과학철학 총서(Minnesota Studies for the Philosophy of Science)』에서 출간되었다. 출판 전에 있었던 한 학술모임에서, 나는 '이론과 관찰이 어떤 규칙에 따라 연결되는 상호 독립적인 실재가 아니라 분리될 수 없는 전체로서 형성된다'는 주장을 폈다."라고 했다(Paul Feyerabend, 1995/2009, 246쪽).

파이어아벤트는 과거를 회상하면서 인간 존재에 대한 호머식 개념에 대

---

2 콜라주(collage)는 일부에 가필하여 구성하는, 초현실주의의 한 수법으로 광고, 포스트 등에 많이 이용됨(김철환, 2005, 2346쪽).

한 어떤 책을 읽으며 느꼈던 흥분을 아직도 기억한다. 그는 지성과 직관, 그리고 관찰을 동시에 시도한 것이다. 그는 시간의 흐름을 계속 추적했다. 이것은 자립적인 존재에 질서를 가져오기 위해서 형성된 이론이 아니다. 서로 관련성이 있음을 보인 것이다. 그것은 "언어, 지각, 예술, 시 뿐 아니라 철학적 사고에 대한 다양한 기대 등 모든 것에 스며들어 있는 일련의 습관이다. 그것에 따라서 행동함으로써 고대 희랍 사람들은 하나의 특별하고도 자기 충족적인 세계에서 살았다."라는 징표를 보인 것이다(Paul Feyerabend, 1995/2009, 246~7쪽).

파이어아벤트는 합리적 기준이 어떤 예외도 인정하지 않을 만큼 엄격하게 적용된다면, 우리가 이미 가지고 있고, 받아들이며, 칭송하고 있는 과학들과 마찬가지로 유동성 있고, 풍요롭고, 고무적이며, 기술적으로 효과적인 실천으로 나아갈 수 있다고 가정했다(Paul Feyerabend, 1995/2009, 169쪽). 그는 소재가 다양한 것이 문제가 아니라, 그 주제에 대한 정확성, 엄격한 분석에 더욱 관심을 뒀다.

그렇더라도 어떤 관념의 틀에 감금시키면 그 결과는 엉뚱한 것이 된다. 즉, 반증 가능성의 원리에 따라 이미 결정된 대로만 실천하고 어떤 핑계도 허용하지 않는다면 그것은 우리가 아는 과학을 송두리째 없애버릴 것이다(Paul Feyerabend, 1995/2009, 169쪽).

『방법에서의 도전』에서 "대다수 에피소드, 특히 포퍼가 과학을 가장 잘 보여준다고 생각했던 에피소드는 전혀 다른 방식으로 전개되었다…그러나 이 단계들을 하나로 합쳐 본다면 보편적 원리에 부합하는 아치 모양의 유형을 형성하는 일은 거의 없었다. 더욱이 이런 의도를 갖고 원리를 설명하면, 원리들을 지지하는 사례는 나머지 그렇지 않은 사례보다 더 이상 근본적이지 않았다."라고 했다(Paul Feyerabend, 1995/2009, 169쪽). 그는 반증주의 자체를 거부하고, 어떤 특성의 다원성 자체에 관심을 가졌다.

파이어아벤트는 '무엇이라도 좋다'라는 명제를 갖고 아나키즘의 논리를 폈다. 그는 "자신의 주관성에 따른 어떤 이성적 법칙이나, 합리성도 수용하지 않았다. 그에게 과학자의 임무는 "더 이상 '진리를 탐구하거나', '신을 찬미하거나', '관찰을 체계화하거나', '예측을 개선하는 것이 아니다'"라고 했다(Paul Feyerabend, 1975/1987, 31쪽).

파이어아벤트의 다원주의 원리는 그 자체의 논리적 근거를 갖고 있었다. 그는 먼저 감각적 인상(sensory impression)으로부터 출발해야하고, 그것이 강력하게 제안하는 언명에 따라 관찰해야 한다(Paul Feyerabend, 1975/1987, 77쪽). 그의 연구 주제는 강한 인상에서 출발했다. 즉, 개인이 시시각각으로 들어오는 감각 기관의 인상의 정도에 따라, 과학의 이론화작업이 시작된다. 인상에서 생기는 상에 코페르니쿠스는 주안점을 뒀다.

그는 너무도 강력한 인상으로 마법에서의 달을 봤다. 다른 우주론적 가설을 더 상세하게 조사하면 분명해지겠지만, 그것은 모든 신념체계나 의례를 낳게 하였다(Paul Feyerabend, 1975/1987, 77쪽). 여기서 이성이 개입한다. 인상이 제시하는 언명을 검토하고 그것 대신에 다른 언명들을 생각해 본다. 이성 이전에 존재하는 감각기관의 중요성이 부각된다.

파이어아벤트는 포퍼(Karl Popper), 쿤(Thomas Kuhn), 라카도스(Imre Laka-tos) 등이 주장한 과학적 방법(scientific method) 대신 과학적 실천(scientific practice)에 더욱 관심을 가졌다. 그는 더 나아가 합리적 방법(rational method) 자체를 거부했다(Paul Feyerabend, 1975, p.1)라고 했다. 그는 합리주의자를 거부하고, 아나키스트에 가깝게 갔다.

라카토스 과학의 법칙과 질서를 훼손시키지 않으면서, 창의성, 희망을 가지도록 함으로써 '이성의 상실(withering away of reasons)'이 아닌, '어느 것이든 좋다.'를 가지도록 한 것이다. 물론 파이어아벤트와 라카토스는 둘 다 포퍼의 제자였다. 라카토스는 포퍼의 반증주의를 철저하게 신봉한 나머지, 포퍼의 이론을 수학에까지 적용시켰다(http://terms.naver.com/print.nhn?docId=3534134&cid=58537&categoryId=58537). 그는 자기 이론을 과학적 사회주의로 원용하여, '스탈린주의자'³를 신봉한 것이다. 그의 합리적, 객관성은 포퍼를 능가했다.

한편 파이어아벤트에게 과학은 본질적으로 아나키즘적 영위이다. 한 예를 들어보자. 가장 진보된 그리고 가장 안전해 보이는 이론도 안전하지 않으며, 역사의 쓰레기통을 던져 버렸던 관점들의 도움을 얻어 무지한 독단이 수정될 수도, 혹은 아주 전복되어 버릴 수도 있는 것을 보여준다(Paul Feyerabend, 1975/1987, 55쪽). 그에 따르면 오늘날의 지식이 내일의 옛날이야기가 되고, 가장 바보 같은 신화가 얼마 안가서 과학의 가장 확고한 일부가 될 수도 있음을 상기시켰다. 파이어아벤트는 어떤 이론이든 이에 대한 어떤 완벽한 신뢰는 주지 않았다. 그의 이론적인 아나키즘은 기존의 이론, 법과 질서에 의한 여러 방법들보다도 오히려 인도주의적이고, 또한 한층 더 확실하게 진보를 고무했다(Paul Feyerabend, 1995/2009, 215쪽).

여기서 파이어아벤트는 인도주의적이면서, 인류학자들의 견해와 일치한다. 인류학자들은 인간 존재의 복잡한 다의성을 이해하려는 생각에서 그것을 대부분 서로 중첩되지 않는, 자기 충족적인, 자기 보존적인 영역으로 구분하려고 한다(Paul Feyerabend, 1995/2009, 264쪽). 인간에게 강렬한 느낌을 갖는 인상은 시시각각 다를 수밖에 없고, 콘텍스트(즉, 상황적 요소)가 그만큼 중요한 요소가 된다.

문화는 상호작용하고, 더불어 변화하며, 그것의 안정되고 객관적인 구성

---

3 라카토스는 철저한 스탈린주의자로서, 1950년 (헝가리 공산당) 당내 실력자가 충분히 '스탈린주의적'이지 않다고 비판하다가 숙청당하여 악명 높은 강제노동 수용소에서 3년간 생활한 뒤 풀려났다(http://terms.naver.com/print.nhn?docId=3534134&cid=58537&categoryId=58537). 자세히 설명하면, 2차 대전이 끝나자 라카토스는 전쟁 중의 혁혁한 공로를 인정받아 헝가리 공산정부 내에서 매우 빠르게 정치적 영향력을 확대시켜 간다. 그는 과학적 사회주의에 충실했다. 당시 동료들의 증언에 따르면, 라카토스는 올바른 목적이라면 어떤 수단의 사용도 정당화된다고 믿는 무자비한 열성당원이었다고 한다. 게다가 '끔찍할 정도로 똑똑해서' 모든 상황을 계산하고 행동하는, 두려움의 대상이었다.

요소를 넘어서며, 오히려 그러한 구성 요소를 망라하면서 불변하는 문화적 규칙이나 법칙으로 농축해낸 원천을 갖고 있다(Paul Feyerabend, 1995/2009, 264쪽). 즉, 모든 개별적인 문화는 잠정적으로는 각기 다른 형태의 독특한 문화를 형성한다. 문화의 시·공간 안에서의 특성은 하나의 단일한 인간 본성의 변화 가능한 표현이기 때문이다. 문화의 다원주의가 성립되는 이유가 바로 이런 속성에서 기원한다. 그 상황에 맞는 독특한 문화의 형식을 찾아낸다. 현장의 합리성은 자신의 주관성을 철저히 배격하고, 그 문화가 갖고 있는 어떤 객관적 원리, 즉 법칙을 찾아내는 것이다.

그렇다면 파이어아벤트가 말하는 과학에 있어서 이성은 반드시 보편적일 수 없으며, 비이성(unreason)은 배제될 수 없다(Paul Feyerabend, 1995/2009, 190쪽). 그는 아나키즘적인 인식론, 과학자들 사이에도 '어떤 동일 기준으로 계량화할 수 없다.'라는 논리, 즉 통약불가능성(incommensurability, 동일 기준 (척도)로 계량할 수 없는)으로 과학의 합리성에 의문을 제기한 것이다.

과학의 세계를 포함해서 개인의 살아가는 세계는 복잡하고 분산된 실재이기 때문에, 이론과 단순한 규칙으로 설명할 수 없다. 같은 맥락에서 파이어아벤트에 따르면 "사실, 원리, 설명, 당황스러움, 새로운 설명, 분석, 예측 등으로 무장된 풍부한 패턴과 견주어, 나의 호소는 얄팍하고 실질적이지 못한 설익은 것처럼 보였다. 그것은 충분히 잘 논증 되었지만 사실상 그 논증들은 모두 허공에 대고 소리친 것에 불과했다."라고 했다(Paul Feyerabend, 1995/2009, 249쪽). 이러한 과학의 탐구노력은 과학적 실천과 아무 연관이 없었기 때문이다.

파이어아벤트는 『방법에의 도전』에서 아나키즘을 독특하게 설명했다. 즉, "내가 방법에의 도전을 쓰게 된 동기는 철학적인 우매화나 '진리', '실제', '객관성'과 같은 추상적 개념의 횡포로부터 사람들을 해방시키는 것이었다."라고 했다(Paul Feyerabend, 1995/2009, 307쪽).

추상적인 개념들은 사람들의 비전과 이 세계 가운데 존재하는 방식을 협소하게 만들기 때문이다. 즉, 현장의 시·공간 안에서 일어나는 현실들을 조사하면 기존의 이론들이 공허함을 느끼게 된다. 그럴지라도 내가 생각했던 바를 나 자신의 태도와 확신에 따라 정식화하지만 불행하게도 민주, 전통, 상대적 진리 등과 같은 정도의 엄밀성을 가진 개념의 도입을 시도했다 (Paul Feyerabend, 1995/2009, 307쪽).

물론 현상에 대한 기존 이론이 설명 불가능하고, 쓸모가 없는 것만이 아니었다. 나는 그것들을 적절한 순서로 배열하고, 위치를 바꾸고, 온건한 문구를 좀 더 격렬한 것으로 바꾸었으며, 그 결과를 '아나키즘'이라고 불렀다 (Paul Feyerabend, 1995/2009, 249쪽). 이는 동료 연구자들에게 충격을 주기에 충분했다.

그 때 파이어아벤트의 기본은 '무엇이라도 좋다'라는 것이었다. 그 논리라면 지식은 오히려 서로 양립할 수 없는(그리고 어쩌면 통약불가능한) 대안이 끊임없이 증가되어 가는 대양과 같은 것이다. 파이어아벤트는 하나하나의 이론이나, 옛날이야기나, 신화 등은 다른 것을 보다 더 정교하게 하고, 여러 경쟁의 과정을 통해서 우리들의 의식의 발전에 공헌하도록 하는 집합의 일부일 뿐이다(Paul Feyerabend, 1995/2009, 30~1쪽). 그에게 고정된 위치를 차지하는 것은 아무것도 없고 어떠한 견해도 포괄적인 설명 안에서 설명될 수 있음은 물론이다.

3) 현장의 자연적 해석

(1) 불안정의 심리, 불확실의 기억

그 과정에서 파이어아벤트는 이성의 절대성을 수용하지 않았다. 우리의 이성도, 선입견, 정열, 자만, 오류, 순수한 고집, 한 마디로 발견의 문맥을 특징짓는 모든 요소가 이성의 명령에 반대했기 때문에 살아남았다(Paul Feyerabend, 1995/2009, 174쪽). 이들을 달리 표현한다면, 코페르니쿠스주의를 포함한 합리적인 견해들은 그것들이 과거 어떤 시점에서, 이성이 억제되었기 때문에 비로소 오늘날 현존하는 것이다. 이성은 오랜 동안 지속과 숙고 속에서 이뤄지지만, 많은 인간의 순간적 판단은 감성에 의해 좌우되게 마련이다.

이들 요소는 "과학자의 관심이 주로 쏠리고 있는 활동, 즉 소피스트들이 말한 바와 같이 '보다 약한 주장을 강력하게 하고' 그것을 통해 '전체의 운동을 지속시키는 활동의 단순한 부산물에 불과하다.'"라고 할 수 있다(Paul Feyerabend, 1995/2009, 31쪽). 파이어아벤트의 학문 경향은 그의 스승 포퍼를 만나는 순간에서 잘 설명하고 있다. 즉, 그는 런던정경대학에서 포퍼를 만나게 되었다. 포퍼는 '앞으로 계획이 무엇인가?'라고 물었다. '지금 막 봄에 쓴 양자역학[4]에 대한 새로운 개론서를 다 읽었습니다.' 여기서 양자 물리학은 상대성의 원리를 새로운 관성의 법칙으로 보충해서 지구의 운동이 여전히 주장될 수 있도록 하는 것이다(Paul Feyerabend, 1995/2009, 100쪽).

---

4 양자역학(量子力學, quantum mechanics)은 양자론의 기초를 이루는 물리학이론의 체계이다. (http://terms.naver.com/entry.nhn?docId=1124387&cid=40942&categoryId=32249). 즉, 원자, 분자, 소립자 등의 미시적 대상에 적용되는 역학으로 거시적 현상에 보편적으로 적용되는 고전역학과 상반되는 부분이 많다. 양자역학의 등장으로 물성물리학을 비롯한 다양한 물리학 분야에서 큰 발전이 이루어졌다. 양자 물리학의 역사는 "17세기부터 물리학자는 거시적 현상을 기술하기 위하여 고전역학(classical mechanics)을 발전시켜 왔으나, 거시적 해석이 물체의 속도가 빛의 속도에 가까울 때의 현상을 설명할 수 없었다. 이에 1905년 아인슈타인은 그 대안으로 상대성역학(relative mechanics)이라는 새로운 역학체계를 제시하였다."라고 했다(상게 글). 또한 원자와 같은 아주 작은 물체인 미시세계에서의 실험 결과도 고전역학으로 설명할 수 없었지만 1900년에서 1927년에 걸쳐 플랑크, 보어, 아인슈타인, 하이젠베르크, 드브로이, 슈뢰딩거 등 여러 물리학자들이 조금씩 덧보탠 이론 정립에 앞섰다. 그들이 고전역학을 뛰어넘어 양자역학(quantum mechanics) 이론을 내놓았다. 이는 새로운 역동적 역학체계를 제시하였다. 한편 고전역학은 "현재의 상태를 정확하게 알고 있다면 미래의 어느 순간에 어떤 사건이 일어날지를 정확하게 예측할 수 있다는 결정론적(deterministic) 입장을 취했고, 고전역학은 인과법칙을 따르고 우연성을 배제했다. 그러나 양자역학은 고전역학과 달리 확률론적(probabilistic) 입장을 취한다. 양자역학자들은 비록 현재 상태에 대하여 정확하게 알 수 있더라도 미래에 일어나는 사실을 정확하게 예측하는 것은 불가능하다는 입장이다."라고 했다(상게 글). 즉, "수소원자에서 전자의 위치를 나타낼 때, 전자의 위치는 핵의 중심에서 무한대에 이르는 거리 사이에 존재할 수 있다. 따라서 전자의 위치는 어떤 특정한 시간의 특정 위치와 같지 않을 수 있다."라고 한다(http://terms.naver.com/entry.nhn?docId=1124387&cid=40942&categoryId=32249).

양자 물리학은 포퍼의 논리 실증주의를 넘어선 인식론적 상대주의를 볼 수 있는 대목이다. 양자는 상황에 따라 달리 나타나며, 서로 영향을 주는 역동성의 주요 의제이다. 다원적 접근을 기본으로 한다. 물론 양자 물리학의 단초가 된 플랑크의 흑체복사 이론, 즉 흑체(黑體)[5]는 에너지의 분포를 설명하지 못하던 고전 물리학에 새로운 분석 방법을 제공했다(http://terms.naver.com/print.nhn?docId=3534133&cid=58537&categoryId=58537). 하지만 흑체 문제에 해답을 제공한다는 이점을 제외하면 플랑크의 이론은 연속적인 것으로 여겨진 에너지를 단절된 덩어리로 간주하는 등 기존 이론과 어긋나는 점이 많았고 왜 그런 가정이 성립해야 하는지에 대한 만족스러운 설명도 제시되지 않았다.

한편 과학 방법론의 영역에서도 파이어아벤트의 친구 라카토스는 매력적으로 들리는 포퍼의 반증주의가 실제로 이론을 평가하는 작업에서는 합리적으로 적용되기 어렵다는 점을 지적했다(http://terms.naver.com/print.nhn?docId=3534134&cid=58537&categoryId=58537). 라카토스는 반증만이 아니라, 합리적 방법을 통해 새로운 해석을 찾아낸 것이다. 논리적 실증주의로 어떤 해결책을 제시한 것이다. 예를 들어 19세기에 천체물리학자들은 "천왕성의 궤도가 뉴턴 역학의 예측과 맞지 않는다는 사실을 정확하게 알고 있었다… 그 때 어떤 경험적 근거도 없이 새로운 행성인 해왕성을 천왕성 바깥에 설정하고 이 해왕성이 천왕성을 끌어당긴다고 가정하여 뉴턴 역학의 예측과 천왕성 궤도 사이의 차이를 설명했다. 별다른 경험적 근거도 없이 행성 하나를 통째로 만들어 내기에 몰렸던 뉴턴 역학을 '구제'한 것이었다."라고 했

---

5 흑체복사(黑體輻射, blackbody radiation)는 이상적인 흑체가 방출하는 전자기복사를 말한다. 즉 주어진 온도에서 어떤 물체가 방출할 수 있는 복사에너지의 이론적인 최대값을 말한다. 흑체복사의 스펙트럼 분포는 플랑크의 법칙에 의해서 설명되며 여러 복사법칙들과 관련성을 가진다(http://terms.naver.com/entry.nhn?docId=982373&cid=42456&categoryId=42456).

다(상게 인용).

파이어아벤트는 라카토스의 논리적 실증주의에 매력을 갖지 않았다. 그는 각각의 성격의 특징을 인정하는, 상대주의적 관점은 더욱 선명하게 양자 물리학의 역학관계를 설명하기에 이른다. 즉 흑체는 흡수한 에너지와 방출하는 에너지가 평형(열적 평형)을 이루어 일정한 온도를 유지한다. 일정한 온도를 가진 흑체의 내부에 존재하는 내전된 입자는 이에 해당하는 열운동을 하게 되는데 이에 따라 열복사가 자연적으로 방출된다. 파이어아벤트는 온도에 따라 각각 다른 흑체에서 방출되는 복사에너지 파장이 각기 그 성격에 따라 다르게 나타난다고 했다(http://terms.naver.com/entry.nhn?docId=982373&cid=42456&categoryId=42456).

파이어아벤트는 각 흑체가 갖고 있는 특성을 최대한 확대하여, 자발적 속성을 최대한 인정하는 형태로 방법론을 끌고 간다. 그는 '무엇이든 좋다(anything goes)'를 양자역학으로 설명하고자 한 것이다. 이러한 새로운 접근법의 가능성에 고무된 보어, 하이젠베르크, 파울리(Wolfgang Pauli, 1900~58) 등의 신진 학자들에 의해 양자 물리학은 지속적으로 연구되었고 결국에는 고전 물리학을 대체하고, 새로운 방법론적 성과를 얻었다.

'지구촌'으로 거의 대부분의 세계시민은 인터넷에 참여하여, 서로 영향을 주는 역학의 관계를 형성한다. 그들의 언어는 컴퓨터의 2진법으로 전환되고, 그것은 다시 영어, 혹은 자국어로 번역이 가능하다. 새로운 역학관계가 형성된 것이다.

새로운 이론이 등장할 때, 신생 이론이 가질 수밖에 없는 문제점을 들어 그것을 간단하게 반증해 버리기보다는 그 이론이 자신의 잠재력을 최대한 발휘할 수 있도록 어느 정도 기다려 주는 것이 필요하다. 파이어아벤트의 표현에 의하면, 이론의 발전을 이론 선택의 합리성이라는 구속적으로 제한하면 과학의 발전을 가로막게 된다는 것이다.

이런 관점에서 보면 여러 문제점에도 불구하고 꾸준히 자신의 역학 체계를 만들기 위해 노력한 갈릴레오는 당시 다른 연구자와 다른, 생산적인 방식으로 연구를 제대로 수행한 것이다. 비록 갈릴레오가 논리 실증주의나 포퍼의 방법론적 권고와 어긋나는 방식으로 연구를 수행했지만 문제는 검증원리나 반증주의 같은 잘못된 권고에 있는 것이지 갈릴레오에게 문제가 있었던 것은 아니었다.

여기까지 파이어아벤트의 논점은 단순히 하나의 과학 연구 방법론을 고집하지 말고 다양한 방법론을 적절히 혼합하고 활용하여 과학 연구를 수행하는 방법론적 다원주의를 제안한 것이다. 투명성의 정신(the spirit of transparency)이 필요한데, 이는 ①저널리스트는 각 사건에 대해 물어본다. 이 관점, 저 관점에서 충분한 논의를 한다. 그 내용을 수용자에게 전한다, ②문제에 대한 해답을 내어본다. 그것은 데스크에게 설명할 때 요구된다, ③대부분의 저널리스트에게 反직감이 되는 것을 포함시킨다(Bill Kovach & Tom Rosenstiel, 2014, p.117). 마지막 것은 고정관념에서 철저히 벗어나는 일이다. 같은 맥락에서 파이어아벤트의 방법론적 다원주의가 포퍼의 반증주의를 발전시킨 것으로 이해할 수도 있다. 포퍼에 따르면 현재 우리가 믿고 있는 이론을 반증시키려고 노력하는 과정에서 사고의 다원성을 입증하게 되는 것이다.

현재 출입처 중심의 언론은 '투명성의 정신'을 살릴 수 없는 것이 다량 오보의 원인이 된다. 기자는 조직의 데스크에 앞서, 자신의 취재 내용에 대한 확실한 반론을 할 수 있어야 한다. 정보에 대한 확인은 기자에게 먼저 이뤄져야 한다. '직접 본 뉴스(eyewitness news)'는 그 만큼 정확한 이야깃거리가 많아진다. 그러나 그 자신이 없으면 패거리 언론을 일삼게 된다.

한편 포퍼가 앞으로 연구계획을 물었던 질문에 대해 파이어아벤트는 하나는 양자역학에 관한 것이고, 다른 것은 일반 물리학 교과서를 서평을 하는 일이라고 했다. 그는 "여느 일반 교과서와 전혀 다른 책으로 설명하고자 했다. 그 책안에는 표준적인 계산법이 담겨있기는 하지만 상세한 철학적 해석과 결합되어 있다. 즉, 한 장은 물리학에 의거해서, 또 한 장은 철학(주로 보어(Niels H.D. Bohr, 1885~1962))적 관점에서 쓰여 있다. 그러면서 나는 그 책의 서평을 쓰겠다고 제안했다."라고 했다(Paul Feyerabend, 1995/2009, 164~5쪽).

독특한 서평을 쓸 수 있다고 한 것은 파이어아벤트의 갖가지 독서력 때문이었다. 설령 그가 포퍼의 반증주의를 따른다고 하더라도 독서로 무장된 그와 포퍼의 사고는 다른, 즉 퍽 다원적으로 접근할 수 있었다. 특히 물리학의 이론화 작업은 파이어아벤트가 할 수 있는 주요 무기였다. 그에 따르면 과학자가 작업하는 상황을 거기에 등장하는 주요한 요소들을 단순화할 수 있다. 그러나 파이어아벤트에게 역사가는 단순한 사실의 나열로만 끝날 수 없었다. 오히려 그 안에 일어나는 역사적 사실들에서 갈등관계를 찾아내고, 일정한 방식에 따라 엮는다. 그 결과는 다극화로 끝을 맺게 된다.

파이어아벤트는 그의 역사 서술의 방법에 따라, 그 후 두 가지 일에 몰두했다. 그는 과학사에 대한 분석을 통하여 과학철학에 접근하려는 점과 과학의 합리성을 주장하는 기존의 과학철학에 도전하는 입장에 선다는 점에서 일치한다(Paul Feyerabend, 1995/2009, 354쪽). 그는 아나키즘의 사고로 기존 이론에 도전하면서 새로운 과학철학에 관심을 두었다. 기존의 과학철학, 기존의 과학상(image of Science)에 대한 도전을 했다. 말하자면 그가 말하는 새로운 과학은 ㉠발견의 맥락과 정당화의 맥락의 구분, ㉡관찰과 이론, 관찰언명과 이론언명의 구분, ㉢통약불가능성의 문제 등에 관심을 가졌다(Paul Feyerabend, 1995/2009, 360쪽).

여기서 파이어아벤트는 통약불가능성이라는 개념을 관찰의 이론의존성에서 이끌어 낸다(Paul Feyerabend, 1995/2009, 363쪽). 즉, 개념의 의미와 해석, 그리고 그러한 개념을 포함하고 있는 관찰언명은 그것들이 발생하는 이론적 맥락에서 의존한다. 어떤 경우에는 경쟁 관계에 있는 두 이론의 근본원리가 본질적인 측면에서 서로 다를 수 있기 때문에, 한 이론의 기본개념을 다른 이론의 개념으로 나타내는 것조차 가능하지 않다. 결과적으로 경쟁관계에 있는 두 이론은 어떤 관찰언명도 공유하고 있지 않게 된다(Paul Feyer-abend, 1995/2009, 363쪽). 각자의 이론은 각자의 현실과 그에 따른 콘텍스트 그리고 그에 따른 독특한 방법론을 갖는다는 것이다.

파이어아벤트는 이런 사고에서 어떤 선입관을 갖고 물리학에 접근하는 것이 아니라 탐구의 세계는 대부분 미지의 존재이며, 우리들은 선택지를 개방해 두어야 하고 우리를 미리 제약해서는 안 된다. 어떤 선입관을 갖지 않은 채 역사를 동시다발적 사고에서 규명을 하려고 했다(Paul Feyerabend, 1975, p.19). 과학의 역사는 복합성, 혼돈성, 모순투성이 그리고 그것이 내포한 아이디어의 오락성 등인데 여기서 오락성은 이것을 만들어 낸 사람들의 오락성인 것이다.

그의 논리대로라면 일반적으로 역사, 특히 혁명의 역사는 가장 우수한 역사거나 가장 총명한 방법론자들이 상상할 수 있는 것보다 언제나 더 내용이 풍부하고 변화무쌍하며, 한층 다면적이고, 활기에 넘치며, 또한 포착하기 힘든 것이다(V.I. Lenin, 1967, p.401; Paul Feyerabend, 1975/1987, 15쪽). 여기서는 우발적인 사건의 중대한 국면, 사건들의 진기한 일들로 가득 차 있으며, 그것은 인간적 사상의 변화무쌍함과 인간들의 행위나 결단은 모두 그 궁극적인 결과를 예측할 수 없는 성격을 가지고 있다(Paul Feyerabend, 1975/1987, 15쪽).

이런 종류의 역사적 과정에 성공적으로 참여하는 것은 "어떤 특정한 철학에 속해 있지도 않고, 그때그때 적합하다고 보이는 방편이라면 어느 것이라도 채용하는 무정한 편의주의자(便宜主義者)에게만 가능하다는 것이 분명하지 않을까?"라고 했다(Paul Feyerabend, 1975/1987, 16쪽).

물론 이를 받아들인 파이어아벤트의 기본 생각은 항상 개방적이었다. 그에 따르면 그 복잡성의 이유가 우리가 탐험하려는 세계는 주로 '미지의 실체(unknown entity)'이어서 우리의 의견을 개방하고, 어떤 상상력으로 우리 자신을 감금시키지 말아야 한다(Paul Feyerabend, 1975, p.20).

파이어아벤트의 사고는 불가지론 밖에 말할 수 없었다. 그는 인식론적 아나키즘에 빠져 있었다. 이런 사고가 그의 학문세계에 투영되었고, 우리가 알고 있는 기존 사고의 과학을 파괴할 것을 주장했다. 물론 과학은 신성불가침한 것이 아니며, 과학과 신화 사이의 논쟁이 어느 한편이 승리를 거두는 일이 없이 종결된다는 점을 충분히 이해한다면, 아나키즘 옹호론은 더욱 강화된다.

이런 경향으로 파이어아벤트는 자유분방한 삶의 세계로 이곳저곳을 옮겨 다니기 좋아한 이력, 다채로운 예술가 혹은 연예인 기질 그리고 과학철학과 정치철학에 걸쳐 수많은 관심을 불러일으킨 그의 급진적인 성격으로 인해 자타가 공인하는 요란스러운 삶을 산 과학 철학계의 풍운아였다.

한편 그의 삶도 순탄하지만은 않았다. 『킬링타임』은 1994년 사망하기 불과 몇 주 전에 완성되었다. 그는 바이마르 전투 현장에서 배 아래에 총탄을 맞고, 수술 후 요양 중일 때, 독일의 항복 소식을 들었다. 그때 그는 허탈감을 경험하게 되었다. 그는 "이 상실감은 도대체 어디로부터 왔단 말인가? 도무지 알 수 없다. 내가 알고 있는 것이라고는 위대한 희망, 잘못된 노력, 엄청난 희생, 이 모든 것이 곧 증오와 경멸로 바뀌게 될 것이라는 사실뿐이었다. 그러나 증오와 경멸, 그리고 정의에 대한 욕구가 잔혹한 전쟁을 불러일으키고 연장하여 죄 없는 수백만 명을 죽음으로 몰고 가는 관념과 행동에 대한 올바른 태도가 아니었을까?"라고 했다(Paul Feyerabend, 1995/2009, 109쪽).

그의 기억력은 항상 착각을 일으키곤 했다. 항상 불안 초조한 삶의 연속이었다. 그 자서전에 따르면 "내가 기억하는 첫 번째 아파트는 방이 세 개 있었다. 부엌, 침실 겸 거실과 서재였다. 침실과 부엌은 아주 깨끗했던 것 같고, 서재는 잘 생각나지 않는다. 나는 가끔씩 서재에 들어갔지만 한 번도 자세히 본 적이 없다. 이 방에서 아버지는 손님들을 맞았고, 자신의 물건들을 모아 두었다. 아래층은 목공소였고, 위층에는 재봉사가 살았다. 나는 재봉틀 소리를 들을 때마다 무서워했다. 지금도 나는 이상한 소리가 들릴 때마다 그것이 무슨 소린지 확실히 알 때까지 불안해한다."라고 했다(Paul Feyerabend, 1995/2009, 39쪽).

(2) 이성과 그 실천

파이어아벤트의 관심 영역은 퍽 이질적이다. 그는 음악에 애착을 가졌다. 그는 오페라를 하고 싶어 했다. 자신의 웅장한 연기 스타일에 완벽히 들어맞는 매체라고 생각했기 때문이다(Paul Feyerabend, 1995/2009, 72쪽). 그러나 생생한 공연을 실제로 본 것은 한참 후의 일이다. 직접 노래를 하는 것과 악보를 보고 공부를 하는 것은 전혀 달랐다. 또한 노래하는 것을 배우는 일은 약간의 유사점은 있으나 생각하는 법을 배우는 것과 아주 달랐던 것이다.

음악과 다른 분야도 같이 공존하는 방법도 있었다. 한 사람이 이 두 가지를 위한 책들을 다 가지고 왔다. 한쪽 가방에는 오페라, 미사곡, 오라토리오의 악보가 들어 있고, 또 다른 가방에는 교과서, 논문, 강의 노트가 들어 있다(Paul Feyerabend, 1995/2009, 75쪽). 우리는 늘 자신보다 더 뛰어난 사람을 보면서 배울 수 있게 마련이다.

파이어아벤트는 다른 한편으로 "희곡과 철학에 빠져들었다. 고등학교 때 희곡을 읽었는데 학생마다 서로 다른 부분을 나누어 맡아 읽게 했다. 나는 내가 맡은 배역을 큰 차원으로 확장시켰다. 착한 사람은 자비심이 줄줄 흐르게, 나쁜 사람은 악마처럼 표현했다. 이런 재능을 표현하려면 좀 더 많은 자료가 필요했기 때문에, 나는 괴테, 실러, 그라베, 클라이스트, 셰익스피어와 입센의 저가 본을 샀다. 그리고 빈 근교의 숲이나 언덕으로 먼 산보를 갈 때 이 책들을 가지고 갔다. 나는 인적이 드물고 후미진 특별한 장소를 알고 있었다. 거기에 앉거나 주위를 활보하며 몇 시간씩 책을 읽고 낭독하기도 했다."라고 했다(Paul Feyerabend, 1995/2009, 65쪽).

"그러나 종착역은 음악, 희곡, 배우도 아니고 물리학 전공자로 돌아왔다.

물론 원래 그의 계획은 물리학과 수학, 천문학을 공부하면서 성악을 계속 배우는 것이었다(Paul Feyerabend, 1995/2009, 123쪽). 그러나 실제 우선 그는 역사와 사회학을 선택했다.

물론 역사학으로의 일시적 외도는 전적으로 손실만 있는 것은 아니었다. 그렇지만 당시 그는 전혀 만족할 수 없었기 때문에 과학의 세계로 다시 돌아가기를 갈망했다."라고 했다(Paul Feyerabend, 1995/2009, 124쪽).

그는 결국 학장에게 전과를 요청했고 마침내 물리학 수업에 처음으로 출석했다. 여기서도 문제가 생겼다. 비록 생각이 잘 정리되고 있었던 것은 아니지만, 물리학은 실생활에 별 관련이 없는 것 같았다. 그가 관심을 가졌던 역사학은 전혀 다른 것이었다. 역사는 지금 무슨 일이 일어나고 있는지 이해하는 데 도움이 될 것이라고 생각했다. 종잡을 수 없는 그의 삶이었고, 삶은 불연속이 계속된 것이다.

물리학 전공분야도 그렇다. 그는 "물리학과 천문학에 관해, 나는 전문적인 면과 좀 더 일반적인 면 양쪽에 모두 흥미를 느꼈지만 그들 사이에 어떤 차별을 두지 않았다. 나는 에딩턴, 마흐(Ernst Mach, 오스트리아의 물리학자이자 철학자)와, 그들의 『역학(Mechanics)』과 『열이론(Theory of Heat)』에 모두 관심을 두었다. 그리고 휴고 덩글러의 『기하학의 기초(Foundation of Geometry)』는 물리학과 천문학 사이를 이 끝에서 저 끝까지 자유롭게 넘나들던 과학자였다. 나는 마흐를 매우 주의 깊게 읽고 많은 노트를 만들곤 했다."라고 했다(Paul Feyerabend, 1995/2009, 69쪽).

그의 학문적 관심, 삶은 항상 엉뚱함의 연결이었다. 이는 그의 자서전에서 쉽게 읽을 수 있다. 그는 "나는 종종 어머니를 따라 미용실에 갔다 '커서 뭐가 되고 싶어?' 미용실에 있는 여자들이 물었다. 그러면 '전 은퇴하고 싶어요.'하고 대답했다. 이 대답에는 이유가 있었다. 공원에서 모래성을 쌓으면서 가방을 들고 혼잡한 전차 뒤를 쫓아 뛰어가는, 초조한 남자들을 본 적이 있다. '저 사람들은 무엇을 하고 있는 거예요?'하고 어머니께 묻자 '일하러 가는 거야'하고 대답했다."라고 했다(Paul Feyerabend, 1995/2009, 44~5쪽). 복잡한 삶의 혐오감이 소개된 것이다.

그러나 그는 복잡한 삶을 단순화시키려고 노력했다. 그 이야기가 계속되었다. 그는 "공원에는 벤치에 조용히 앉아서 햇볕을 쬐고 있는 늙은 신사들의 모습도 보였다. '그러면, 저 사람은 왜 여기에 있는 거예요?' 내가 다시 물었다. 그러자 어머니가 말했다. '은퇴했거든.' 그 이후 내겐 은퇴하는 일이 아주 매력적인 말로 생각되었다."라고 했다.(Paul Feyerabend, 1995/2009, 44~45쪽).

몸의 상태도 항상 자신을 불안, 초조하게 했다. 그는 "나는 늘 복통이나 열 때문에 자주 아팠다. 과민성 증세도 갖고 있었는데 그것은 간질성 발작과 유사했다. 그때는 눈이 돌아 뒤집히고 괴상한 소리를 지르며 쓰러지곤 했다(열다섯 살이 되자, 몽유병이 더해졌다). 그러나 의사를 부르는 일은 드물었다. 당시 어머니들은 어느 정도의 치료 방법을 알고 있었다. 예를 들어, 열이 날 때는 환자를 따뜻한 타월로 싸고, 뜨거운 레모네이드를 때로는 아스피린과 함께 마시게 하고, 그 다음에는 자연의 치유력에 맡겼다."라고 했다(Paul Feyerabend, 1995/2009, 46쪽).

파이어아벤트의 가족의 상황도 퍽 불완전의 연속이었다. 파이어아벤트의 가족의 상황도 퍽 불완전의 연속이었다. '애정 행위(합리성)'가 머무는 곳도 걱정 앞에서 어떤 합리성을 도출할 수가 없다. 이런 발상이라면 출입처 중심의 취재가 얼마나 무모한 발상인지 쉽게 알 수 있는 대목이다. 그에 따르면 "(부활절이나 크리스마스 같은 명절에) 식구들이 모두 모이고, 음식을 맛보고, 활기찬 이야기들을 주고받으며 저녁 식사를 했다. 선물은 분위기를 고조시켰다."라고 했다(Paul Feyerabend, 1995/2009, 42쪽). 그러나 어느 누구의 말 한마디 잘못하는 순간적 격정이 공포로 변하곤 했다. 그는 계속해서 "진정시키는 목소리가 끼어들기도 했지만 아무 소용이 없었다. 전면전이 벌어질 때까지 무례한 말들은 점점 더 증폭되었다....그 소용돌이가 끝난 다음 날 모두 낮 12까지 잤다. 우리 식구들이 이런 행동을 했다고는 말할 수 없다. 다

200

만, 명절은 대부분 진짜 마법과 같았다."라고 했다(Paul Feyerabend, 1995/2009, 42쪽).

자신의 기억도 퍽 불완전한 상태였다. 감각과 지각은 무의식 상태에서 얻어지는 것이 많다. 설령 어떤 것을 지각하더라도 그 감각은 오감 중 어느 것에 의존하는지, 그 조합을 찾기가 쉽지 않았다. 또한 의식적, 무의식적으로라도 얻은 지각이라고 하더라도 오래 되면 기억력이 상실되기 마련이다. 이때 파이어아벤트는 관찰명제를 '자연적 해석(natural interpretation)'에 맡겼다(김보현, 1998, 49쪽).

물론 고정관념이 그의 실제 상황을 왜곡한다. 그의 글을 소개해 본다. 파이어아벤트는 "세월이 흘러 내가 캘리포니아에서 가르치기 시작한 1960년대부터, 나는 그 아파트에 대한 꿈을 꾸기 시작했다. 아파트는 어딘지 섬뜩하고 텅 비어 있었으며, 내 삶은 그곳에서 영원히 길을 잃은 것처럼 느껴졌다. 나는 이 수수께끼를 풀기 위해서 1965년쯤 그 장소를 찾아갔다... 귀르텔까지 전차를 타고 가서, 어렸을 때 놀던 하이든 공원을 가로질러 갔다. 그리고 전에는 극장이 있었으나 지금은 백화점으로 바뀐 코너를 지나쳐서 옛날 집으로 다가갔다. 나는 흥분하고 긴장도 되었다. 거기에는 도토리나무도, 우리 집도, 문도 그대로 있었다... 나는 3층으로 올라가 코너를 돌아, 마침내 12호 앞에 섰다. 우리 아파트다."라고 했다(Paul Feyerabend, 1995/2009, 40쪽). 이성에 가장 가까이 있는 지성은 부정확하다는 것을 깨닫는 순간이었다.

파이어아벤트는 계속했다. 그는 "모든 것이 꿈에서 본 것과 다르지 않았다. 공허함을 느꼈고, 그 공허함은 이미 오래전에 멈추어버린 삶의 기억들을 가리키고 있었다. 문제는 바로 내 눈앞에 있었지만 나는 그것을 풀 수 없었다. (그것은 내가 1990년 그라지아(애인)와 함께 돌아왔을 때 풀렸다) 그 아파트는 그곳에 없었다. 그 집은 완전히 새로 지어져 있었다."라고 했다(Paul Feyerabend, 1995/2009, 40쪽).

파이어아벤트에게 인간은 비합리적이고, 불완전하기 짝이 없다. 어느 것 하나 의존할 것, 확실하게 믿을 수 있는 것이 없었다. 하루하루의 삶은 자신이 통제할 수 없는 레토릭의 삶의 현장이었다. 그의 모든 삶은 불안, 초조였다. 그가 어떤 확고한 삶을 바라는 것은 불가능한 정신 상태를 갖고 있었다. 그에 맞게 그는 아나키스트의 본성을 잘 치유하면서, 그에 따른 이론을 폈다. 이는 그에게 최대의 자유를 확보하는 길이었다.

아나키스트들에게 경험주의자가 금과옥조처럼 수용하는 경험 자체에도 회의론을 폈다. 파이어아벤트에게 경험은 이제 상식과 아리스토텔레스 철학 모두에 있어서 불변의 기반이 될 수 없다고 선언했다(Galilei Galileo, 1953, p.120; Paul Feyerabend, 1975/1987, 99쪽).

그 실례가 코페르니쿠스를 지지하기 위한 시도는, 천구를 유동적인 것으로 만들어서 '개개의 별이 천구 안에서 스스로 배회하도록 한 것'과 같은 방식으로 경험을 유동적인 것으로 만들었다. 경험으로부터 출발하여 아무런 주저함이 없이 그 위에 자신의 주장을 세우는 경험주의자는 이제 그가 딛고 설 기반을 잃게 된다(Paul Feyerabend, 1975/1987, 99쪽). 즉, '견고하고 확고부동한 지구', 혹은 그가 통상 의존하는 사실들은 이제 그 어느 것도 신뢰할 수가 없게 되었다.

각자의 경험에서 오는 의견 일치도 일정부분 수용할 수 있다. 파이어아벤트에 따르면 의견일치는 교회에서나, 어떤 신화의 혼비백산한 희생자나, 탐욕의 희생자에게나, 혹은 어떤 독재자에게 맹종하거나 의지적으로 무조건 따르는 사람에게나 적절하다(Paul Feyerabend, 1975, p.46). 그러나 그는 "의견의 다양성은 객관적 지식을 위해 필요하다. 다양성을 독려하는 방법은 단지 비교하거나 인간성의 전망(humanitarian outlook)과 병립할 수 있는 방법이다."라고 했다(Paul Feyerabend, 1975, p.46). 설령 그럴지라도 각자의 경험이 다른 데 경험론으로 일관성을 유지하게 할 수 있을지 회의를 갖게 된다.

같은 맥락에서 직업적 아나키스트들은 모든 종류의 제약에 반대하고, 개인의 법, 의무, 혹은 책임에 의해 방해받지 않고 자유롭게 개방되기를 요구한다(Paul Feyerabend, 1975./1987, 19~20쪽). 파이어아벤트는 어느 것도 믿을 것이 없었다.

그럼에도 불구하고, 이성의 작동원리에 따라 엄격성만 유지한다면 경험에도 일관성, 타자와 상호관계에서 객관성을 인정받을 수 있다. 파이어아벤트에 따르면 "과학자나 논리학자들의 연구나 모든 종류의 지식창조 및 지식변혁의 활동에 부과하는 엄격한 제 기준들을 아무런 저항 없이 그대로 받아들인다. 과학적 방법의 규칙들, 혹은 특정한 저술가에 의해서 과학적 방법의 규칙들이라고 생각되는 것이 때로는 아나키즘 자체에 통합되는 일마저 있다."라고 했다(Paul Feyerabend, 1975/1987, 19~20쪽).

파이어아벤트는 그 이유를 자세히 설명했다. 그에 따르면 경험이나 사실 혹은 실험결과이고, 이론과 데이터 사이의 일치는 이론을 뒷받침하는 것이지만(혹은 상황을 그대로 진행시키는 것이 되지만) 반대로 그 불일치는 이론을 위태롭게 할 뿐 아니라 나아가서 그 이론을 제거하도록 강요한다는 규칙이 있다(Paul Feyerabend, 1975/1987, 29쪽).

이 규칙이 바로 확증(confirmation)과 증거보강(corroboration)에 관한 모든 이론들의 중요한 부분이다. 포퍼의 반증주의의 이론적 맥락이다. 그러나 파이어아벤트에게 이것은 경험주의의 본질이다(Paul Feyerabend, 1975/1987, 29쪽). 이것에 대응하는 반대규칙은 잘 확증된 이론 혹은 잘 확립된 사실들과 불일치하는 가설을 도입하고, 정교히 할 것을 우리에게 권고한다. 그것은 반귀납적(counterinductively)으로 진행하도록 권고한다(Paul Feyerabend, 1975/1987, 29쪽).

포퍼의 비판적 합리주의 반증주의(falsification)를 도표로 풀이했다(Paul Feyerabend, 1975/1987, 194쪽).

새로운 이론

낡은 이론

　↑　　　　　　　　　↑　　　　　　　　　　　↑
부가적 예측　　낡은 이론의 성공적 한 부분　　　낡은 이론의 틀린 부분
　　　　　　（새이론의 진리 내용의 일부）　　（새 이론의 허위내용의 일부）

　경험주의가 아닌, 새로운 이론 혹은 관념이 등장할 때, 그것은 보통 경험주의로 볼 때 다분히 불명료한 것이다. 이것은 "모순을 향유하며 사실에 대한 관계도 불명료해서, 애매한 점이 많다. 그 이론은 결점 투성이다."라고 했다(Paul Feyerabend, 1975/1987, 206쪽).

　파이어아벤트는 자유 사회에서 상대주의(relativism)와 과학의 역할(합리주의, rationalism)의 확장 논의를 했다(Paul Feyerabend, 1978, p.7). 이 때 기본적 이론적 문제는 이성(reason)과 실천(practice) 사이의 관계이다(Paul Feyerabend, 1978, p.7). 여기서 파이어아벤트는 잡다한 지식에, 직관의 영역을 확대했다. 특히 그는 실천, 즉 정규적 법조항에 대항해서 과학, 예술, 자연적 언어의 말하기, 관습 등에 의해서 형성될 수 있는 원천적 소재들로 꽉 차게 만들었다. 실천은 이성의 요소를 포함하나, 그것은 돌발적이거나, 비체계적 언급이 다수 포함된다.

　그 해결책은 자연주의에 기댈 수 있다. 자연주의(naturalism)는 역사, 법, 과학은 벌써 이것들이 할 수 있는 완벽한 것이다(Paul Feyerabend, 1978, p.7). 그럴지라도 자연법칙과 인간의 행위가 일치할 수 없다. 예를 들면, 갈릴레오는 자연적 해석과 더불어, 코페르니쿠스를 위태롭게 하는 것으로 보이는 감각(sensation)들을 바꾸어 버렸다(Paul Feyerabend, 1975/1987, 110쪽).

　코페르니쿠스의 가설의 경우를 생각해 보자. 이 가설은 오늘날의 사람들이 생각할 수 있는 거의 모든 방법론적 규칙에 반해서 창안되고, 옹호되고, 부분적으로나마 입증되어 왔다. 여기서의 보조과학이란 "지구상의 대기의

성질과 영향을 기술하는 법칙(기상학), 눈의 구조와 망원경의 구조를 다루는 광학적 법칙, 빛의 움직임을 다루는 법칙, 게다가 운동계에서의 운동을 기술하는 동력학적 법칙 등을 포함하고 있었다. 그러나 그 중에서도 가장 중요한 것은, 지각과 물리적 대상 사이의 어떤 단순한 과제를 추정하는 인식에 대한 이론이 거기에 포함되어 있었다는 것이다. 이러한 보조적인 학문영역이 모두 명시된 형태로 이용되고 있었던 것은 아니다."라고 했다(Paul Feyerabend, 1975/1987, 71쪽).

한편 갈릴레오는 "그러한 감각들이 있다는 것을 인정하고, 코페르니쿠스가 그것들을 무시했음을 동조했다. 또한 그는 그의 망원경의 도움을 받아 그러한 감각들까지 제거해 버렸다고 주장하지만, 그는 왜 망원경이 하늘의 참된 상(像)을 줄 것이라고 기대되는가에 대해서는 하등의 이론적 근거도 제시하지 않았다."라고 했다(Paul Feyerabend, 1975/1987, 110쪽).

갈릴레오는 '자연적이고, 통상적인 감각보다 우월하고 보다 훌륭한 감각이 존재하며, 이성과 힘을 합치지 않았더라면 코페르니쿠스의 체계에 대해서 보다 반항적'(Galilei Galileo, 1953, p.328; Paul Feyerabend, 1975/1987, 115쪽)이었을 것임을 보여줬다. 그 우월하고 훌륭한 감각이란 물론 망원경의 도움으로 가능했다. 망원경은 천문학적 문제들을 판단하는 데 새롭고 보다 신뢰할만한 증거를 주는 '우월하고 보다 훌륭한 감각'이다(Paul Feyerabend, 1975/1987, 116쪽). 그러나 이 가설은 어떻게 검토되어야 하는가? 또한 이 가설에 유리한 어떤 논증들이 제시될 수 있는가?

망원경에 의한 '최초'의 경험도 그러한 논리를 제공하지 않는다. 망원경에 의한 최초의 천체관측은 불명료하고, 불확정적이고, 모순을 안고 있으며, 누구든지 기구의 도움 없이 맨눈으로 볼 수 있는 것과 일치하지 않는다. 물론 망원경에 의한 시각의 문제가 있다. 이 문제는 천상의 대상에 대한 것과 지상의 대상에 대한 것이 다르다(Paul Feyerabend, 1975/1987, 136쪽).

'기술결정론'이라는 말이 여기서 나올 수 있는 것이다. '미디어는 메시지이다.'라는 말이 설득력을 얻게 된다. 통제할 수 없는 환경을 미디어 기술이 통제 범위 안으로 끌고 온다. 여기서 선전은 미디어 기술을 마음껏 이용하는 한편, 환경 감시는 통제할 수 없는 범위를 최대한 확장시킨다. 이때 언론은 자연주의를 접하게 된다.

한편 이 과정에서 개입되는 기술은 인간 감각의 '확장'으로 이뤄지고, 그 '확장'은 인간 인식을 바꿔버린다. 같은 맥락에서 망원경에 의한 착각과 실재적인 현실을 구별하는 데 도움을 줄 수 있다고 생각되던 유일한 이론은 간단한 테스트에 의해서 반박되고 말았다(Paul Feyerabend, 1975/1987, 138쪽).

이러한 생각으로부터 빛(그것은 두 영역을 결합시키며, 특별한 속성들을 가진다)과 지상의 물체와의 상호작용의 결과를, 그 이상의 논의 없이, 하늘에 확장시킬 수 없다는 것으로 귀결된다(Paul Feyerabend, 1975,/1987, 136쪽). 그러나 각 요소의 비정합적인 부분들이 오랫동안 계속 사용된 후에 비로소 명료해지고 합리적이 된다. 따라서 그러한 비합리적이고 무의미하며 비조직적인 전제가, 명료함과 경험적 성공의 불가피한 전제조건이라는 것이 분명해진다(Paul Feyerabend, 1975/1987, 26쪽).

자연의 법칙이 인간의 행위와 다를 지라도, 궁극적으로 인간의 행동도 자연법칙의 관계를 일부 설명할 수 있다. 어떤 사건에 적용할 때, 여러 가지 대상들의 공통적인 운동이 왜 그 관계에 영향을 미치는가, 혹은 미치지 않는가 하는 것을 설명할 필요가 있다. 우리는 왜 그러한 운동이 인과적 작용인(causal agent)인가, 아닌가를 설명하게 된다.

물론 인간 행위가 이성적으로 움직일 때는 언제든 자연과학의 인과과계로 풀이할 수 있다. 즉, 인간은 사고 없이 행위를 하지 않고, 그들은 할 수 있는 한 이성적인 것을 시도한다. 물론 그 행위의 결과는 부분적으로 적의의 상황, 좋은 아이디어가 숙성하지 않아서, 완전하지는 않다.

더욱이 어느 경향을 갖는 이데올로기는 구체적 현실의 결정, 특히 어떤 예측할 수 없는 상황에서 올 것이고, 그들 이데올로기는 느낌, 영감, 의사

결정을 하는 사람의 꿈을 반영하는 것이어서 전문가 집단의 추상적 사고로는 발견할 수 없는 것이다(Paul Feyerabend, 1978, p.10).

4) 상대주의, 다원주의 수용

이성이 작동할 수 있는 한계가 존재한다면, 다음으로 제기되는 이슈는 합리성(rationality)에 관한 논의이다. 합리성은 전통이 확실한 하나의 원칙이 아니라, 수많은 원칙 가운데 하나의 원칙이다(Paul Feyerabend, 1978, p.7). 파이어아벤트는 라카토스와의 논쟁에서 끊임없이 이성적, 합리성에 관해 논의했다. 『방법에서의 도전』은 그 실천이다. 그는 편지, 강의, 전화, 논문으로 라카토스와 논쟁을 했다. 합리성은 일반성을 지닐 수 없으나, 상황이 합리적이거나, 그에 합당한 상황의 규범이 일치하고 있을 때 일반적 합당한 상황의 언급이 가능하다(Paul Feyerabend, 1978, p.32).

자유주 지식인은 합리주의자들이다(Paul Feyerabend, 1978, p.76). 그들은 과학과 연관시킨 합리주의는 사회를 위한 기초로서 합리성을 언급했다. 즉, 합리주의 연구자는 민주주의에서 이야기하는 여러 사람 중 한사람의 의견을 이야기하지는 않는, 사회를 위한 기초로서 한 사람의 이야기를 한다. 과학에서 합리주의는 사람과 사회를 같이 두고 연구의 과제를 삼는다.

합리주의는 사회 안에서 작동하는 실천의 과정을 필요로 하게 된다. 파이어아벤트는 기본적 이론의 문제는 이성과 실천의 관계로 규정했다. 그는 실천(practice)이 이성(reason)에 의해 형성되어질 원초적 자료(crude material), 즉, 1차적 자료를 사용하도록 한다. 즉, 실천은 돌발적이거나, 비체계적 형태로 존재하는 이성의 요소들이 되는 것이다(Paul Feyerabend, 1978, pp.16~20).

실천은 자유, 사고의 자유를 필요로 한다. 자유는 벌써 합리주의자, 즉 과학적 이데올로기 주창자의 부분으로 수용되어 진다. 더욱이 합리적 과학의 법칙, 자유주의 지식인의 법칙은 특수한 이해를 포함하지 않는다. 합리

적 지식인은 진실과 이성을 강조하는 관점에서 객관성을 지닌다(Paul Feyer-
abend, 1978, p.82).

판단하거나, 비판을 위해 '아르키메데스 변곡점(Archimedian point)'[6]을 창
출하기 위한 위치에 관련해서 참여자가 견지하는 경향은 강단 철학자의 자
존심과 즐거움의 어떤 차별이 강화되어 왔다(Paul Feyerabend, 1978, p.22). 여
기서 논의 할 수 있는 것은 합리성을 담보하고, 객관적 판단을 도출하는 과
정에 관한 것이다. 나는 평가와 평가를 하게 된 사실, 어떤 언급과 그 언급
이 수용되어진 사실 등 사이의 차별성에 언급해왔고, 주관적 원함과 탁월한
객관성의 수준 사이의 차별성을 언급해왔다.

관찰자로 말할 때 우리는 어떤 집단의 어떤 규격화된 수준을 말해왔다.
물론 우리는 그 높은 수준을 말해왔고, 그곳까지 도달할 수 있는 것에 관해
논했다(Paul Feyerabend, 1995/2009, 307쪽).

여기서 빈번한 요구는 객관성(objective)과 전통적 독립에 관한 것인데 그
믿음은 신의 전능한 신앙의 세속적 형태가 된 합리성(rationalism)에서 중요
한 역할을 한다(Paul Feyerabend, 1978, p.20). 물론 합리성은 일반성을 지닐
수 없으나, 상황이 합리적이거나, 그에 합당한 상황의 규범이 일치하고 있
을 때 일반적 합당한 상황의 언급이 가능하다(Paul Feyerabend, 1978, p.32).

여기서 파이어아벤트는 정교한 어떤 규칙을 정립하는데 관심을 가졌다.
즉, 그는 잘 정립된 기존의 이론에 일관성(consistence)을 갖지 않는 때, 나는
가설을 세우는 반 규칙에 관한 세부적인 내용을 설명한다(Paul Feyerabend,
1975, p.35). 파이어아벤트에 따르면 논증 그 자체는 그것이 개인이나 특정한

---

6 '아르키메데스적 준거점(Archimedian Point)'은 다른 이름으로 '아르키메데스 지점'이라고
  했다(https://en.wikipedia.org/wiki/Archimedean). 이 말은 아르키메데시안 절대가치를
  언급한 것으로, '아주 큰 지레가 있다면 지구도 들 수 있다.'는 아르키메데스의 말에서 나온
  말로, 지레의 받침점을 의미한다. 흔들리지 않는 아주 든든한 (절대적인) 기준, 법칙 같은
  걸 의미한다.

집단의 삶과 이해관계로 연결된 것이 아니라면, 사실상 외계에서 온 것이다(Paul Feyerabend, 1995/2009, 282쪽). 물론 항상 그것들과 연결되어 있다. 그렇지 않으면 이해될 수 없다. 그러나 이런 연결은 통상 감추어져 있다. 엄밀히 말한다면, '체계적' 분석은 일종의 사기다. 그렇다면 왜 있는 그대로 이야기함으로써 사기를 피하지 않는가?

논증 자체를 거부한다면, 어떤 방법이 있을까? 그것은 직접적이 아닌, 간접적으로 접근한다. 그렇다면 모든 상황에서 또 인류발전의 모든 단계에서 옹호될 수 있는 단 하나의 원리가 있다는 것이 분명해질 것이다(Paul Feyerabend, 1975/1987, 28쪽). 그것은 '무엇이든 좋다(anything goes)'라는 원리가 언제나 작동하도록 하는 것이다. 어떤 고정관념과 선입관으로 사고, 즉 이성의 법칙을 제외시킬 필요가 없다.

막연히 '무엇이든 좋다.'는 논리가 아니다. 새로운 가설은 그러한 이론들이 일관성을 가져야 한다는 요구를 비판하면서 출발한다(Paul Feyerabend, 1975, p.35). 이 요구는 일관성의 상황(consistency condition)으로 불려진다. 나의 일관성이 아니라, 비판을 통한 바른 이성의 사고의 일관성이고, 사건이 일어난 원인에 대한 일관성 있는 결과이다.

망원경이라는 다른 물체를 언급하여, 나의 일관성을 강화시켜본다. 즉, 눈으로 볼 수 있는 것과 직관으로 관찰한 갈릴레오(Galileo)는 망원경으로 관찰한 케플러(J. Kepler)와 접근방식이 완전히 달랐다. 과학적 탐구의 가설은 다른 일관성을 고안할 필요가 생긴 것이다. 다른 잣대를 사용하여, 합리성을 찾은 것이다.

일관성 없는 이론의 형식, 정교화 그리고 사용을 고려할 때, 다른 이론들만이 아닌, 실험, 사실, 관찰까지를 고려하면서 어떤 단순한 이론도 지배력에서 있어서 잘 알려진 사실로만 풀이될 수 없음을 지적하고 시작한다(Paul Feyerabend, 1975, p.56). 그 문제는 루머로 창출되어지는 것도 아니고, 어설픈 과정의 실험 결과에서 의해서도 아니다. 이런 결론은 가장 정밀하고, 신뢰성이 있는 실험과 특정에 의해서 그 주장을 할 수 있다(Paul Feyerabend, 1975, p.56).

이런 관점에서 이론과 실천 사이에 두 개의 서로 다른 수적인 불일치와 질적인 불일치의 차별을 보는 것이 적절하다. 고로 이론은 어떤 수적인 정밀성과 실제로 얻어지는 그 가치는 오류의 한계 이상에 의한 정밀성으로 다르게 조성된다. 정밀한 도구는 일반적으로 여기에 속한다.

우리들이 아는 한 때때로 자기 자신의 흥미로운 관념들을 갖는 재능 있는 명문가(stylist)이자 계몽가지만, 다른 때에는 심오한 사상가나 엄밀한 과학자는 아닌 사람에서 비롯된다는 사실은 놀라운 일이 아니다. 정신착란자와 천박한 지성은 "'전진하고', 반면에 심오한 사상가는 현 상태(status quo)의 한층 어두운 지대로 떨어진다."라고 했다(Paul Feyerabend, 1975/1987, 73쪽). 즉 수렁에 빠지게 된 것이다.

그렇다고 심오한 사상가는 실망할 것 없다. 그가 연구한 내용은 이성적 방법이 아닌 것이다. 파이어아벤트에 따르면 과학은 그 결과 때문에 특수한 위치를 점한다(Paul Feyerabend, 1978, pp.100~1). 즉, 어떤 다른 과학의 관점도 어떤 것과 비교할 수 없고, 어떤 과학의 결과도 의존이 아닌, 자치적이다. 그 결과는 비과학적 기구에 어떤 도움도 받지 않은 것이다. 그 결과는 다른 것과 다른, 독자성을 갖고 있다.

또한 파이어아벤트의 연구는 이성, 합리성, 실천 어느 것도 작동하지 않았다. 그럴지라도, 당시 사람들은 새것을 받아들이는 것에 인색하지 않았다. 우리는 오히려 새로운 현상의 실재성이 받아들여지고, 그것이 관습과 같이 공적으로 승인되어져 가는 속도에 놀라게 된다(Paul Feyerabend, 1975/1987, 142쪽).

유력한 로마 예수회 회원의 천문학자였던 클라비우스 신부는 1610년 12월 17일의 편지에서 갈릴레오를 목성의 달을 최초로 관찰한 사람으로 칭찬하고 또한 그 실제성을 인정했다(Paul Feyerabend, 1975/1987, 142쪽). 클라비우스 신부가 갈릴레오의 망원경에 의한 관찰을 신속하게 받아들인 점을 중시할 필요가 있다. 갈릴레오는 '위성과 금성의 차고 이지러짐에 대해 관측된 규칙적인 주기는 그것이 생리학 혹은 광학상의 인공적인 현상이 아니라는 사실'을 강력하게 시사를 한 것이다. 더욱이 툴민(Stephen Toulmin) 교수는 "유추적 방법으로 설명할 수 있는 것으로써, 갈릴레오는 그의 스타일대로 인정하고, 특히 그가 낡은 관념들과 그것들에 연관된 학술의 기준에 기질적으로 그는 라틴어보다, 이탈리아어를 사용해서 증명하려고 했다"라고 했다(Paul Feyerabend, 1975/1987, 158쪽). 갈릴레오는 대중들이 갖고 있는 관념을 뛰어넘어, 더욱 설득할 수 있는 방법을 택한 것이다.

물론 친구들과 동료들에게 장담했던 지나치게 낙관적인 언명들에도 불구하고, 갈릴레오는 결코 그것을 증명할 수 없었다. 그는 또한, 우리가 살펴보았고 그 자신이 말했듯이 그의 이론을 반박하는 사례들을 제거하지 못했다(Paul Feyerabend, 1975/1987, 159쪽). 그 때 갈릴레오는 그의 상기(想起, ana-mnesis)의 방법의 도움으로 새로운 동역학과 지구의 운동이라는 관념 사이의 일치를 강화시킴으로써 그들 모두를 보다 합당한 것을 보이게끔 만들었다(Paul Feyerabend, 1975/1987, 160쪽). 그는 이성만으로 논리를 설명한 것이다.

그럴지라도 갈릴레오는 절차적 정당성을 갖기 위해 노력을 했다. 그는 "절차는 오직 우리 지식의 성분, 즉 이론, 관찰 논증의 원리가 같은 정도의 완전성을 공유하는 초시간적인 존재이고, 모두 동등하게 입수가능하며, 그것들을 산출하는 사건으로부터 독립된 형태로 서로 연관되어 있다고 가정할 수 있을 때에만 가능한 것이다."라고 했다(Paul Feyerabend, 1975/1987, 163쪽). 관련된 사실의 수를 증가시키는 것은 건전한 절차적 정당성이다.

절차적 정당성에서 일관성은 그만큼 중요성을 지닌다. 파이어아벤트에 따르면 "어떤 사람들은 증가된 세련도, 간결성, 일반성 그리고 일관성과 같은 형식적인 개선이 배제되어서는 안 된다는 것을 덧붙여 말하고자 한다. 그러나 일단 그러한 종류의 개선이 이루어진 다음에 과학자에게 남겨진 일은 테스트를 목적으로 한 사실들의 수집밖에 없다."라고 했다(Paul Feyera-bend, 1975/1987, 39쪽).

설령 파이어아벤트가 아나키즘적 발상을 하더라도 그는 어떤 경향성(이성의 작동)을 발견할 수 있다고 봤다. 각국의 전통을 동일하게 다루는 것은 정당할 뿐 아니라, 유용함을 느끼게 된다. 이성이 작동하고 합리성이 작동한다는 소리가 된다. 논리적 정당성과 유용성은 곧 문화의 상대주의, 다원주의를 수용하게 된다.

문제는 이런 과학의 아나키즘적 속성에 불구하고, 수용하는 태도는 괄목하다. 과학은 세계를 이해하는 것에 경이적인 기여를 했다고, 이러한 이해는 경이적 실천적 성취를 가져왔다(Paul Feyerabend, 1978, p.101). 말하자면 과학은 세상 사람을 놀라게 했고, 그 실용성 또한 괄목한 것이었다.

상상할 수 없는 성과로 끝났어도 결과는 원인과 달리 엉뚱한 곳에 일어나, 과학의 성과는 엉뚱한 이론과 예기치 못한 실용성을 가져다준다. 파이어아벤트는 뉴턴의 예를 들었다. 뉴턴은 "만일 빛이 광선들로 구성된다면 거울은 거친 벽과 같이 진동해야 할 것이다. 그는 이러한 난점을 임시 변통적(ad hoc) 가설의 도움으로 제거함으로써 이 이론을 유지하였다. 즉, '광선의 반사는 반사체의 어느 한 점에 의해서가 아니라 그 표면 전체에 고르게 발산되는 그 물체의 어떤 힘에 의한 결과로 된 것이다."라고 했다(Sir Issac Newton, 1952, p.266; Paul Feyerabend, 1975/1987, 62쪽). 뉴턴의 경우에 있어서는 이론과 실천 사이의 질적인 불일치가 파이어아벤트의 임시 변통적 가설에 의해 장애물을 제거한 것이다.

7. 맥루한의 기술의 맥락

1) 모형 만들기-뉴스의 프레임

필자는 맥루한[1]을 디지털 미디어의 관점으로 새로운 해석을 시도한다. 가상현실의 매체의 특성은 전술했듯이 세 가지로 집약할 수 있다(여명숙, 1998, 86쪽). 즉, 모형 만들기(Modeling, 프레임), 소통(communication), 제어(control) 등이다. 지금까지 맥루한의 이해는 소통과 제어에 관심을 뒀다. 필자는 '모

---

1 맥루한(Marshall McLuhan, 1911~1980)은 영문학, 예술, 철학, 레토릭, 종교, 고전학, 심리학, 경제사 등 융합적 발상에서 글을 작성한 연구자이다. 서부 캐나다에 정착한 침례교 집안에서 자랐다. 그들은 스코틀랜드-아일랜드계 신교도였으며, 맥루한의 아버지는 보험 설계사였고, 그 윗대에서는 농사를 지었다. 그에 비해 맥루한의 어머니는 영국인의 후손으로, 개발된 동부 해안가 지역에서 자라난 시야가 넓은 사람이었다. 또 좋은 교육을 받았고 캐나다 순회공연을 하는 극단에서 열정적으로 활동하는 배우였다. 가족과 떨어져 지냈지만, 가정을 잘 보살폈던 어머니 덕분에 좋은 지적 분위기에서 자라났다(Marshall McLuhan, 2003/2008, viii~ix쪽). 맥루한의 어머니는 학문적 재능을 가진 큰아들이 외국에 유학하기를 바랐다. 1920년 맥루한이 아홉 살 때 그들은 에드먼턴(Edmonton)을 떠나 위니페그(Winnipeg)로 이사했다. 그는 집에서 2km 내에 위치한 메니토바대학(University of Manitoba)에서 1932년에 영문학 학사, 1933년 석사학위를 취득했다. 이후에는 어머니의 지원에 힘입어 케임브리지대학교로 장학금을 받고 유학을 떠났다. 1930년대 영국 케임브리지와 옥스퍼드 그리고 런던에서의 학문 생활은 외국 영문학자로서의 삶이었던 것이다. 이때는 대공황을 겪은 어려운 시기였으며 영국 학자들은 대중의 요구에 관심을 보이고 있었다. 맥루한은 윈드햄 루이스(Wyndham Lewis)와 리비스(F.R. Leavis)의 작업에 관심을 보였다. 리비스는 영화와 라디오, 광고뿐만 아니라 신문 만평까지도 새로운 '언어'라는 관점을 갖고 있었다(ibid., ix).
당시는 힐래어 벨록(Hilaire Belloc)이나 체스터튼(G.K. Chesterton) 같은 가톨릭 작가들의 전성시대였다. 당시 런던 문단에서 가장 화려하고 비판적이었던 두 사람의 작가, 오든(W.H. Auden)과 위(Evelyn Waugh)도 이 시기에 가톨릭으로 돌아섰고, 마셜 맥루한도 같은 성향을 갖고 있었다. 그는 교회와 대중문화 공부를 함께 진행했다. 맥루한은 『기계 신부(The Mechanical Bride)』(1951), 『구텐베르크 은하계(Gutenberg Galaxy)』(1962), 『미디어의 이해(Understanding Media)』(1964) 3대 저작을 계속 출간했다. 글의 성향을 보면 맥루한의 글이 과도하게 종교적인 색채를 띠는 일은 없었지만, 이 두 가지 열정은 결국 맥루한의 독창적인 세계를 구축하게 된다(ibid. ix쪽). 그는 케임브리지에서 학사학위를 받은 뒤인 1936년부터 미국 위스콘신대학교에서 잠시 교편을 잡았으나, 1939년 다시 케임브리지로 돌아가 3년 동안 석사와 박사학위를 마쳤다. 이후에 세인트루이스 대학, 캐나다 온타리오주의 어섬프대학교(Assumption University), 토론토 대학(University of Toronto) 등 가톨릭 계통의 대학 강단에만 섰다. 토론대학교 성 마이클 칼리지(St. Michael College) 등 대학에서 교편을 잡았다.

형 만들기', 즉, 뉴스의 프레임에 더욱 관심을 갖는다.

누구든 실제의 사물을 효과적으로 이해하기 위해 모형(model)을 만든다. 이 때 개인은 외적인 물리적 모형(external physical model)을 형성시킨다. 어떤 대상물을 규정하고, 물체와 사람을 언어로 모형을 짓고, 상호관계를 규정한다. 언어는 기존 언어 체계와 환경을 계속적으로 규정하고 열린 사고로 모형을 만들어 간다. 언어의 모형은 다른 모형 짓기와 별로 다를 바가 없다.

베르그송은 "인간은 스스로를 주관으로 그리고 자연적인 환경을 객관으로 만들어서 대상화시킨다. 즉 인간은 주관과 객관이라는 상황을 구성한다."라고 했다(강영계, 1982, 46쪽). 출입처에 나가는 기자는 출입처형 모형 만들기를 시도하고, 현장취재는 그에 맞게 모형 만들기를 한다. 구성하는 내용은 전혀 다를 수 있다.

여기서 모형 만들기는 집을 짓거나, 비행기를 만들 때 설계를 하는 원리가 된다. 다른 한편으로 인간의 내부 세계에 만들어지는 심리적 모형(internal mental model)을 만든다. 그 때 언어의 유연성이 필요하다. 물론 언어는 과거, 현재 그리고 미래를 엮는 힘을 갖고 있고, 추상화를 하는 힘을 갖고 있다(Philip Emmert and William C. Donaghy, 1981, pp.134~7). 더욱이 후자의 경우 추상화가 낮을수록 더욱 물리적 현실을 잘 묘사할 수 있고, 커뮤니케이션의 왜곡이 그만큼 적어진다. 추상화를 낮추면 어떤 기존의 이론도 설득력을 잃게 된다.

말하자면 언론인은 낮은 수준에서 환경을 언어로 모형을 만들 수 있고, 높은 차원에서 사회의 각 제도와 연계시켜 모형을 만들 수 있다. 포퍼는 낮은 차원의 구획화를 시도했다. 좁은 범위에서 언론인은 공정하고, 객관적이고, 정확하게 현장의 사실을 구획화, 혹은 규정할 필요가 있게 된다.

한편 언어는 과거, 현재, 미래를 엮어 모형 만들기를 가능하게 한다. 이는 시간·공간 안에서 문화와 관련이 되어, 인간의 감각에 영향을 주기도 한다. 더욱이 유기체(organ)와 체계(system)는 전혀 다른 차원이다. '자연철학'[2]에서 논한 유기체는 감각으로 느낄 수 있지만, 설령 체계가 유기체로부터 파생된 것이라고 하더라도 감각으로 느낄 수 없는 추상화된 체계, 즉 유기체가 화석화된 부문이 존재한다. 감각으로 풀이할 때 놓칠 수 있는 부분이 체계이다.

체계는 전문화, 분화를 가능하게 한다. 체계 안에서 개인은 행위의 형태(patterns), 즉 반복 습관을 갖게 되고, 그 패턴은 유기체의 원리를 이용할 때 객관화(objectification)가 가능하게 된다. 체계가 유기체의 속성에 의존한다면 당연히 자신의 행위를 성찰을 통해 객관화시킬 수 있고, 사물을 인지할 때 객관화가 가능하고, 다른 사람의 행동을 객관화할 수 있다.

인쇄문화가 등장하면서 이들의 객관화가 더욱 현실화 되었다. 프랑스 혁명가인 콩도르세(Condorcet)는 인쇄문화의 속성을 이야기했다. 웅변술이 부족했고 정열과 감성에 호소하는 것을 경멸했던 수학자 출신의 정치가인 그는 인쇄의 출현에 특별한 역사적 중요성을 부여했다. 그에 따르면 "인쇄술이 웅변의 힘을 증가시켰으며, '차가운 이성의 빛(light of cold reason)' 아래에서 새로운 정체를 형성시킬 기회를 증가시켰다고 말했다."라고 했다(Keith Baker, 1975, p.298; Elizabeth Eisenstein, 2005/2008, 300쪽).

인쇄매체가 등장하면서 모형 만들기가 과거의 것과 전혀 다른 속성을 지니게 되었다. 아이젠슈타인은 인쇄매체의 특성을 논하면서, 이성과 합리성의 정수를 이야기했다. 그에 따르면 "새로운 물리학의 조용하고 무색무취한

---

2 바쏘(Sebastian Basso)는 17세기 『자연철학』(Philosophia Naturalis)에서 새로운 개념의 자연 개념을 최초로 규정했다(문창옥, 1998, 54쪽). 그 후 자연의 영역은 자연을 구성하는 물질계의 자연과학이 지배하였고, 정신을 본질로 하는 인간의 영역은 철학이 지배하게 되었다. 한편 레클릭(Leclerc)은 자연철학의 위대한 전통이 복구되어야 한다고 주장하는 가운데 화이트헤드(A. N. Whitehead)의 작업이 20세기에 있어 그러한 복구의 뛰어난 사례였다고 발표했다(I. Leclerc, 1973, pp.158~68; 문창옥, 1998, 54쪽). 화이트헤드는 감각적 경험과 과학적 경험을 중요한 원천으로 하는 가운데 전통의 의미의 자연철학적 과제를 떠안을 수 있었고, 그의 철학을 '유기체 철학(organic philosophy)'이라고 했다.

세계에서는 발성법이 필요 없었다. 인쇄의 지지 아래 이것들은 '이성의 내적인 귀(reason's inner ears)'에 호소하게 되었다."라고 했다(Elizabeth Eisenstein, 2005/2008, 300쪽).

한편 언어가 어떤 의미를 가지든, 환경이 어떻든 언론인은 '모형 만들기'로 언어, 기사를 구성한다. 맥루한은 자신의 '심리적 모형'을 '확장'이라는 개념으로 미디어를 설명했다. '확장'은 체계, 기계화로 인도할 수 있지만, 유기체가 갖고 있는 역동성을 상실하게 마련이다.

맥루한이 볼 때 이야기의 핵심은 "인간이 자기의 소외에 몰입한다. 다시 말해 그들은 자기를 확장시킨 것이다. 자기 자체가 아닌 모든 것에 매료되어 생활을 하게 된다."라는 것이다(Frank Hartmann, 2006/2008, 349쪽).

미디어는 인간을 확장시켜 만든 것이지만, 이에 마취된 인간은 자신의 삶을 미디어에 따라 영위를 하게 된다. 즉, 자신의 확장이 결국 본인의 삶을 빼앗기게 된다. 말하자면 기술을 통한 자신의 확장이 자신들을 마취시킨다는 것이다. 기술이 가져다주는 삶의 형태이다.

맥루한은 광고를 위한 기술과 과학을 이야기했다. 전술했듯, 그는 광고에 감금된 미국 시민을 소개했는데, '보고, 듣고, 맛보고, 만지고, 냄새 맡는 거의 모든 것들은 무언가를 팔려고 한다.'라고 했다. 라디오, TV, 인터넷을 통해 '모형 만들기'의 삶 자체를 빼앗아 간다. 감각들의 '확장'으로 이뤄지는 현상이다.

맥루한은 「익사하는 인간(The Drowned Man)」에서 광고는 "벽에 있는 낙서이며, 하늘에 떠 있는 기호이며, 매일 밤 규칙적으로 태우는 덤불이다. 지구상의 어느 곳도 지리적으로 장사꾼의 강매 행위가 미치지 않는 곳이 없다."(Marshall McLuhan, 1951/2015, 103쪽)라고 했다.

이젠 광고가 개인의 지갑까지 훔쳐간다. 감각을 마취시키고, 마음을 빼앗고, 경제력을 강탈해 간다. 맥루한은 "지갑은 새로운 '몸의 정치' 속에 있는 분비샘이다. 이것은 상품과 선정성의 홍수를 허용한다. 우리의 방어막은 이것을 막지도 못할 뿐만 아니라 우리의 삶을 송두리째 쓸어버린다. 이 분비샘은 '기저귀를 떼자마자' 만들어진 굳은살의 상태를 보상해 주며 '평등과 순응'의 꿈길도 몰고 간다."라고 했다(Marshall McLuhan, ibid., 103~5쪽).

감각에 마취된 현대인의 습관이 소개된 것이다. 한편 피어스는 "습관은 단순한 기질이라기보다는 구성요소의 가상적 기질로 본다. '습성이란 말을 사용한다면, 인간이 행동하여야 할 방법을 결정짓는 인간 본성에서 작용하는 일반적 원리로서, 본래적인 습관, 더 정확하게 말하면 본래적인 경향(dispostion)이다.'"라고 했다(Charles S. Peirce and Justus Buchler, 2011, p.359; 진성배, 121~2쪽).

문제는 기술과 과학이 습성을 더욱 보강해 준다는 것이다. 라디오, TV, 인터넷 미디어 기술은 이런 습성의 행위를 보강, 강화하게 했다. '지구촌' 인간은 감각이 분리되어, 마비된 상태를 연출한다. 원래 인간의 모습은 그것과 전혀 달랐다. 베르그송은 "시간이라는 개념 대신에 '삶 자체'를 표현하기 위하여 지속(duree)이라는 개념을 도입했다. 지속에 시간과는 달리 이질적인 것으로 반복하지 않는 일회적인 것이 있다."라고 했다(강영계, 1982, 20쪽). 충격, 충동은 지속적인 '삶 자체'가 아니라, 특별한 것이다.

이들 매체는 니체의 기술, 즉 '권력에의 의지'가 실현되게 한다. 베르그송은 "'지속의 흐름'은 참다운 개념으로 '삶 자체'를 나타냄에 비하여 측정 가능한 수학, 물리적인 시각은 사이비 개념이다. 이런 개념은 피상적인 개인이었다."라고 했다(강영계, 상게서, 20쪽). '삶 자체'가 시간과 공간이 과학과 기술의 부속물에 불과하게 되었다. '기계시대(machine age)'가 도래한 것이다.

다윈의 진화론은 엉뚱한 소리가 된다. 마이어는 "다윈의 자연선택설에서 우리가 주목할 점은 진화에서 목적이나 필연적 법칙이 존재하지 않는다는 점과 변이의 우연성이다. '우연은 새로운, 유전적으로 유일한 개체들을 제조함과 돌연변이에 의해 만들어내는 자연선택의 첫 단계 과정일 뿐만 아니라, 이러한 개체들의 생식적 성공을 결정하는 확률론적 과정에서 하나의 역할을 담당했다. … 자연선택이 실제로 최적화 과정이었지만, 수많은 반대하는 영향들이 존재하여 최적이 결코 이루어질 수 없다."라고 했다(에르스트 마이어, 1998, 180쪽; 정낙림, 2013.9, 67쪽).

기술, 즉 '권력에의 의지'가 작동하면서 진화론이 무색하게 되었다. 통제할 수 없는 요인을 무리하게 통제 안으로 끌고 다니면서 생긴 일이다. 맥루한은 「실험실의 목소리(The Voice of The Lab)」에서 "과학이 진실을 위한 열정으로서의 과학이 아니라 시장의 법칙에 따라 움직이는 과학, 즉 응용과학이다. 마케팅 기관은 정확한 관점과 통제 아래 소비자를 잡아 놓기 위해 여전히 더 많은 응용과학을 사용하며 이에 화답한다…대중화된 과학은 다수의 불쾌한 진실을 피하도록 사람들을 독려하는데, 단지 그것은 전자뇌가 인간적 장면으로부터 보통의 평범한 사람을 제거할 것이 확실하다는 '노버트 위너'[3] 교수의 전망 같은 것들을 실생활에서 갑자기 대면하게 만들기 위해서다."라고 했다(Marshall McLuhan, 1951/2015, 107쪽).

미디어에 의한 개인의 인식이 차단됨으로써 어떠한 자기 인식도 불가능하게 만든다. 폭력과 광신도가 선동술로 개인의 삶을 조작할 모양이다. 바로 이 때문에 기술 체계에서 비롯된 인간 자율성의 제약은 맥루한에게 중요한 과제이다(Frank Hartmann, 2006/2008, 349쪽).

(1) 인쇄미디어형 공중

맥루한은 「고아 애니(Orphan Annie)」에서 감각의 차단된 모습을, 인쇄미디어에 익숙했던 인류학자 미드(Margaret Mead)를 예로 들었다. 미드는 『만일의 사태를 대비하라(And Keep Your Power Dry)』에서 "사회의 유기적 단위

---

3 노버트 위너(Nobert Wiener, 1894~1964)는 미국의 수학자이자 공학자로서 MIT대학 교수를 역임했다. 피드백의 개념에 기초한 인공두뇌학(cybernetics)의 창시자이다. 이 개념은 공학과 시스템 통제, 컴퓨터 과학, 전자통신, 생물학, 철학, 사회조직학의 발전에 직접적으로 기여했다. 현대인의 일상생활은 이들 기술로 둘러싸여 있다고 해도 과언이 아니다.

또는 '문화적 규칙성(cultural regularity)'이라는 가설을 갖고 작업을 시작했다. 이 가설에 대한 그녀만의 사례는 영화 스타의 갑작스러운 명성이 행운이 아니라 노하우의 결과임을 대중에게 설명할 수 있어야 했다. 성공하기 전에 스타는 그녀의 이를 교정해야 했고, 코를 재건해야 했으며, 드레스는 나온 배를 감추기 위해 디자인되고, 머뭇거리는 어설픈 걸음걸이로부터 관심을 돌리기 위해 특별한 음악이 준비되어야만 했다. 그녀의 홍보물은 어느 잘 자란 젊은이라면 똑같이 성공을 했으리라고 암시할 수 있어야만 한다."라고 했다(Marshall McLuhan, 1951/2015, 76쪽).

미디어는 '문화의 규칙성'을 만들어내고, 인위적인 모자이크 세계를 설정한다. 광고와 오락 드라마에서 익히 볼 수 있는 가상의 세계이다. '모형 만들기'가 망가지는 현장이다. 더욱이 디지털 미디어의 성행으로 소통과 제어가 더욱 강화되면서 그 경향은 두드러진다.

인간은 심리적 모형을 능동적으로 만들어갈 수 없는 상황이다. 신경계는 미디어를 통해 유용한 감각을 '절단한다'. 다시 말해 감각을 정지시키거나 마비시킨다. 이때 인간중심적인 미디어 이론의 사유형태를 보존하고 있다면 중추신경계의 유기생리학이 작동하게 되나 실상은 그렇지 못하다.

장낙림은 "니체에 따르면, 다원주의는 추락하는 삶, 즉 노예와 평균인들의 삶을 강화하는 근거가 된다."라고 했다(장낙림, 2013.9, 69쪽). 이는 제어와 커뮤니케이션을 용이하게 하는 전자기술은 인간의 확장(extensions of man)으로써 인간의 신경계와 유사한 것이 된다(Frank Hartmann, 2006/2008, 349쪽). 자신의 심리적 모형이 자신을 넘어 지구촌으로 전파된다. 중앙은 어디에나 있고, 변방이 더 이상 존재하지 않는다(Paul Levinson, 1999, p.7). 라디오와 TV 네트워크는 같은 특보 뉴스(breaking news)를 가정, 사무실 그리고 모텔방까지 전송시켜 준다. 클린턴(Bill Clinton)의 르윈스키와의 1998년 섹스 스캔들은 인터넷을 통해 동시에 전 세계인들에게 회자되었다. 이 추문은 지구촌 사회에 생존하고 있음을 실감하게 한다. 디지털 미디어는 인간의 5개 감각을 확장시킬 수 있게 되었다.

물론 맥루한의 감각의 '확장'이라면 우선 '눈의 확장'과 다른 공감각의 '확장'을 생각할 수 있다. 전자는 인쇄매체이고, 다른 '귀의 확장', 귀와 눈 등 공감각의 확장의 전자매체 그리고 인터넷 등을 들 수 있다. 전자매체는 우선 전신(telegraph)을 들 수 있다. 텔레그래프는 2진법의 세계로 출발하여, 지금 인터넷이 장족의 발전을 가져왔다.

전신의 발전으로 뉴스 형식의 역삼각형(inverted pyramid)은 1865년 4월 15일 《뉴욕 헤럴드》의 스탄톤(Edwin M. Stanton)에 의해 새로운 시작을 했다. 새로운 저널리스트 글쓰기 형태가 시작된 것이다(David. T.Z Mindich, 1998, p.65). 과거의 연대기적 글쓰기 순서를 뛰어넘어 철저히 사실을 중심으로 글을 썼고, 중요한 기사는 앞에 가고, 별 중요성이 없는 사실은 뒤로 몰았다. 민디치는 뉴스의 사실위주, 객관성, 역삼각형의 덕목을 살린 것이라고 했다.

전술 했듯 콜레라 병균이 전국을 엄습했을 때 당시 의사는 삶과 죽음에 사투를 벌이는 환자를 관찰하고, 분석하고, 기술했다. 당시 종교인들은 의사들을 신뢰했을 이유가 없었다.

물론 투크만은 객관성을 '전략적 의식(strategic ritual)'으로 봤다(Gaye Tuchman, January, 1972, pp.660~79). '탈진실'은 항상 의식, 성역(聖域)에서 일어나게 마련이다. 절제를 할 수 있는 기자, 즉 잘 훈련된 언론인에게는 축복이 될 수 있어도 그렇지 못한 기자가 사용할 때는 흉기가 될 수 있다.

다른 한편 전자매체의 초기 형태의 전신은 필자가 쓰기 쉽고, 전달하기 쉽고 그리고 독자가 읽기 쉽다. 시간 배열 대신 이슈를 만들기에 충분했다. 역삼각형은 드라마틱하게 엮을 수도 있었다. 부정확한 정보는 뉴스로 사실의 진상을 왜곡시킬 수 있었고, 역삼각형은 정치 선전에 유용할 수 있었다. 그러나 법적 문제에서도 방어가 쉬운 형태이다. 그만큼 전신은 글 쓰는 사람에게 유리하고, 통제를 가능케 한 기술 수단이었다.

당시 값비싼 전신기술은 그것 밖에 전할 수가 없는 것이다. 잘 훈련이 된 언론이 쓰는 도구였다. 전신의 신뢰는 그 후 '팩스로 보내라'라는 말은 전신의 위력이 오랜 관행으로 되었다.

그만큼 역삼각형은 '강철 정보', 정확성, 객관성, 공정성이 필요하다. 언어가 아닌, 사실에 근거한 '모형 만들기'에 전신이 사용된 것이다. 민디치는 역삼각형이 "전신 장비의 특징으로 정보의 수용적이고(informative), 찢기(terse) 가능하고, 사실적(factual)이고, 객관화(detached)할 수 있고, 비인간화(impersonal)시킬 수 있다."라고 했다(David. T.Z Mindich, 1998, p.84).

찢어서 짜 맞추기 좋은 방법이 역삼각형이나, 주창저널리즘보다 더 객관적으로 보인다. 그러나 여전히 역삼각형은 비인격적이며, 사실 위주로 글쓰기 할 때 필요한 도구로 간주되었다. 남북전쟁(1861~65) 등 전시에 빠른 정보로 알맞은 형식이었고 지금 인터넷 시대에도 유용한 형식이다.

대중매체가 전자 미디어의 초기 단계의 전신을 수용함으로 기술에 대한 확고한 기반을 형성시킨 것이다. 미국의 대중신문은 전신과 더불어 활개를 폈고, 모스(Samuel F. B. Morse, 1791~1872)는 그 기반을 조성시켜 주었다. 인쇄매체와 2진법의 전신이 융합을 가져왔다.

대중신문은 물론 책의 인쇄매체로부터 뉴스의 개념을 더욱 발전시켰다. 인쇄매체의 책은 구술전통에서 시각을 확장시켜 단일 감각 형태로 유지했다. 맥루한에 의하면 이 매체로 인간의 비극이 시작된 것이다. 그는 "세르반테스(Cervantes)가 『돈키호테(Don Quixote)』에서 마키아벨리(Machiavelli)가 인지의 강도를 최고로 높이기 위해 선택한 시각이란 특정한 감각의 경험에 의해 최면술에 걸렸던 것만큼이나 책이라는 새로운 형태에 의해 자극받은 결과였다."라고 했다(Marshall McLuhan, 1962/2001, 42쪽).

또한 맥루한은 "심리학자들이 최면 상태를 한 가지 감각에 의해서만 관심의 장이 채워진 상태로 정의한다. 이때 '낙원'은 사망한 것이다. 낙원이란 모든 감각이 무의식적인 조화 속에서 상호작용을 하는 곳이다."라고 했다(Marshall McLuhan, 1962/2001, 43쪽). 분명 맥루한은 심지어 전자 매체로 가능한 '지구촌(global village)'에서 '촌락'에 대한 애정을 가짐으로써 구술 사회에 대한 미련을 갖고 있었다. 영문학 전공자다운 소리를 했다. 뿐만 아니라, 그는 인간 유기체가 원초적인 상태에서 생존해온 삶에 대한 애착이 있었다. 가톨릭 신자로서 에덴동산의 낙원을 꿈꾸고 있었다.

물론 맥루한에게 에덴동산은 낙원이었지만, 인간이 돌아갈 수 없는 이상향일 수밖에 없다. 구술 전통은 지성을 발전시키기에는 불가능한 문화였다. 맥루한은 체계적 지식, 응용지식, 과학 그리고 그에 대한 강렬한 욕구를 갖고 있었다.

로마는 웅변의 구술 전통을 갖고 있었고, 나름대로 체계적 지식을 갖고 있었다. 유기체의 형태와 체계의 것이 공존하는 사회였다. 맥루한은 "스토아학파(Stoics) 웅변술을 발전시키는 것을 거부했지만, 키케로(Cicero)는 그 가운데 유별나게 덕과 지혜를 갖기 위해 웅변 수용을 선언했다."라고 했다 (Marshall McLuhan, 1962, p.24).

키케로에게 구술의 웅변으로만 지성이 인간의 정신과 뜨거운 가슴을 움직일 수 있다고 본 것이다. 한편 경험주의자 베이컨(Francis Bacon, 1561~1626)은 키케로에 동조한 것이다. 베이컨은 감각에서 느낄 수 있는 경험세계도 정신과 뜨거운 가슴을 열 수 있게 할 수 있고, 덕과 지혜를 습득할 수 있다고 본 것이다.

물론 키케로는 필사문화 시대의 사람이다. 필사는 시각과 촉각을 사용한다. 공감각을 사용하는 것이다. 필사문화는 여전히 구술문화의 특징을 갖고 있었다. 분명 가장 문명화된 사람들의 지각은 구어적이며 청각적 요소를 갖고 있었다. 그렇다면 필사문화는 여전히 청각적 요소를 상실할 수 있었다. 필사문화는 청각적인 문화의 사람들의 지각과 비교할 때, 거칠고 마비되어 있다는 것은 명백한 사실이다. 왜냐하면 눈은 귀와 같은 섬세함을 지니지 못하고 있기 때문이다(Marshall McLuhan, 1962/2001, 61쪽).

한편 베이컨은 필사문화를 접고, 새로운 기술을 받아들여야 하는 입장에

선 사람이다. 언어학자 맥루한의 입장에서 보면 인쇄매체는 유기체의 청각적 요소를 상실케 하는 매체임이 틀림이 없었다. 좀 더 정리하면 필사문화는 "인쇄 문화와 비교할 때 매우 청각, 촉각적이다. 객관적인 관찰이란 필사 문화에는 적당하지 않는 것이며 고대 이집트인, 희랍인, 중국인 혹은 중세인들에게 맞지 않는 것이다."라고 했다(Marshall McLuhan, 1962/2001, 63쪽). 그들은 소리에 관심을 갖지 않는 뜻글자를 사용하기 때문이다. 중국인은 필사문화와 더불어 일찍 목판인쇄술과 종이를 사용했다.

인쇄문화는 차갑고 시각적이며 초연함을 무기로 하지만, 필사문화는 여전히 촉감을 사용함으로써 '감정 이입과 모든 감각의 참여'가 가능한 세계이다. 인쇄매체는 그 만큼 객관성, 반복을 종용함으로 과학성을 지닌 매체였다.

쿤의 패러다임 변동이 일어난다. 맥루한의 말을 빌리면 '미디어는 메시지'라는 표현이 맞고, 기술이 바뀌니, 콘텐츠가 바뀐다. 콘텐츠 이해는 시각으로 인식하고, 이성이 작동하는 것이다. 즉, 인쇄매체는 구텐베르크 발명으로 책을 읽는 감각이 시각으로 고정된다. 더욱이 필사문화를 버리고, 인쇄문화를 수용하는 데는 초기 지역문화를 살릴 수 있었다. 인쇄는 우선 '커뮤니케이션' 수단으로 '말(speech)'보다 빨랐다. 맥루한에 따르면 "무운시가 노래로 불리는 시와는 반대로, 훨씬 커뮤니케이션이 쉽고, 더욱 유리했다."라고 했다(Marshall McLuhan, 1962/2001, 383쪽). 인쇄된 지방 방언은 공공전달체계를 만드는데 결정적 기여를 했다. 한편 유기체의 소리가 인쇄된 글로 정착함으로써 행정 체계를 정착시키는데 도움을 준 것이다.

인쇄미디어는 언어 생산에 특별한 기능을 한다. 새로운 미디어를 통해 중세인은 지방어에서 '자기 검증 진실(self evidence truth)'을 찾아갔다. 맥루한은 인쇄미디어를 통한 언어의 정교함을 표현했다. 그는 "뛰어난 어구, 완전하고 세련된 문장의 구성, 아름다운 리듬이 있는 표현, 작품에 여러 가지 변화를 주고, 장식하기 위한 수사와 비유 같은 것이, 문제의 중요도, 주제의 가치, 논의의 건전성, 살아있는 창의력, 판단력의 깊이 같은 것보다 더 중요시되었다."라고 했다(Marshall McLuhan, 1962/2001, 371쪽). 라틴어에 비해, 독일어, 프랑스어 등은 인쇄문화 덕분에 지방어로 성공을 거두었다. 한편 한글도 소리글자로 예외는 아니었다.

더욱이 인쇄미디어는 같은 내용을 여러 부로 복제할 수 있다. 그렇다면 인쇄미디어는 최초의 매스 미디어가 되는 것이다. 즉 매스 미디어란 말 그대로 대량 혹은 대중 매체란 광범위하게 통용되고 있는 '언어', '지방어'를 의미한다(Marshall McLuhan, 1962/2001, 452쪽).

일종의 방언이라고 할 수 있는 민족어(vernacular)들은 통일되어 보다 보편적으로 확대된 것이다. 그 지방 사람은 공통적 언어를 쓰게 되었다. 언어의 통일이 눈앞에 놓이게 되었다.

그렇다고 초기 인쇄의 형태가 정체성 상실만 가져오는 것은 아니다. 한편 리스만(David Riesman)이 『고독한 군중(the Lonely Crowd)』에서 내부지향형 인간이란 표현을 쓴 것이 유명하다. "원대한 목표를 향한 내부지향성은 인쇄문화와 인쇄문화의 일부인 원근법(perspective)과 소멸점을 기점으로 하는 공간 구성과 밀접한 관계에 있다."라고 했다(Marshall McLuhan, 1962/2001, 414쪽).

'내부지향형의 인간'에게 세계관은 완전히 바뀐다. 환경에 따른 적자생존이 무색하게 된 것이다. 니체는 "'삶의 과정에서 본질적인 것은 바로 형태를 구성하고, 내부로부터 형식을 창조하는 엄청난 힘'이지 외적인 환경이 아닌 것이다. 외적인 환경이 힘의 주체를 지배하는 것이 아니라, 오히려 내부로부터 형식을 창조하는 힘이 오히려 '외적 환경'을 이용하고 활용하는 것이다."라고 했다(정낙림, 2013.9, 72쪽).

리스만의 '내부지향형 인간'은 자신의 정체성을 찾을 수 있게 한다. 공중(the public)으로서 살아갈 수 있게 한다. 서구인들이 성서를 성직자에게 듣기보다, 자신이 읽기 시작함으로써, 신과 직접 교통할 수 있게 된다. 이런 이유에서 맥루한은 "언어는 인간 경험의 세 가지 범주를 통해 현실로 나타난다. 첫째, 단어의 의미로 나타난다. 둘째는 문법적 형식에 들어 있는 구문상의 의미이고, 셋째는 작가의 관점에서 가장 중요한 것인데, 문법적 형식 너머에 놓여 있는 의미, 곧 인간에게 모호하고 신비스럽게 드러난 의미이다."라고 했다(Marshall McLuhan, 1962/2001, 444쪽).

맥루한은 자기의 고유 언어로 시각매체를 언급했다. 그는 "글자 혹은 '문자'는 후에 텍스트 안으로 통과해 들어가는 빛(light through)보다 텍스트 위를 비추는 빛(light on)과 동일시되었으며, 그리하여 '관점' 혹은 '내가 앉아 있는 곳으로부터'라는 독자의 고정된 입장에 대해 강조하게 되었다."라고 했다.(Marshall McLuhan, 1962/2001, 223쪽).

한편 투사광(light through)은 5가지 감각이 협동 속에서 완전한 비율을 구성한 상태에서 상호작용한다. 그러나 인쇄매체는 하나의 감각만을 강조한 조사광(light on)에서는 다른 시각이 존재한다. 파스칼(Pascal)은 조사광은 이성과 관련시켰다. 그는 "이성은 천천히 행동한다. 이성의 세계에는 많은 원리에 대한 견해가 늘 현존해 있음으로써 유지되는 것이다. 따라서 이성은 이들 원리가 없으면 잠들어 버리거나 길을 잃어버리게 된다."라고 했다(Georges Poulet, 1956, p.78; Marshall McLuhan, 1962/2001, 472쪽).

파스칼(Blaise Pascal, 1623~62)은 인쇄미디어가 개인의 이성을 깨우치는데 결정적 기여를 한다고 본 것이다. 감각의 수용의 문제가 아니라, 이젠 논리를 따지는 문제가 더욱 설득력이 있었다.

이성이 작동하는 측면에서 뉴턴(Issac Newon, 1642~1727)은 "신학에 깊은 흥미를 갖고 있었지만, 물리학자는 일상의 예측을 가능케 하는 법칙을 연구하는 데 전념하고, 더 깊은 문제는 전혀 고려하지 않아도 된다고 생각했던 것처럼 보인다. 물리학자는 설명하는 것이 아니라 서술하는 것을 자신의 목적으로 삼아야 한다."라고 했다(Marshall McLuhan, 1962/2001, 481쪽). 뉴턴은 신에 대한 형이상학적 논의 대신 우리가 현실을 지각하고, 콘텍스트를 설명하는데 관심을 두기를 바랐다.

뉴턴에게 현장의 합리성이 그만큼 중요한 것이다. 그는 콘텍스트를 설명하는 것이 아니라, 있는 그대로를 사실적 논리에 맞게 서술하는 것이라고 했다.

물론 인쇄미디어는 개인이 초점을 갖게 하는 것이고, 관점이 생기게 되는 모형 만들기에 몰두하게 된다. 이 문화에서 대상을 객관화하는 노력이 필요한 시점이다. 맥루한은 "문자 해독 능력은 사람들에게 이미지를 볼 때 초점을 갖고, 그것을 중심으로 보는 능력을 부여하고, 그리하여 우리는 전체적인 이미지나 그림을 한 번에 보고 그리도록 한다. 비문자적 인간은 이런 습관을 갖지 있지 않으며, 그래서 사물을 볼 때 우리처럼 보지 않는다."라고 했다(Marshall McLuhan, 1962/2001, 79쪽).

설령 인쇄미디어가 개인에게 관심을 부여하지만, 알파벳은 표음문자로서 아주 빈번히 뜻의 의미를 상하게 한다. 이는 필연적으로 선전, 선동술로 작동할 수 있다. 맥루한은 "표음 문자 알파벳이 인간과 사회에 미치는 효과의 핵심은 과잉 의미를 제거한 것이 아니다. 과잉 의미란 내용(contents)적인 개념이고 그 자체가 알파벳적 기술의 유산이다."라고 했다(Marshall McLuhan, 1962/2001, 97쪽). 권력의 의지는 반드시 공적 기능(a public service)의 의미를 상실하기 일쑤이다.

표의 문자, 즉 상형문자 혹은 한자 등은 개인이나, 사회의 다양한 모습을 스냅 사진으로 찍는다. 그 의미도 다양하고, 풍부한 장(Gestalts)의 콘텍스트가 표현된다. 즉, 뉴스 프레임이 형성된 것이다. 그러나 알파벳의 문자는 뜻글자가 아니었다. 맥루한에 의하면 "말과 글을 연구한 체리(Colin Cherry)는 알파벳의 독특한 측면을 경시했는데, 시각과 청각 뿐 아니라, 문자의 소리로부터 모든 의미를 분리시키고, 추상화시켰다."라고 했다(Marshall McLuhan, 1962, 47쪽). 글의 의미와 글의 소리가 같이 발전하지 않았던 것이다. 표음 문자 알파벳은 시각적 기호가 된 것이어서, 표음문자의 정체성을 상실하기 일쑤이다.

『구텐베르그 갤럭시(the Gutenberg Galaxy)』는 왜 알파벳적 인간이 세속화의 길을 걷게 되었는지 보여주는 것에 관심을 가졌다(Marshall McLuhan, 1962, p.69). 당시 유럽인들은 신성한 글을 의미 있는 정보를 나르는 데에 사용했다. 그 경향은 인쇄술이 발달한 15세기 이후 서구 기독교도의 성서와 자연계(근대 과학)에 대한 견해가 바뀌었으며, 신의 말씀은 다양성을 가졌지만, 그 실제 성서 내용은 전혀 불변이었다(Elizabeth L. Eisenstein, 2005/2008, 284쪽).

(2) 전자미디어형 대중

지방어의 분리로 더 이상 신의 말씀은 설득력을 상실했다. 전자 매체의 원형인 전신(telegraph)이 발전되면서 지방어 강세 경향은 점점 그 의미를 더욱 상실하게 되었다. 1905년 AP 통신은 구텐베르크 은하계의 의미를 공식적으로 해체하였다.

전자매체는 '지구촌', 원시 촌락사회의 복원을 형성하도록 도왔다. 원론적 원시성은 어떤 사물의 한 가지 면만을 쳐다보는 습관을 버리고 주변상황과 총체적인 감각을 통해 교감하도록 사람들을 유지하는 것이다(Marshall McLuhan, 2003/2008, 46쪽).

전자통신은 가상공간을 통해 네트워크 사회를 만들어 지구의 곳곳을 함께 엮었다. 시간과 공간을 제어한 채 원시 촌락이 함께 엮어진 것이다. 맥루한은 과거 "비문자인(nonliterate)은 세계가 하나의 망(net of thought)으로 연결된 속에서 귀속했다. 신화와 종교는 서로 깊이 연관된 것이지만, 신화는 인간의 일상생활로부터 성장해 나오고, 종교는 인간의 초자연적인 것에 대한 관점에서 비롯된 것이다. 그래서 세계는 하나의 연결된 망으로 보는 인간의 세계관은 세속적, 종교적, 신화적, 주술적, 그리고 경험적인 요소들 모두가 혼합되어 하나로 통합된 것이다."라고 했다(Marshall McLuhan, 1962/2001, 154쪽).

맥루한은 "선형적 전문주의와 고정된 시점주의가 종식되고 동시에, 현실 세계와 먼 단편화된 지식은 더 이상 받아들이기 어렵게 되었다."라고 했다

(Marshall McLuhan, 1962/2001, 483쪽). 시각 중심의 세계는 공감각, 즉 촉각 등이 발달하는 시대로 전이된 것이다.

다른 한편으로 원래 구술문화에서 말은 '읽다(legere)'라는 단어와 '명상하다(meditari)'라는 두 개의 단어가 성베네딕트에게 준 의미와, 전 중세를 통해 유지되어 온 그 의미를 상기해 보아야 한다(Marshall McLuhan, 1962/2001, 180쪽).

말은 성스러움의 표출인 것이다. 즉, 성서를 읽는 가장들은 존엄과 개인적 가치의 의식을 높이게 되었다. 설령 인쇄된 성서라도 인쇄된 언어로 빛낸 '내적인 빛(inner light)'이 각파 공통의 신비적 체험의 기반이 되었다(Elizabeth L. Eisenstein, 2005/2008, 282~3쪽).

한편 어거스틴(S. Augustine, 354~430)이 '기독교 교학(the Doctrina Christiana)'을 위해 채택한 언어학 중심의 프로그램이었다. 그가 채택한 문법학은 설교를 위한 것이라기보다는 성스러운 페이지(sacra pagina)에 대한 이해와 해설을 위한 것이었다(Marshall McLuhan, 1962/2001, 197쪽).

기독교에서 '말씀'이 곧 인쇄된 글이었다. 그러나 인쇄술의 발명으로 쓰여진 알파벳은 세속화의 길을 일찍 걸었다. 더욱이 근대적인 기술은 시각 능력을 다른 감각들로부터 보다 더욱 예리하게 분절시키면서 투과광(透過光)보다 조사광(照射光)에 대한 요구에 집중함에 따라 많은 혼란을 야기를 시킨 것이다.

그렇더라도 그 과정을 정리하면, 인쇄술이 엄청난 사회변동을 야기 시킨 것은 사실이었다. 아이젠슈타인은 "인쇄술 발명 이전의 출판은 받아쓰기나 읽기라는 행위가 뒤따랐다. '주어진 과학 법칙을 청취할 능력'을 익힌 필사문화와는 대조적으로 인쇄문화는 '잘 그린 도형이나 그래프'의 배포도 가능하도록 했다. 이처럼 인쇄문화는 학문세계 내부의 커뮤니케이션 변화를 주었을 뿐만 아니라 '자연 법칙과 자연의 신'을 터득한 인간의 능력에 새로운 확신의 발판을 마련해 주었다."라고 했다(Elizabeth L. Eisenstein, 2005/2008,

279쪽).

이 때 과학자 갈릴레오가 등장했다. 감각에 들어오는 경험 세계를 진실로 받아들인 것이다. 그는 "새로운 진리의 개념으로 교회의 토대를 뒤흔들었다. 바야흐로 천계(天啓, revelation)의 진리와 함께 자연의 독자적 진리가 등장하게 되었다. 이 진리는 신의 말씀이 아니라 신의 계시 속에 나타났다. 그것은 성서의 증명과 전통에 기초한 것이 아니라 항상 우리 눈에 보였다 (Histoire de l'Edition Francaise(1984); Elizabeth L. Eisenstein, 2005/2008, 279쪽).

눈의 감각을 통해 들어오는 현상을 관찰하고, 인쇄된 글을 읽었다. 추상적인 천계는 지상의 삶과 거리가 멀어지게 되었다. 더욱이 뉴욕에서 1849년 이후 콜레라균은 기차로, 여객선으로 그리고 역마차로 번져 나갔다. 콜레라균이 전국에 퍼져 1849년 여름에는 환자가 4000명이나 되었다(David T.Z Mindich, 1998, p.99). 불어나는 콜레라균을 종교가 퇴치할 수 없었다. 그때 의사와 기자는 병균을 발견하려고 했고, 1866년에는 90%까지 완치율을 보였다. 영국의 의사 스노우(Dr. John Snow)는 《브리티시 저널(British Journal)》에 템스강의 상류와 하류의 물을 통계를 통해 분석하여 글을 기고하곤 했다(David T.Z Mindich, 1998, p.99).

경험적 자료를 통해 인과관계를 뽑아낸 것이다. 당시 종교 대신, 법, 과학, 경험세계가 신문기사로 인기를 얻게 되었다. 그 기사는 철저한 세속적·경험적 사실에 바탕하고 있었다. 그 형태는 알 수 있고, 이름을 지을 수 있는 사실주의(realism), '순수한 경험주의(naive empiricism)'였다(David T.Z Mindich, Ibid., p.103).

당시 생물학자 다윈, 스펜스, 마르크스 같은 연구자들이 과학적 방법론을 개발하고 있었다. 문학의 사실주의는 저널리즘의 객관주의(objectivism)로 간주할 수 있었다(David T.Z Mindich, Ibid., p.106). 법에 적용할 때는 증거이고, 언론에는 사실이 규정되어야 했다. 그 사실은 당시 발명(Samuel F.B. Morse (1791~1872), 1844)된 전신을 타고 전 세계에 타전되기 시작했다. 사실(fact)과디테일(detail)만이 힘을 발휘했다. '강철 팩트'는 자연과학과 더불어 발전된 것이다. '사실을 말하시오', '증거를 가져오시오' 등의 말이 회자되었다.

더 이상 '카더라' 언론은 종적을 감추게 되었다. 다윈과 스펜스가 '카더라' 생물학, 사회학을 전개할 이유가 없었다. 실증주의 철학이 성행하게 된 것이다. 특히 지금까지 우리에게 남아있는 조선시대의 '풍문탄핵(風聞彈劾)', 현재 심지어 대통령까지 '카더라'로 탄핵시키는 나라이다.

이런 보도형태는 유럽 및 미국사회에서 19세기 중반에 종말을 고한 것이다. 폰트넬(Bernard Fontenelle)이 1733년 "'언어의 지배'가 끝나고 '사물(things)'의 지배가 왔다."라는 말이 실현되었다(Elizabeth L. Eisenstein, 2005/2008, 278쪽).

콜레라는 1860년대 의학 전문직 종사자, 과학적 방법(scientific method), 자료수집(data gathering) 그리고 기술(technology) 등이 함께 어우러진 결과 치유되었다(David T.Z Mindich, 1998, p.96).

설령 과학적 방법으로 사실을 규명해도, 시각 단일감각의 사용은 '편향(bias)'될 수밖에 없다. 그 많은 서적을 읽어줄 사람도 없다. 자기 것만 열심인 외눈박이 연구자들이다. 아이젠슈타인은 "다른 연구에 불가결한 부분으로 통합되기는커녕 인쇄술의 역사를 다루는 연구는 고립되어 다른 역사서에서 의도적으로 내쫓기도 했다. 이론상 이 같은 인쇄술의 연구는 많은 분야에 미치는 테마를 중심에 두고 있지만, 실제로 다른 분야를 연구하는 학자가 그것을 참고로 한 일은 좀처럼 없다."라고 했다(Elizabeth L. Eisenstein, 2005/2008, 4쪽). 이에 대해 스타인버그에 따르면 '인쇄술의 역사는 문명사 일반에 불가결한 부분'이다(S. H. Steinberg, 1961, p.11; Elizabeth L. Eisenstein, 2005/2008, 4쪽).

당연히 시각만 떼어낸 것에 문제가 생겼다. 니체의 표현을 빌리면 '권력에의 의지'가 작동한 결과이다. 쿤에 의하면 기술의 발전으로 패러다임 변동이 일어난 것이다. 맥루한의 '탐험(exploration)'이 필요한 시점이다.

인쇄문화는 단일감각의 부각으로 감각의 불균형이 일어났다. 맥루한은

"최면술이란 다른 감각들을 마취시키기 위해 특정한 하나의 감각을 분리하는 식의 원리에 의해 행해진 것이다. 그 결과, 감각들 간의 비율 파괴를 낳고, 이는 일종의 정체감 상실을 의미한다."라고 했다(Marshall McLuhan, 1962/2001, 56쪽).

맥루한은 서구의 인쇄문화의 통일성, 반복성 특성을 이야기했다. 이 문화는 문명의 역사이다. 이 문화는 전문화, 분화를 가져왔다. 산술을 가하학과 기계학, 물리학, 통계학 등에 응용하게 했다. 사회과학에서 사회학, 사회복지학, 신문방송학 등으로 분화되기 시작했다. 같은 맥락에서 표음문자의 분열 또는 미적분 개념이 없다면 촉각 중심적인 부족사회와 시각 중심적인 중세사회, 근대사회를 연결시켜 주는 그 무엇도 존재하지 않게 된다(Marshall McLuhan, 2003/2008, 26쪽).

한편 맥루한에 따르면 "획일적인 시간과 공간에 기초하여 추상적이며 명시적인 시각을 중심으로 한 기술이 지배하는 것이 서구의 문화이다. 시간과 공간이라는 2개의 축이 중심이 된 사유는 어떤 사건에는 원인과 결과가 있으며, 원인이 앞서고 결과가 뒤따르는 시간 계열상의 현상으로 파악하는 사유이다."라고 했다(Marshall McLuhan, 1962/2001, 45쪽).

인쇄매체는 공간을 자르는 것은 물론이거니와 시간을 자르는 도구가 되었다. 베르그송(Henri Bergson, 1859~1041)은 물리적, 객관적 시간과 '의식의 흐름'을 구분했다(강영계, 1982, 11쪽). 후자는 직관의 영역이고, 질의 영역이고, 지속의 영역이고, 전자의 경우 지성의 영역이고, 양의 영역이고, 반복의 영역이다.

더욱이 지속의 시간은 경험의 것이 된다. 좋은 지속의 습관이 필요한 시점이나, 특종에 익숙한 언론인은 항상 공감의 영역을 찾기 위해 충동적 시간을 사용한다. 권력에의 의지를 작동시킴으로써 공감의 커뮤니케이션을 시도하게 되고, 제어의 의미가 강하게 부각된다.

커뮤니케이션은 용이하게 되었지만, 권력에의 의지가 크게 작동하기 시작한 것이다. 시간을 잘라 지성의 시간을 만들어, 하나로 나열한다. 이는 선전술, 선동술을 발휘하면 '편향(bias)'이 나타난다.

벨기에 출신이며 프랑스 문단에서 활동했던 뿔레(Georges Poulet, 1902~)는 『인간의 시간에 대한 연구』(Studies in Human Time)에서 "'중세 때 사람들에게는 오직 하나의 표준화된 시간의 길이(duration)만이 있었던 것이 아니다. 그때에는 여러 개의 시간 길이가 있었고 어떤 시간 길이는 다른 시간 길이보다 길거나 짧은 것일 수 있었다. 이러한 시간 길이의 다양성은 외부 세계 일반에서만이 아니라 인간의 내적 세계에도 해당하는 인간으로, 인간존재로서 그 본성이 그런 것이었다.' 수백 년 동안 내려와 익숙해 있던 배열(configuration)은 르네상스와 함께 시공 및 인간관계에 있어서 연속적, 선형적, 그리고 획일적인 것으로 대체되게끔 되었다."라고 했다(Marshall McLuhan, 1962/2001, 38쪽).

인쇄미디어가 등장하면서, 하나의 시간대로 묶어 통제를 시도하고, 공간을 지배할 수 있게 했다. 시간과 공간을 시각마다 접하고 있기 때문에 균질성을 느낄 수 없었다. 즉, 부족사회는 인쇄미디어의 삶과 전혀 다른 시간 사용의 모습이다. 그러나 인쇄술이 발명되면서 '권력에의 의지'가 작동했다. 루마니아 출신 미국 종교학자 엘리아데(Mircea Eliad)는 1957년 『성(聖)과 속(俗)(The Sacred and the Profane)』에서 원시인간세계에서는 시간과 공간이 균질적이거나 일률적으로 연결된 것이 아니라고 했다. 즉 부족시대 사람들은 순간마다 접하게 되는 시간과 공간의 독특한 구조를 주축으로 생활한다(Marshall McLuhan, 2003/2008, 24쪽).

맥루한은 기본적으로 인간 유기체에 대한 신뢰가 있었다. 그는 이를 복원하는 것에 계속 관심을 가졌다. 물론 인쇄매체 이후 분화, 전문화되어 사회가 체제를 통해 움직이지만, 그에게는 에덴동산과 인간의 초기 유기체의 형태에 대한 향수가 있었다.

그에 의하면 "원시적인 인간은 서구 문자문화의 인간이 만들 수 있었던 것보다 훨씬 힘이 있는 우주라는 기계 속에 생존했다. 귀의 세계는 눈의 세계가 일찍이 할 수 있었던 것에 비해 보다 더 포용적이고 포괄적이다. 귀는 초감각적이다. 부족 원주민들은 북소리를 들으며 의식을 통일했다. 공감이 작동한 것이다.

이런 측면에서 눈은 "쿨하고 비밀착적이나, 귀는 우주의 공포 속에 인간을 내던지지만 문자문화와 기계적인 시간에 의하여 확장된 눈은 끝없는 음향의 압력과 반항으로부터 안전한 일정한 간격과 몇 개의 섬을 남겨두는 것이다."라고 했다(Marshall McLuhan, 1964/1997, 227쪽).

눈보다 귀가 더 부족사의 속성을 가지고 있다. 토크빌(Alexis Tocqueville)은 귀의 속성을 상실하지 않으려는 영국인들의 모습을 이야기했다. 소리 내어 읽는 영국인의 습관은 소리를 복원하려는 시도를 한다. 그에 따르면 인쇄미디어는 "분명히 획일성과 연속성을 만들어 낸다는 사실을 근거로 삼고 있다. 그에 의하면 영국은 이 원리를 거부하고 동적인, 혹은 구술에 의거한 관습법의 전통에 집착하였던 것이다. 여기서부터 영국 문화의 비연속성과 예측 불가능한 성격이 이루어진다. 한편 인쇄의 원리는 구술적이고 성문화되어 있지 않는 문화와 제도가 갖는 메시지를 이해하는 데 도움이 되지 않는다."라고 했다(Marshall McLuhan, 1964/1997, 36쪽).

그러나 인쇄미디어의 등장은 대체적으로 영국인의 전통적 사고를 허용하지 않았다. 이 문화는 시간과 공간을 통제하기에 이른다. 그 결과 나타난 현상은 시각을 5감에서 분리시켜 인쇄미디어의 시대를 열었다.

인쇄매체는 감각을 쪼개게 했다. 그 결과는 환영을 나타나게 했다. 맥루한은 "세익스피어(William Shakespeare, 1564~1616)는 "다섯 개의 2차원 평면 패널을 하나씩 차례로 놓은 것이다. 이들 평면 패널을 사선으로 비스듬히 놓고 '움직이지 않은 채 어떤 한 점'에 서서 보면 마치 그들은 연결되어 있는 것처럼 보이게 만든 것이다." 그는 감각들을 분리하면 어떤 환영이 생긴다는 것을 완벽하게 알고 있었다."라고 했다(Marshall McLuhan, 1962/2001,

41쪽).

같은 맥락에서 한편 시간을 반복성으로 통일 시키고, 공간을 통제 안으로 끌고 오고, 감각을 분리키면 더욱 완벽한 제어 수준으로 올라가게 되는 것이다. 베르그송에 의하면 시간과 공간을 철저히 수학적 개념으로 정확히 기술할 수 있다고 봤다(강영계, 1982, 19쪽).

세익스피어와 더불어 1709년 아일랜드 출신 철학자, 성직자인 버클리(Bishop Berkeley, 1685~1753)는 그의 『시각의 신이론(New Theory of Vision)』에서 뉴턴의 시각 공간상의 부조리를 단순히 촉각 감각으로부터 단절된 하나의 추상적 환영에 지나지 않는 것이라고 하였다. 감각들을 서로 떼어놓고, 그리고 실체의 질감을 느끼는 촉각적 공감각 속에 그들 다양한 감각들이 상호작용하는 것에 간섭하여 방해하는 것은 아마도 구텐베르크 기술이 낳은 중요한 영향력 중의 하나라고 할 수 있을 것이다."라고 했다(Marshall McLuhan, 1962/2001, 41~2쪽).

항상 기술, 즉 '권력에의 의지'는 결핍한 것을 채우려고 욕망으로 기능하지만, 감각의 분열은 세상의 아노미를 경험하게 된다. 감각의 분리는 단순함을 상실한 것이다. 탐미적 요소가 제외되고, 단순함이 화용론적 개념으로 변화한다(Karl Popper, 1968, p.137).

19세기 프랑스 사회학자 뒤르껭(Emile Durkheim, 1858~1917)은 "알파벳의 발명 이래 서구 세계에서는 감각 간의 분열, 기능 간의 분열, 작업의 분열, 감성적 국가와 정치적 국가의 분열, 목표의 분열이 진행되어 왔다."라는 원리를 언급했다(Marshall McLuhan, 1962/2001, 90쪽). 통합된 사고로 움직이는 유기체의 원리가 작동할 필요가 있는 시점이다.

한편 스펭글러(Oswald Spengler, 1880~1936)는 『서구의 몰락(The Decline of the West)』에서 새로운 물리학에서는 시각적인 것이 청산되고 있으며, 부족 시대의 비가시적인 것으로 회귀하고 있음을 서구 세계가 인지하고 있음에 주목했다(Marshall McLuhan, 1962/2001, 111쪽). 물론 그 권력에의 의지 욕구를 채워준 것은 전자 미디어의 등장이다.

인쇄매체와 더불어 전신과 전화가 시간과 공간 그리고 감각을 통합하기 시작했다. 5가지 감각을 통합시키기 위한 전신과 방송매체는 이들의 욕구를 수용할 뿐만 아니라, '지구촌'을 형성시켰다.

더욱이 전신은 전자파를 이용하여, 기호를 문자로 받는다. 그 후 벨(Alexander Graham Bell, 1847~1922)은 1876년 전화를 발명하고, 그 기술로 라디오가 태동한다. 분명 전신은 쿤이 이야기하는 패러다임 변동을 경험하게 했다. 시각의 감각으로부터 청각, 촉각을 복원시키고자 한 것이다.

기술이 바뀌니, 콘텐츠가 언어의 질서에서 사실의 질서로 바뀌게 되고, 또한 사실은 방송매체와 더불어 이성보다 감성이 지배하는 사회가 도래케 한 것이다. 청각과 촉각을 사용한 사람들이 독서대중이 될 당시를 회상할 필요가 있다. 문맹률이 많은 초기 세계를 보자. 맥루한은 "독자는 적고 청중은 많기 때문에, 초기의 문학 작품은 대부분 공중 앞에서의 낭송을 위해 만들어졌다. 따라서 이들의 성격은 문학적이라기보다는 수사적이었으며, 수사학의 법칙이 그들의 창작을 지배하게 되었다."라고 했다(Marshall McLuhan, 1962/2001, 179쪽).

물론 수사학의 시대는 과거의 부족사회, 또한 인쇄술에 영향을 받은 개인주의 성향과는 차이가 있었다. 인쇄술을 바탕으로 한, 구술 사회가 도래한 것이다. '제2의 구술사회'가 그 형태이다. 물론 수사학은 항상 '권력에의 의지'가 쉽게 작동한다. 그러나 개인주의 사회는 여전히 설득에 정확성을 요구한다.

맥루한은 "정확한 계량화의 수단을 마련하도록 사회에 가해지는 끊임없는 압력은 그 사회의 개인주의자들의 압력과 비례한다. 모든 역사가가 증언하고 있는 바이지만, 인쇄술은 개인주의를 강화시켰다. 인쇄술은 또한, 그 기술 자체가 계량화 수단을 제공하는 것이었다."라고 했다(Marshall McLuhan, 1962/2001, 342쪽).

물론 방송에도 라디오와 TV는 달랐다. 라디오는 '열띤 논쟁(hot argument)'이 가능한 매체이고, 시각, 청각, 촉각 등을 사용하는 TV는 더욱 '냉정한 태도(cool attitude)'를 요구했다. 정보량이 많아질수록 객관적이고, 공정한 태도를 가지게 된다(Marshall McLuhan, 1964/1997, 1쪽).

맥루한은 "모든 테크놀로지는 점차로 전혀 새로운 인간환경을 창조한다. 그 환경은 결코 수동적인 외피(wrapping)가 아니라 능동적인 일련의 과정(processes)이다."라고 했다(Marshall McLuhan, 1964/1997, 9쪽). 물론 그에 따른 메시지도 달라진다. 즉, '미디어는 메시지다(the medium is the message)'라는 말이 설득력을 얻어간다. 전자 기술에 따른 모형 만들기가 성행하게 된다. 현대 전자시대는 능동적으로 분리된 감각을 복권하기 위해 능동적인 사회를 조성해간다. 그 노력이 갖가지 매체를 만들어 낸다.

미디어 생태계가 조성되는 것이다. 기존의 미디어는 새로운 미디어를 허용하고, 그 기술의 속성에 따라 새로운 미디어는 새로운 뉴스 콘텐츠를 생산하게 된다. 미디어의 생태계에도 자연도태, 적자생존이 적용된다.

맥루한에 따르면 "식물계에서 벌이 식물의 생식기관이 되는 것처럼 사람은 기계 세계의 생식기관이 되어 기계를 수태시켜 언제나 새로운 형태를 낳고 있는 것이다. 기계는 인간의 애정을 받아들이고 인간의 소원과 욕구에 맞추어 부(富)를 만들어 낸다."라고 했다(Marshall McLuhan, 1964/1997, 81쪽).

기계가 움직이는 사회는 퍽 목적론적 사고이다. 그러나 원시 촌락사회는 목적론적 통합이 아니라, 생물학적 통합으로 사회를 구성했다. 이런 통합을 인쇄미디어 이후 전자사회는 염원하기에 이른다. 말하자면 부족사회는 폐쇄된 사회로 스피치, 북(drum), 그리고 귀 기술의 산물이고, 이는 전자시대의 개막에 즈음하여 전 인류라는 가족을 하나의 단일한 지구적 부족(部族)으로 만들었다(Marshall McLuhan, 1964/1997, 26쪽).

그 부족은 모든 것을 자연 그대로 관련시켜 보는 것이 아니라, 인위적으로 '확장'시켜, 하나의 체계를 형성하는 것이다. 전자 시대의 뉴스의 프레임이 형성된 것이다. 이는 시간과 공간을 제외시킨 채 이뤄진다. 베르그송 (Henri Bergson, 1859~1941)은 '삶의 철학'에서 시간의 연속성을 주장한다. 아니, 은유법이 계속 등장한다.

맥루한은 "언어는 경험을 저장할 뿐만 아니라 한 형태에서 다른 형태로 번역한다는 의미에서 은유(metaphor)이다. 화폐도 기술과 노동을 저장하고, 한 기술을 다른 기술로 번역한다는 의미에서 은유이다. 교환과 번역의 원리 혹은 은유의 원리는 우리의 모든 감각을 다른 감각으로 번역하는 이성적 능력이다."라고 했다(Marshall McLuhan, 1964/1997, 20~1쪽).

(3) 가상공간에서 공중의 복원

전자 기계의 시대는 우리 육체를 공간적으로 확장시키고, 시간적으로 통제 안으로 가져왔다. 시간과 공간은 더 이상 의미를 상실하게 한 채 우리는 뇌신경, '중추신경' 자체를 지구 전체로 확장시켰다.

인간사회에서 시간적, 공간적 요인을 완전히 배제하여 라디오, 전신, 전화, 텔레비전과 마찬가지로 인간사회에 깊이 관여하게 되었다(Marshall McLuhan, 1964/1997, 28쪽). 새로운 미디어를 통해 커뮤니케이션과 제어의 수준이 높아졌다. 아리스토텔레스(Aristotle, 484~322BC)는 선동술이 극치를 이룬 시대에 그리스의 플라톤 아카데미아에서 실용성(pragmatic), 과학성(scientific)을 가르쳤다.

시간과 공간이 떨어져 나간 '중추신경'이 작동하는 사회는 자유는 누리고 책임은 지지 않는 사회이다. 아나키즘의 사고는 활발하지만, 그것을 행동으로 옮겼을 때 책임감이 반감되었다.

더욱이 "우리 눈과 귀와 신경을 빌어 돈벌이를 꾀하는 인간의 손에 자신의 감각과 신경을 넘겨주어 버리면, 우리에게는 이미 아무런 관리 능력도 남아 있지 않게 되고 만다. 눈과 귀와 신경을 장사꾼에게 빌려준다는 것은, 평상시에 쓰는 말을 사기업에, 또한 지구의 대기(大氣)를 독점 기업에게 넘겨주어 버린 것과 같다."라고 했다(Marshall McLuhan, 1964/1997, 112쪽). 과거 정신과 물질이 공간을 딛고 성장되었으나, 공간이 상실 되면서 개인은 정체성을 상실한 로봇이 되었다.

기술 결정론적 사고에서 속도가 빨라지게 되면, 촌락과 도시국가 등 기존의 사회의 독립성이 사라지게 된다. 단순함이 사라지고, 복합성이 자리하게 된다. 독립성을 상실하면 그 구성원은 정체성의 위기가 온다. 이런 형식이 계속되면 언제나 새로운 주변 부문을 동질화하려는 경향이 나타난다(Marshall McLuhan, 1964/1997, 140쪽).

시간의 지속성을 버리면 가상의 세계로 변화한다. 시간의 흐름을 파악하지 못할 때는 그건 또 하나의 가상(假像)일 뿐이다. 사상은 은유로 엮으나, 너무 많은 사상의 혼재는 엮는 것 자체가 부담스럽다. 엮인 가상세계는 현실성(reality)과는 거리가 멀게 된다. 맥루한은 "'카메라는 거짓말을 하지 않는다.'는 말은 현재 카메라가 하고 있는 많은 거짓말을 뒷받침하는 데 지나지 않는다. 확실히 사진으로 만들어지는 영화의 세계는 '꿈과 환영'을 뜻하게 되었으며, 그 속에서 조이스(James Joyce, 1882~1941)가 말한 '철야(徹夜)의 뉴스 영화'로 바뀌어 진다. 이리하여 현실 세계는 영화의 세계로 바뀔 수 있다."라고 했다(Marshall McLuhan, 1964/1997, 278쪽).

맥루한의 사진은 또 다른 수에 불과하고, 권력에의 의지로 작동할 수 있다. 그는 "사진은 적어도 글로 작성한 말과 구어의 라이벌이며, 아마 그것들을 강탈하려는 것이라고 생각하였다...조이스는 사진을 무(無)로부터의 새로운 창조(ab-nihil), 혹은 창조된 것을 사진의 음화로 환원하는 것이라고 생각할 수도 있을 것이다."라고 했다(Marshall McLuhan, 1994/1997, 278쪽).

물론 사진은 화학과 빛이 만들어낸 작품이지만, 기계와 결합되어 영화를 탄생시켰다. 영화는 시간의 흐름을 가속화시킴으로써 보는 사람으로 하여금 환상을 자아내기에 충분하다. 인간의 정체성을 상실하게 만들만큼 충분히 위력적인 매체이다.

그렇다면 사진은 공간 배제와 시간 배제를 적극적으로 사용한 기술적 노력이다. 사진은 국경과 문화의 경계를 없애고, 어떠한 '견해'가 존재하든 간에 그런 것에는 관계없이 우리를 하나의 '인간가족' 속으로 휘몰아 넣는다(Marshall McLuhan, 1964/1997, 283쪽). 이런 사진을 보면서 인간의 미래를 동경하고, 꿈을 꾸게 된다. 욕구를 갖고, 갈구하는 권력에의 의지가 작동한다.

같은 권력에의 의지의 맥락이다. 맥루한은 "인쇄가 주는 심리적, 사회적 영향에는 분열적이고 획일적인 성격이 차차 확대되어 여러 가지 영역의 동질화를 점차 촉진하고, 결국은 내셔널리즘과 결합되는 권력, 에너지, 침략성을 증대시키는 것도 포함된다. 인쇄에 의한 개인의 시각적 확장과 증폭은 심리적으로 많은 영향을 미치고 있다."라고 했다(Marshall McLuhan, 1994/1997, 253쪽).

텔레비전은 시청자를 몰고 다니면서 '함께 한다(with)'라고 했다. 프로그램에 교감함으로써 '대화'를 한다고 할 수 있다. 맥루한에 따르면 "시청자는 텔레비전 영상이미지에서 잘 보이지 않는 상세한 부분을 머릿속으로 그려 채워 넣는 과정을 자연스럽게 거치게 된다. 이것은 자세한 서열이 없어서 독자가 상상으로 채워 넣어야 하는 과정이 필요한 탐정추리 소설을 읽는 것과 같다."라고 했다(Marshall McLuhan, 2003/2007, 47쪽).

실상을 들여다 보면 대화는 고사하고 함께 할 수 없게 한다. 가상의 문화를 만들어가는 것이다. 쿤은 패러다임 변동은 기술의 변동으로 문화가 변동하는 것을 말했다. 한편 맥루한에 따르면 "텔레비전 시대에 독서는 너무도 피상적이고 소비적인 행동이기 때문에 일반 미국인은 책을 읽을 수 없다는 역설적인 사태가 발생한다. 따라서 고급 보급판 서적은 그것이 깊은 참여도를 요구하기 때문에 보통의 '이야기'를 받아들이지 않는 젊은 사람들에게도 어필하기에 난점이 따른다."라고 했다(Marshall McLuhan, 1964/1998, 244쪽).

텔레비전은 "모든 삶의 영역을 송두리째 빼앗아간다. 물론 텔레비전 영상의 양식은 비언어적인 게슈탈트(gestalt), 혹은 형태를 나타내는 점을 제외하고는 영화, 혹은 사진과 공통점이 전혀 없다. 텔레비전의 경우 시청자는 스크린이 된다. 시청자는 제임스 조이스가 말한 것처럼 '영혼의 피부에 무의식적 암시'를 스며들게 하는 '빛의 여단 공격'이라고도 할 수 있는, 빛의 충격을 받는다."라고 했다(Marshall McLuhan, 1964/1997, 449쪽).

따지고 들어가면 그것도 주사선에 의해서 영상을 그린 것이다. 그 속에서 나오는 전자파에 의해서 조형예술을 시도한 것이다. 이렇게 형성된 영상을 보게 된다. 텔레비전 영상은 1초 동안에 약 300만 개의 점으로 보낸다.

개인의 모든 삶의 양식을 텔레비전을 따라 하게 한다. 털 모양의 패턴으로 확장된 텔레비전 형상의 의복, 헤어스타일, 걸음걸이, 동작에까지 관련된 이미지의 홍수를 불러일으키고 있는 것이다(Marshall McLuhan, 1994/1997, 471쪽).

맥루한에 따르면 "현재 이러한 우리의 중추신경조직의 폭넓은 확장이 서구의 서구인을 매일의 미적 공간 속에 싸 넣고 있는 것이다. 시각을 감각 중의 왕좌에 앉히고, 감각을 엄격히 분리하여 전문화하는 서구인의 오랜 생활방식을 추상적인 '개인'이라는 위대한 시각적 구조를 씻어버리는 라디오와 텔레비전의 물결에는 대항할 수 없다."라고 했다(Marshall McLuhan, 1964/1997, 453쪽).

인터넷 시대는 신문, 전신, 라디오, 만화, 텔레비전 등을 한꺼번에 볼 수 있게 되었다. '지구촌'의 감각들이 한꺼번에 복합적으로 다가온다. 2진법의 세계로 진입하게 된다. 이는 수학의 세계이고, 인공지능(AI)의 세계이다. 맥루한은 "보들레르(Charles Baudelaire, 1821~1867)는 수를 이미, 흐트러진 단위를 서로 관련짓는 촉수 혹은 신경조직이라고 파악할 정도의 직관력을 갖추고 있었다. 그는 이렇게 말하였다. '수는 한 사람 한 사람 속에 있다. 수는 도취다' 그러므로 '사람이 군중 속에 있으면 기쁨을 느낀다는 것은 인간이 수의 증대를 좋아하는 신비적인 표현이다'라고도 할 수 있는 것이다."라고 했다(Marshall McLuhan, ibid., 163쪽).

240

인터넷의 숫자는 복잡해지고, 그에 따른 무한대의 정보를 뉴스로 만든다. 쌍방향의 인터넷 시대는 숫자의 역학관계가 양자의 움직임과 유사하다. 서로 영향을 주고받지만, 어떻게, 얼마만큼이라는 것은 의문으로 남는다.

이런 복합적 사회에의 뉴스가 많다는 것은 뉴스가 없는 것과 동일하다. 그 문화에서 개인은 군중 속으로 취급을 받게 되고, 그 속에서 삶을 영위하게 된다. 미디어 내용은 수로 모형을 만들고 사실을 기록한다. 사실이 환상으로 변화하게 된다. 한편 맥루한은 책과 여타 인쇄가 발명된 이후 진행된 인간 신체기관의 점진적인 기계화는 매우 강압적이고 자극적인 경험으로 변해온 과정을 이야기했다. 책의 문화, 라디오 문화, TV 문화에 대한 그의 '절단된 감각'을 기술 결정론적 관점에서 논의한다. 뿐만 아니라, 각 시대의 미디어는 시간과 공간을 제어(control)하기에 이른다. 가상공간은 가상적으로 제약을 벗어났다(Paul Levinson, 1999, p.8). 결국 디지털 시대는 그 제어 기술의 발달로 통제 혁명이 가능하게 되었다.

제어(통제)는 1970년대 초 이래 확산되어 온 마이크로프로세서(microprocessor)가 가장 주목할 만하다(David Crowley and Paul Heyer, 2007/2012, 668쪽). 이런 기술들은 원인이라기보다 결과라고 봐야 한다. 1세기 이상 진행되어 왔던 '통제혁명(control revolution)'이 일어난 것이다. 물론 여기서 혁명은 천문학에서 지구의 자전(自轉)에서 공전(公轉)으로 바뀐 것이다. 또한 지질학에서는 대륙의 이동이나 산악의 조성 등을 가르치는 변혁을 말한다(David Crowley and Paul Heyer, 2007/2012, 668쪽).

통제 혁명이 우리 앞에 전개된 것이다. 더욱이 정부와 시장경제의 컨트롤은 대인간 상관관계와 면대면 상호작용에 달려 있었다. 그런데 이제 새로운 미디어를 통한 시스템 전반에 걸친 커뮤니케이션의 수단에 의해 재구성되게 되었다(David Crowley and Paul Heyer, 2007/2012, 669쪽).

그 원형을 톰 울프(Tom Wolfe)는 "21세기의 사이버스페이스 낙원은 인터넷이 생기기 오래전인 1980년 사람인 캐나다 영문학자에 맥루한에 의해 시

작되었다."라고 했다(Marshall McLuhan, 2003/2008, vii쪽). 그는 『기계신부』,
『구텐베르크 은하계』, 『미디어의 이해』 등 3대 저서가 있는데, 1964년 『미
디어의 이해(Understanding Media)』를 출간하면서, 캐나다 밖에 알려졌다.

물론 기술 결정론적 사고는 1934년 나온 멈포드(Lewis Mumford)의 『기술
과 문명(Technics and Civilization)』, 1967년 엘룰(Jacques Ellul)의 『기술 사회
(the Technological Society)』에서 그 사고가 일찍 피력되었다.

맥루한은 취타대가 군사적인 체제와 장비를 갖춰 거위걸음을 하고, 여학
생들이 부츠를 신은 선정적인 복장을 한 것에 대해 성(sex)과 기술(technol-
ogy)이 결혼(wedding)하는 것에 비유해서 '기계신부(the Mechanical Bride)'라는
용어를 사용해 광고의 주제를 설명하곤 했다(Marshall McLuhan, 2003/2008,
x쪽).

그는 40세가 되던 해인 1951년 처음으로 『기계신부-산업역군들의 신화
(The Mechanical Bride: The Folklore of Industrial Man)』를 출간했다. '기계신부'
는 대중이 광고업계의 조작(속임수)에 넘어가지 않도록 반상업적 의도가 담
겨 있다. 모든 감각을 선전에 빼앗김으로써 인간은 로봇처럼 변하게 된 것
이다. 맥루한은 이를 경계한 것이다.

맥루한은 이 책으로 인해 토론토대학교의 동료인 헤럴드 이니스(Harold
Innis)를 만나게 되었다. 그 후 미디어에 관심을 가지게 됨에 따라 이니스의
두 가지 책 『제국과 커뮤니케이션(Empire and Communication)』, 『커뮤니케이
션의 편향(the Bias of Communication)』에 관심을 가졌다. 그는 1981년 죽을
때까지 미디어 연구에 몰두하게 된다.

맥루한은 영감을 얻어 감각세계를 통해 미디어와 사회를 재구성하기 시
작했다. 그는 당시 TV가 공적, 사적 생활을 지배한다고 봤다(Paul Levinson,
1999, p.3). 그 실례가 1960년 닉슨(Nixon)의 '핫한(hot, 단일감각을 사용하는)' 것
보다 JFK의 '쿨한(cool, 복합감각을 사용하는)' 것이 TV 미디어에서 더욱 적절하
다고 했다(Paul Levinson, ibid., p.3).

맥루한은 자녀들이 학교에서 돌아와 공부, 텔레비전 보기, 전화 통화, 라디오와 녹음기 듣기를 거의 동시에 하고 있는 것을 흥미롭게 관찰했다. 그 무렵 맥루한은 모든 감각에 관해 관심을 갖기 시작했다. 그는 감각을 설명하기보다 '탐험(explanation)' 설명을 했다(Paul Levinson, 1999, p.4). 문학을 전공한 연구자답게 은유법으로 다른 매체를 달리 설명하기에 이른다.

맥루한은 아방가르드의 분할 기법, 또는 양자 물리학이 함축하는 단속성의 연결된 힘처럼, 다양한 논의 자료들을 모자이크처럼 모아 하나의 전체 모습이 되도록 구성하고 있다(Marshall McLuhan, 1951/2015, vii쪽). 각 조각들은 은유법으로 엮는다. 그는 논리적, 선형적 연속성을 깨뜨려야, 감각의 현실을 바로 볼 수 있다고 생각한 것이다. 맥루한은 지성의 영역을 직감의 영역으로 가져오고, 체계의 형태를 유기체의 형태로 갖고 오고, 기술의 영역을 과학의 영역으로 옮기자 했고, 탈진실의 사회를 진실의 사회로 가져오게 했다. 강탈당한 시간과 공간을 개인에게 돌려주게 했다.

맥루한은 '확장'이라는 개념을 사용하여 언어(language)를 탐험했다. 사고는 한 단어를 선택함으로써 다른 가능태를 경직화시키고 폐쇄한다. 사고의 잠재성을 차단하게 된다. 다른 한편으로 언어를 선택함으로써 혼돈의 완성을 갖고 오는 것이다. 우리의 감각도 5개의 균형을 취하지만 하나의 감각만을 독점하게 되면, 그 감각은 완성을 가져오지만, 다른 감각은 상대적으로 기능이 약화된다. 그에 따르면 "언어와 말(speech)은 감각의 외화이거나 음성화로, 이는 '인간이 경험과 지식을 용이하게 운반하고 우리가 최대한 사용할 수 있는 형식으로 축적하는 것을 가능케 하는 도구이다."라고 했다(Leslie A. White, 1926; Marshall McLuhan, 1962/2001, 20쪽).

한 예를 들면 '확장'이라는 개념을 사용하면 화폐는 기술과 노동을 저장하고, 한 기술을 다른 기술로 번역한다는 의미를 지닌다. 그러나 변화한 '확장'은 그 전의 혁신과 내용으로는 설명할 수 없게 된다. 맥루한은 "교환과 번역의 원리 혹은 은유의 원리가 우리의 모든 감각을 다른 감각으로 번역하는 이성적 능력이다."라고 했다(Marshall McLuhan, 1962/2001, 21쪽).

그는 말(speech)에서 인쇄, 즉 시각문화로 변화하는 '탐험'을 한 것을 설명했다. 그는 "『구텐베르크 은하계』가 인쇄라는 '방해(disturbance)'로 발생시킨 이후 새롭게 완료된 문화에 관한 일련의 역사적 관찰 가운데 하나다."라고 했다(Marshall McLuhan, 1962/2001, 20쪽).

이 전의 매체는 다음 매체에게 변화를 강요하고, 그 새로운 감각을 사용하도록 바란다. 그 표현은 은유법으로만 설명이 가능하게 된다. 다른 감각은 다른 세계를 요구하는 것이다. 설령 그럴지라도 맥루한은 '감각의 거대한 확장'이 오히려 폐쇄적 사회로 만들 것을 예견했다(Marshall McLuhan, 1962/2001, 21쪽).

현대 TV 문화는 많은 감각을 동시에 사용하도록 강요하고 있다. 대량생산과 대량소비가 오히려 감각을 마비시킨다. 마비된 감각은 광고와 정치한 오락을 선호하게 된다. 맥루한은 「찰리 매카시(Charlie McCarthy)」에서 "'이제 당신을 쓸어버리겠어!(I'll Mow you Down!)' 신랄하고 경쾌한 불손, 멋스러운 우아함, 명랑한 거짓말, 별적인 허풍…환각의 거품 위에 올라탄 찰리는 이와 같은 것을 조합해 10년이 넘도록 하나의 상징이 되었다. 버건(Bergen)—찰리를 이어 주는 축에는 훌륭하고도 많은 이슈들이 깔려 있다. 이 둘은 '기술적 인간(technological man)'에 대한 대중적인 신화의 인물과 기능을 대변한다."라고 했다(Marshall McLuhan, 1951/2015, 18쪽).

더불어 대중매체들로부터 쏟아져 나오는 광고와 연예오락물은 대중을 흥분하게 하고, 의식의 마비와 무기력 상태에 놓이게 한다. 이들은 "본질적으로 그 의도가 '빛'이 아니라 '열'을 만들어 내는 데 있기 때문이다."라는 것이다(Marshall McLuhan, 1951/2015, viii쪽).

광고와 연예오락물은 '현실'이 아닌 '환상'을 통해, '설득'이 아니라 '마취'를 통해 우리의 욕망을 일깨우고, 우리의 행동을 조정한다(Marshall Mc-Luhan, 1951/2015, viii쪽).

244

맥루한은 버건을 통해 "거대한 기획과 집행을 하는 기관으로부터 생각 없고 무감각하기만 하다. 생각 없는 것처럼 보이는 로봇 … 찰리는 날카롭고 예민하며 의식이 있다. 이 쇼에 영향력과 호소력이 지속되는 것은 이처럼 공표하지 않는 인식의 교호 작용 때문이다."라고 했다(Marshall McLuhan, 1951/2015, viii쪽). 대중사회의 무감각한 현대인은 마비된 감각으로 살아간다.

맥루한에 따르면 '감각적 균형(sensory balance)'의 등장은 모든 분야에서 '총체적 변화(Total Change)'를 일으키고 있다고 설명했다(Marshall McLuhan, 2003/2008, xiii쪽).[4] 그는 '총체적 변화'라는 용어를 말할 때 항상 대문자를 사용해서 강조의 뜻을 담았다.

그만큼 새로운 매체는 감각 변화에 대한 설명을 필요로 한다. 더욱이 맥루한은 바퀴가 인간 다리의 확장이고, 도끼는 인간 팔의 확장이듯이, 전자 미디어(텔레비전 등)는 인간 신경체계의 확장이라고 봤을 뿐 아니라, 종교 체제로까지 확대시켰다.

맥루한은 "교육받은 전문가들이 집단적인 대중의 마음속으로 파고들기 위해 전천후 사업을 벌이는 시대로서, 대중은 흥분으로 야기되는 의식의 마비와 무기력 상태에 놓일 수밖에 없다."라고 했다(Marshall McLuhan, 1951/2015, viii쪽). 그것도 시·공을 초월한 경험의 세계를 확장시킨다.

그 체제가 바로 '지구촌'의 구상이다. 맥루한에 영향을 받은 프랑스 예수회 사제인 테야르 드 샤르댕(Teihard de Chardin)은 신학교에서 인류학을 가르쳤다. 맥루한의 이론에 가톨릭 세계관을 투영시킨 것이다. 그의 논리에 따르면 20세기 '신'은 인간을 '누스페어(noosphere, 집단지성의 세계)'로 이끌고 있었다. 즉, 누스페어에서는 모든 인간의 신경 시스템과 영혼이 기술에 의

---

4 맥루한의 Understanding Me: Lectures and Interviews는 David Staines& Stephanie McLuhan이 공동으로 편집한 책이다. 이 책은 1959년에서 1979년 사이에 마샬 맥루한이 강연과 인터뷰를 한 내용이 수록되어 있다.

해 하나로 통합되며, 이후에 디지털 테크놀로지가 지배하는 사이버 공간을 통하는 것으로 발전해 왔다(Marshall McLuhan, 2003/2008, xiv쪽). 이 무렵 테야르는 라디오, 텔레비전, 컴퓨터를 구체적으로 언급했고, 오늘날 첨단 전자기기 이론의 중심이 되고 있는 사이버네틱스(cybernetics) 사회를 설명한 것이다.

기술은 일률적으로 조직화되고 파괴되지 않는 신경망을 통해 인간을 위한 신경 시스템, 즉 사고하는 기계를 만들어내고 있다고 주장했다. '지구촌'이 가톨릭교회로, 혹은 인터넷으로 가능하게 된 것이다. 이어 테야르가 말한 파괴되지 않는 신경망, 누스페어는 바로 맥루한이 말한 '막힘없는 연결망(seamless web of experience)'으로 바꿔 말할 수 있고, '하나의 문명'은 '지구촌'과 같은 개념이 된다(Marshall McLuhan, 상게서, xv쪽).

테야르는 몸의 확장이라는 개념으로, 우리가 흔히 몸 밖에서 이뤄진다고 믿고 있는 기술 발전이 사실은 우리 내부 신경 시스템이 자연스럽게 진화한 결과라는 관점에서 풀이했다(Marshall McLuhan, 2003/2008, xv쪽). 내부 신경 시스템이 화석화된 상태로 온 세상을 떨치고 다니는 것이다. 인터넷 시대에 개인의 사고는 유튜브, 페이스북, 댓글을 통해 전 세계 사람을 공유하게 한다. 하나의 언어는 자동번역기로 번역이 된다. 그들의 동영상과 뉴스는 짧고 강렬한 것을 택한다.

기술의 발전을 통해 사람들은 스스로에게 감탄하거나, 경제적인 번영을 이루거나, 생각을 전파하는 방법을 알고 있다. 니체의 '권력에의 의지'가 작동한 것이다. 그는 "권력에의 의지는 명령을 내리려는 의지인데, 명령을 내리기 위해 끊임없이 자신을 초극해 나가는 '권력에의 권력(Macht zur Macht)'으로서 존재자의 본질을 구성하는 것(Wesensverfassung des Seienden)"이라고 했다(M. Heidegger, 1986, p.297; 김형효, 2001, 194쪽).

기술은 끊임없는 권력의 의지인 것이다. 이런 맥락에서 하이데거는 techne는 행위를 위한 것, 장인이 갖는 스킬뿐만 아니라, 마음의 예술, 미술로 명명했다(Martin Heidegger, 1977, p.13). techne는 생산하는 것, 어떤 것을 산출(poietic)하는 것이라고 했다.

하이데거는 "'드러내는 것'을 시도하는 것으로서 질서주기, 보존하기 등 우리가 현대기술을 지적하기 위해 노력할 때마다 언급하는 것의 기초가 된다."라고 했다(Martin Heidegger, 1977, p.17). 하이데거는 기술을 '권력에의 의지'로 '프레임을 하는(enframing)' 행위로 본 것이다.

한편 테야르는 더 높은 수준에서 생물학적 진보를 지속하고 있는 행위 이상도 이하도 아니라고 했다. 테야르는 '지구촌'을 형성하고 유지하는 것도 인간 정신의 확장으로 본 것이다. 물론 신의 계시와 기술을 연계시키는 노력은 맥루한이 처음 아이디어를 낸 것은 아니다. 맥루한은 "루이스 멈포드는 매끄럽게 작업하는 섬유공장의 기계적 병행만을 생각할 수 있었다. 이 체계적인 과정의 목적은 이제 하느님보다 제품 생산과 재정이 되어 버렸다. 그리고 복음전도의 열정은 이제 설교보다 판매와 유통 부서에 집중되어 있다. 그러나 수도승의 과학적 구조와 도덕적 양상은 여전히 온존해 있다. 그래서 현대 테크놀로지와 기업의 종교적 강렬함을 이해하거나 수정하려는 사람은 누구나 이 선조들을 가까이 들여다봐야만 한다."라고 했다(Marshall McLuhan, 1951/2015, 40쪽).

이런 기술의 과정은 인터넷과 완전히 결합하지는 못했다. 맥루한은 1981년 사망하였는데, 인터넷이 지금처럼 확산된 시기는 아니었다. 그러나 그의 '지구촌' 아이디어는 인터넷을 가정하고 있다. 맥루한은 '지구촌'을 통해 인터넷 초고속 정보망을 연상할 수 있게 했다. 더욱이 여전히 그의 분석은 인간 유기체에 머물고 있다.

뒤르껭은 '유기적 연대'라는 말을 사용하고 있다(Marshall McLuhan, 1951/2015, 40쪽). 뒤르껭은 '기계적 연대(mechanical solidarity)'와 '유기적 연대(organic solidarity)'를 사용하고 있다. 전자는 개인의 동기가 전혀 없는 사회이고, 후자의 경우는 유럽에서 행해지는 사회주의 아이디어로, 산업의 탈규제화의 상태이다(Emile Durkheim, 1972, p.13).

한편 유기적 연대의 사회는 사회적 상황의 특수한 조합이 이뤄진다. 그 사회는 도덕적 아이디어(moral ideas)와 도덕적 개인(moral individualism)의 원리가 작동하는 곳이다(Emile Durkheim, ibid., p.12). 과거의 종교와 도덕이 계속됨으로써 사회의 기능이 작동하도록 돕는다.

맥루한은 인간유기체가 기술을 바탕으로 풍요를 누리는 사회를 꿈꾸고 있었다. 그는 "좀 더 공통적인 그리고 희망적인 것을 루이스 멈포드와 다른 이들이 하듯이 사회생물학(social biology)의 개념을 강조함으로써 테크놀로지의 사회적, 개인적 효과를 수정하려는 노력이다…무엇보다도 그리스어의 '유기적(organic)'이라는 것은 그들에게 '기계(machine)'를 의미한다."라고 했다(Marshall McLuhan, 1951/2015, 40쪽).

분명 맥루한은 기계적 속성을 강조한 것이 아니라, 유기체의 조화의 특성을 강조한 것이다. 그는 "조화(harmony)는 어느 한 사회적, 경제적 체제에 일률적인 강제 없이 단속적이고도 끝없는 다양성을 허용하는 것이다. 이것은 상징주의 예술에서뿐만 아니라 양자역학이나 상대성 원리의 물리학에도 내재되어 있는 개념이다. 뉴턴 물리학과는 달리 이것을 일방적이거나 일원론적이거나 독재적이지 않고 조화를 즐길 수 있다."라고 했다(Marshall Mc-Luhan, 1951/2015, 41쪽).

분명 맥루한은 유기체의 특성에서 어떤 해결책을 찾으려고 했다. 가톨릭의 통합적 사고에서 영감을 얻으려고 했다. 그는 그 연결 고리를 인간의 감각기관에서부터 찾기 시작하게 된 것이다. 원초적 초기 감각으로부터 계속적으로 진화하는 '권력에의 의지'가 작동하는 것을 맥루한은 직시한 것이다.

과학화가 맥루한의 프로젝트에 도움을 주지 못할 것이다. 과학은 기획자의 도구가 되거나 기술의 도구에 불과하다. 그는 「시장조사(Market Research)」에서 "광고 속의 오디미터(Audimeter, 청취율 측정기)는 '과학적으로 선정된 기구의 라디오 수신기에 설치되어 있다. 밤낮으로 매번 다이얼을 돌릴 때마다 청취율이 기록됨으로써 다른 어떤 수단으로는 가능하지 않는 소중한 라디오 청취 데이터를 획득한다.' 이 측정기는 물론 과학적으로 선정된 라디오 소유자의 전기 콘센트와 함께 설치된다."라고 했다(Marshall McLuhan, ibid., 58쪽).

그럴지라도 인공지능(AI)으로 회자되는 것도 결국은 원인을 찾아 규명하기 위한 노력이다. 그런 논리라면 우선 단일감각을 갖는 인쇄매체를 언급하게 되고, 그 기술은 인터넷 기술까지 연결이 가능한 탐험을 시도할 수 있게 된다.

개인이 사용하는 인터넷망(usenet)은 매체에 알맞게 몇 문단으로 시작한다. 맥루한은 『기계신부』에서 뉴스 형식으로 감각적 내용, 낚시 타이틀로 관심을 끌게 한다. 그 시대 원형을 찾아 매체의 역사를 언급한 것이다.

섬유공장의 기계든, 수레바퀴든, 알파벳이든 혹은 라디오이든 특별한 기술적인 도구에 대해 우리가 지불하는 대가는, 이들 '감각의 거대한 확장'이 폐쇄적 체계를 만든다는 사실이다(Marshall McLuhan, 1962/2001, 21쪽). 설령 그렇다고 하더라도 사적인 한 개인으로서 감각은 폐쇄적이지 않으며, 그들은 우리가 공유의식(common consciousness)이라고 부르는 경험 속으로 이 감각 내용을 저 감각 내용으로 끝없이 서로 번역한다. 개인으로 봐서는 확장이 폐쇄적일 수 있지만, 그 확장의 결과는 다른 사람과 공유할 수 있게 된다.

인쇄매체가 공통감관을 만들어 내듯, 전자 매체도 같은 대중을 창출한다. 귀의 확장으로 원시 촌락 문화를 공유하게 된다. 즉, 라디오는 "스피치, 노래, 춤의 율동, 북(drum) 등 소란한 원시문화를 현대로 갖고 온다. 전자 시대의 개막에 즈음하여 전 인류라는 가족을 하나의 단일한 지구적 부족으로 몰아넣는다. 방송 매체는 지구촌을 형성시킨다."

맥루한은 "오늘날 전자미디어에 의해 동시에 미디어를 접하는 대중이 생겨남에 따라 인간의 때 묻지 않은 무지를 생산적인 재원으로 활용하도록 체계화하는 방법이 있다. '대중(mass)'의 의미는 많은 사람들의 활동에 있어서

'동시성(simultaneous)'을 의미한다. 대중은 같은 장소나 시간에 동시에 존재하는 사람들이다. 대중을 정의하는 데 있어서 특정한 숫자가 아니라 동시성을 만들 수 있는 속도가 문제가 된다. 여섯 명이든 600만 명이든 그들이 동시에 듣고 보고 움직인다면 그들은 대중이다."라고 했다(Marshall McLuhan, 2003/2008, 415쪽).

맥루한은 "지미 카터가 갖고 있는 카리스마는 매우 단순한 것으로 정의할 수 있습니다. 놀랍게도 카터는 다른 많은 사람들과 닮아 보입니다. 그를 보고 있노라면, 지금까지 죽 우리 곁에 있어 왔고 지금도 있는 보통의 미국 남자의 모습이 보입니다. 평범한 대중과 같은 얼굴을 갖고 있는 것입니다. 그는 평범한 모습을 카리스마로 봤습니다. 카리스마는 많은 사람들과 비슷해 보이는 데서 나오는 것입니다. 어떤 사람이 자기 혼자만의 모습을 갖고 있으면, 카리스마는 없는 것입니다. 지미 카터는 누구나 받아들일 수 있는 보통사람의 모습을 가졌기 때문에 이른바 내재된 카리스마를 보여주고 있습니다."라고 했다(Marschall McLuhan, 2003/2008, 343쪽).

익숙한 쉬운 코딩을 강요하는 언론인에 의해 대중문화와 그 수준은 단순 반복을 강요하게 된다. 채플린의 기계인간의 모습이 현대인의 삶의 모습이 된다. 이를 반복하는 숫자에 따라 '권력에의 의지'가 실현된다. 물론 소리가 대중을 창출한다. 맥루한은 "나는 여기서 말하는 막연한 공간(undefined space)을 전자시대에의 공간인 공명하는 청각적 공간이라고 부르려 한다."라고 했다(Marshall McLuhan, 2003/2008, 414쪽).

TV에서도 대중을 창출한다. 맥루한은 "(대중은) 응집성에 더하여 공동의 억양을 사용하고 같은 리듬을 가진 언어습성이 중요한 요소입니다. 공동체 의식과 응집력을 끌어내는 데 있어서 강력한 요소입니다. 개인 지향적인 언어는 그렇지 않습니다. 포드는 그런 언어습성을 보이고 있습니다."라고 했다(Marshall McLuhan, 2003/2008, 368쪽).

더욱이 맥루한에 의하면 "TV는 종교의식에서처럼 리듬과 패턴이 있는 내용을 다루는 미디어입니다(Marshall McLuhan, 2003/2008, 353쪽). 텔레비전에 나오는 광고 대부분이 지나치게 격정적이며 전문화되고 파편화되어 있는 것도 그런 이유에서입니다. 노래, 드럼소리, 율동 등 폭력적 변화를 시도합니다. 그렇다면 광고는 그 모습 그대로 텔레비전에 딱 맞는 종교의식적인 요소가 있는 것은 아니지만, 광고업자들은 이 점을 잘 알고 있으며 그런 방향으로 수정, 보완하기 위해 많은 노력을 하고 있습니다.

물론 맥루한에 따르면 전자시대의 특징인 즉시성과 동시성이 지배하는 세상에서는 순서가 정해진 법칙이나 논리는 없다(Marshall McLuhan, 2003/2008, 402쪽). 그저 사전 예측이나 예고 없이 발생하는 사건이 전체 사회를 뒤흔든다. 충격이 가해져야 마음을 움직인다. 그에 익숙한 것 또한 현대인의 삶이다. 나는 "언젠가 번개에 맞은 비행기에 타고 있었던 적이 있었다. 그 비행기 안에서 하는 언급은 쇼킹 자체였다. 즉, 갑자기 쿵 소리와 불빛이 보였는데, 스튜어디스는 태연하게 '방금 저희 비행기는 번개에 맞았습니다.' 라고 방송했다."라고 했다(Marshall McLuhan, ibid., 402쪽).

현대인의 일상의 삶은 쇼킹의 연속이다. 누구나 감각적으로 수용할 수 있는 모자이크판이지만, 누구도 만족하지 못하는 대중 사회의 단면이다. 형식은 대중사회의 모습이고, 내용은 다극화로서, 극단주의적 다원주의 실상이 소개된다.

맥루한은 「신문의 제1면(Front Page)」에서 "신문의 제1면은 기술적 그리고 기계적 측면에서 볼 때, 현대과학 그리고 예술의 기법과 연결되고 있다. 불연속성은 다른 방식에서 보자면, 현대물리학의 양자역학과 상대성 물리학 등이 모두의 기초 개념이 된다...이것은 피카소(Picasso)의 악명 높은 시각적 테크닉이며, 제임스 조이스의 문학기법이다."라고 했다(Marshall McLuhan, 1951/2015, 3쪽).

혼돈의 극치이지만, 현대인은 그 삶에 끌려간다. 맥루한은 "'불연속성은 다시 돌아온 혼돈이다. 이것은 비이성주의다. 이것은 종말이다.'와 같은 합창 소리에 동참하는 것은 실수다. 물리학의 양자역학과 상대성 이론은 사라지지 않는다. 이것들은 우주적 얼개 속에 세계에 대한 새로운 사실과 새로운 지성, 새로운 통찰을 제공하고 있다."라고 했다(Marshall McLuhan, 1951/2015, 40쪽).

어딘가 모르게 달려가는 현대인의 삶은 곧 개별적인 정체성이 사라지게 된다. 이 때 대중은 "과거에 대한 '향수(nostalgia)'를 느끼게 된다. 원시인의 노랫가락, 북, 드럼이 꿈 속 같이 현실에 환생한다. 현대인의 생활 속에 있는 옷과 춤, 음악, 쇼 등에 있어 복고풍이 활발하고 또 일상적으로 나타나고 있다. 우리는 과거로 돌아가 복고의 세상에 살고 있으며, 우리가 누구였는지 또는 누구인지를 알아가고 있다."라고 했다(Marshall McLuhan, 2003/2008, 381쪽).

현대인들이 자신이 처한 위치를 보여주는 정체성을 잃게 되면 그것이 폭력으로 이어진다(Marshall McLuhan, 상게서, 401쪽). 정체성을 잃게 되는 상황은 너무 빠른 변화가 일어남에 따라 사람들이 박탈감을 느끼게 되고 사전에 경고도 없이 다른 환경으로 옮겨감에 따라 발생한다. 감각이 마비되고, 그 사회를 지배하는 변동은 일상의 삶이 된다. 그런 상황이 되면 자신이 누구인지도, 어디에 서 있는지도 알지 못하게 된다. 그리고 정체성을 찾기 위한 폭력성을 띠게 되는 것이다.

대부분의 사람들은 맥루한이 사용한 용어 '지구촌(global village)'을 참여를 극대화하는 지구촌이라는 좋은 뜻으로 받아들이고 있지만 맥루한은 지구촌을 잔인한 부족적 세상으로의 회귀로 설명했다. 공중의 복원이 필요한 시점이다. 언론인은 육체적, 언어적 폭력을 만들어 낸다. 가상세계에서 탈진실의 뉴스 프레임을 형성시켰다.

사람들이 점점 가까워지면서 다른 사람들의 존재를 용납하지 못하고 점점 잔인해져 간다(Marshall McLuhan, 2003/2008, 372쪽). 하나의 촌락처럼 가까워지니 지구에서 사람들 간에 매우 힘들고 자극적인 상황이 나타나고 있다. 자신의 조국인 캐나다의 이민정책에 대해서는 '사람들을 분리된 상태 그대로 물리적인 거리인 매우 가깝게 좁혀놓은' 성급한 정책이라고 신랄하게 비판하고 있다(Marshall McLuhan, 2003/2008, 372쪽).

2) 새로운 형태의 뉴스 프레임

그는 적자생존으로 미디어 생태계를 봤다. '권력에의 의지'는 시간과 공간의 '편향(bias)'을 이루면서, 생태계를 조성해간다. 생물학의 법칙이 적용되는 것이다. 그 유기체의 진화 법칙에 따른 취재 방법을 제시한다.

맥루한은 더욱 매체의 변화에 따른 탐험을 한다. 맥루한에 따르면 감각을 분리시키고, 대중매체는 시간과 공간을 단절시킨다. 저널리즘의 공적 기능을 망각할 수 있다. 이때 개인의 정체성을 잃기 일쑤이다. 자기 개념, 자신과의 대화가 필요한 시점이다. 이때 베르그송의 입장은 시간과 공간의 지속에 관심을 가졌다. 즉, 맥루한은 시간, 공간을 통제함에 따라 통제에 문제점을 언급했다면, 베르그송은 '삶의 철학' 관점에서 삶을 지속으로 봤다. 그는 "자연과학적 기계론에 의하면 자연계와 아울러 인간세계도 가장 정밀한 시계와 같이 작용하게 되어 빈틈없는 인과율에 속박되어 '의지의 자유'는 무의미하기 때문이다."라고 했다(강영계, 1982, 21쪽).

맥루한과 베르그송은 같은 생태계의 진화법칙을 이야기했다. 전자는 매체 간의 탐험이 중요하다면, 베르그송에서는 진화 과정의 법칙이 중요하다. 베르그송에게 유기체의 진화 과정에서 인간의 뇌에서 '지속의 시간' 중에서 반복되는 측면이 강조된다. 공간에서 일어나는 생태계도 일정한 부분 상황의 논리에 의해 반복이 된다. 반복과 진화가 함께 하고, 사회의 정학(靜學)과 동학(動學)이 함께 한다. 인과관계 뿐 아니라, 직관에 의한 동적인 힘 또한 고려의 대상이 된다. 여기서 직관은 감각기관의 감성과 지성의 혼합물이다. 물론 지성은 수학적, 과학적 지식의 산물이다(강영계, 1982, 23쪽). 그렇다면 베르그송의 시간의 지속은 과거를 단순히 반복을 가능케 하지만 않고 오히려 과거에 항상 새로운 것을 창조적으로 생산하게 된다. '창조적 진화'가 이뤄진다.

이들 관점에 따른 취재 영역의 결정이 필요하게 된다. 더욱이 시간과 공간이 도외시 된 '지구촌'의 인공지능시대는 커뮤니케이션과 제어에 관심을 둘 것이 아니라, '모형 만들기'에 더욱 집중할 필요가 있게 된다. 즉, 뉴스 제작자는 뉴스 프레임 패러다임의 변화에 관심을 둘 필요가 있다. 시청자의 참여는 많아지고, 알고리즘 기술의 도움을 받지 않을 수 있는 상황에 놓여 있다. 발상의 전환이 창조적 진화를 가져오고 인간의 정체성을 확보하고, 폭력 상태를 피할 수 있다.

지금과 같이 출입처 중심으로 인위적 '모형 만들기', 즉, 뉴스 프레임에는 현실을 왜곡하고, 그 상태에서 커뮤니케이션과 제어에만 관심을 둔다. 사회는 사기 덩어리로 움직이고, 곳곳에서 엉뚱한 프레임이 일어난다. 가짜 뉴스로 선동까지 한다. YTN, KBS, MBC 등 공영언론은 능동적으로 걸러낼 안정장치가 없다. 이런 상황에서 이들은 권력 기구의 나팔수가 되든, 적대적 관계를 유지하든 둘 중에 하나를 택한다.

언론은 여전히 권력기구로서 작동하고, 그에 따른 광고를 얻는다. 언론의 자유를 권력을 쟁취하려는 의도에서 설정한다면 정체성에 언제든 위기가 찾아온다. 공간을 쪼개고, 시간을 모두들에게 동일하게 하면 대중사회를 더욱 부추기게 된다. 대중은 항상 정체성의 위기를 맞게 되고, 폭도로 변할 수 있다.

맥루한은 "원시인의 커뮤니케이션 도구로부터 현대 전자미디어와 컴퓨터 등에 이르기까지 인간이 개발한 모든 기술 발전과 유물들은 인간의 몸과 신경 체계의 기능을 확장하는 것인 동시에 인간 진화의 일부분으로 보았다 (Marshall McLuhan, 2003/2008, 396쪽).

가상현실의 매체의 특성은 전술했듯이 3가지로 분석틀을 가질 수 있다.

즉, 모형 만들기, 소통, 제어 등이다. 아무리 좋은 개인의 필요와 목표가 있어도, 공기로서의 언론은 적절한 도구와 방법이 필요하게 된다. 《뉴욕타임스》의 '도덕적 전쟁'이 요구되는 시점이다. 맥루한의 이해는 소통과 제어에 관심을 가졌다면 필자는 '모형 만들기'에 더욱 관심을 갖는다. 현실적으로 '모형 만들기'는 소통과 제어에 혹사당하고 있다.

모형 만들기에 대한 원리, 원칙을 바로 세울 필요가 있다. 가상공간에서 알고리즘의 분석은 모형 만들기의 과거 습성, 성향을 벗어날 수 있다. 그 분석 방법은 기술에의 의존을 넘어선 과학의 영역을 찾아오고 있다. 일부분 파편화된 감각을 다시 복원시킬 수 있게 한다.

가상 세계에서 내가 직접 보지 않은 사실들은 한 발짝 물러서서, 진실을 바탕으로 객관성을 확보할 필요가 있다. 커뮤니케이션과 제어로부터 자유로운 형태의 완보(緩步)가 필요한 시점이다. '새로운 뉴스 가치(new news values)'가 필요한 시점이다.

민디치는 이 가치를 '공공저널리즘(public or civic journalism)' 원리로 설명했다. 그는 객관성을 확보하기 위해 사건, 정책의 양자의 의견을 균형 있게 다뤄주는 것을 제안하고, 아울러 어떤 정책의 해답을 얻기 위해 시민참여를 독려했다(Daivd T. Z. Mindich, 1998, p.135). 인쇄매체가 갖고 있는 지극히 개인적 사회에서 시민이 참여함으로써 설령 문명된 지구촌이지만, 원시적 부족사회의 청각을 복원시키도록 한다.

운율에 맞는 언어 사용이 요구되는 시점이다. 커뮤니티 안에서 품격과 도덕률을 확보하도록 한다. 정보지 《뉴욕 타임스》는 '인쇄하기에 적절한 뉴스(All the news that's fit to print)'의 가치에 관심을 두었다. 시간과 공간의 단절된 중추신경의 네트워크가 아니라, 성실한 촌락(authentic villages)이 필요한 시점이다. 지구촌이지만, 문명화가 되지 않는 탈 원시적 복원이다. 자연의 아름다움, 시적 세계, 인간의 존엄이 있었던 낭만주의 세계이다. 인간의 원초적 신앙이 강하게 존재했던 에덴동산의 평화적 촌락을 염원할 수 있다.

언론인은 '자기 검증 진실'을 규명하고자 한다. 언론인은 '삶의 철학'에서 자기 정체성을 찾는다. 그들은 현실을 잘 설명할 수 있어야 하고, 문제를 직시해야 하고, 자신의 직관에 반하는 소리에 귀를 기울일 수 있어야 한다.

지금까지 정치신문에서 벗어나 한발 떨어져 정보지로 객관성을 유지하고, 그 바탕에서 서술이나 이야기를 조직화 한다. '성실한 뉴스(authentic news)'로서 새로운 뉴스 가치는 잘 정립된 '문화적 프레임(cultural frames)'을 강화시킨다. 현실은 원론대로 움직이지 않는다. 권력에의 의지가 시도 때도 없이 개입한다.

사회문제가 언론의 나쁜 관행으로 일어난다면 언론 뿐 아니라 사회의 비극이다. 맥루한은 "광고 기관과 할리우드는 대중의 내부에 감춰진 집단적인 꿈에 개입하기 위해 각기 그들에게 맞는 다른 방식으로 항상 대중의 마음속으로 들어가려고 애를 쓴다. 그리고 이런 목적을 추구하는 데 할리우드나 광고 기관 모두 그들 자신 스스로가 무의식적인 행동의 주요 전시물을 제공한다. 현실과 환상이 상호 교환되게 만드는 하나의 꿈은 곧이어 다른 꿈을 연다. 광고기관은 암시를 통해, 의식적인 목적과 통제가 지배하는 낮의 세계와 함께 밤의 세계로부터 온 로맨틱한 이미지들의 홍수 속에 모든 구매 저항을 익사시키기 위해 떠내려 보낸다."라고 했다(Marshall McLuhan, 1951/2015, 114쪽).

'모형 만들기'를 복원 시킬 필요가 있다. 시간과 공간이 함께 하는 현장의 합리성이 부각될 필요가 있다. 그렇다고 가상공간의 커뮤니케이션 형태를 도외시할 수는 없다. 맥루한은 1964년 '인공두뇌학'[5]에 관한 논문을 발표했

---

5 맥루한은 1963년 토론토대학의 기술 발전과 미디어 간의 상호관계를 연구하는 '문화와 기술 센터(Centre for Culture and Technology)'를 설립하고 소장직을 맡았다. 그는 1964년 11월 20일 조지타운대학교(Georgetown University) 창립 175주년 기념행사 중의 하나로 열린 토론회(주제: 인공두뇌학과 사회)에 초청을 받았다. 아메리칸대학교, 조지워싱턴대학 등이 연합회에서 개최한 학술대회는 '사회질서와 개인의 욕구 충족 측면에서의 사이버네틱스'의 의의였다. 당시 맥루한은 '인공두뇌학과 문화(Cybernetics and Human Culture)'에 관심을

다. 그는 '전자시대의 세상' 또는 사이버네이션, 전자화를 혼용해서 사용했다. 그는 'iconic'이라는 말을 사용했는데, 청각과 촉각을 중심으로 논리를 폈다(Marshall McLuhan, 2003/2008, 61쪽). 물론 촉각은 모든 감각을 통합하는 기능하고 있다. 그는 신석기 시대의 사냥, 채집생활과 기계시대에 파편화된 것을 서로 연결시키고 합치는 것으로 개념 정립을 삼았다.

맥루한은 그 발전의 경향을 언급했다. 그는 『미디어의 법칙(laws of Media)』을 소개했다. 마셜 맥클루언의 말년에 애착을 보였던 이 책은 그가 사망한 후 아들인 에릭(Eric McLuhan)에 의해 1988년에 출간된 것이다. 이는 기술 발전에 의한 인간의 모든 발명품과 인공물이 인간과 사회에 어떤 작용을 하며 어떤 영향을 끼치는가에 대한 관찰 결과를 모은 것이라고 말한다(Marshall McLuhan, 2003/2008, 396쪽).

이 책에서 새로운 환경에 대응하여 인간 '생존(survival)'의 문제를 제시한다. 그 법칙을 '네가지 질문(four questions)'으로 던지면서 새로운 기술이든 기존의 기술이든 상관없이 어떤 기술이 갖고 있는 영향력과 효과를 알아볼 수 있다고 했다(Marshall McLuhan, 2003/2008, 409쪽). 미디어 생태계를 진화론적으로 풀이하는 것이다. 이것은 기술의 '편향'에 따라 기술이 발전된 궤적을 살펴본 것이다. 그 과정을 보는 관점은 ①그 기술로 인해 증폭되거나, 진보하거나, 확장되는 것이 무엇인가?, ②그 기술로 인해 폐기되는 것은 무엇인가? ③그 기술이 먼 과거로부터 부활시키는 것이 무엇인가?, ④한계에 이르렀을 때 갑작스럽게 변화해 나타나는 것은 무엇인가? 등에 관한 것이다.

맥루한은 이 네 가지 과정이 어떤 패턴을 그리면서 발전하는가를 예로 들어 설명하고 있다. 그 과정을 자세히 설명하면 "내 앞에 다른 것들과 좀 떨

가졌으며, 그는 여기서 자동제어 개념이 나타난 전자시대의 세계관과 기존의 시각 중심적, 기계 중심적 세계관을 대비시켜 뚜렷한 차이점을 보여주었다(Marshall McLuhan, 2003/2008, 58쪽)."

어져 있는 카메라가 있다. 빠른 속도로 이뤄지는 스냅사진 촬영기술은 사람들의 내면의 세계를 공격하게 되며, 프라이버시의 세계를 없애버린다. 그리고 과거의 사실을 불러내 현재로 만들고 맹수 사냥꾼을 다시 불러낸다. 맹수 사냥꾼을 텔레비전 화면을 통해서 가정의 안방에 되살려 놓은 것은 곧 사람들을 똑같은 방식으로 부활시켜놓는 것과 같다. 카메라 촬영을 통한 보도기업은 맹수 사냥과 동일한 형태를 갖고 있다. 순간적으로 어떤 인물이나 사건이 공적인 영역으로 이동한다."라고 했다(Marshall McLuhan, 2003/2008, 409~10쪽). 시간과 공간을 마음대로 조정 한다. '권력에의 의지'에 따라 사건을 만들고, 그에 따른 기술을 발전시킨다.

가상세계로 인간을 가져간다. '지구촌'이 이렇게 형성된다. 어느 오락에서나 볼 수 있는 영상 기술이 등장한다. 맥루한은 "철도나 자동차, 전신, 전화 등의 등장으로 나타난 새로운 환경은 그것을 이용하는 사람들의 본성과 이미지를 본질적으로 바꿔 놓는다. 이 변화는 자신의 모습이 무엇인지를 나타내는 정체성이 시간적 여유도 주지 않고 급격하게 바뀌는 것을 의미하는데, 재래 무기를 사용하는 전쟁으로 인한 충격보도도 훨씬 더 절망적이고 파괴적인 충격을 인간에게 미친다."라고 했다(Marshall McLuhan, 2003/2008, 408쪽).

맥루한에 의하면 "우리가 기계시대에서 전자시대로 이동한 것은 기계시대를 대표하는 바퀴의 세상에서 전자시대를 대표하는 회로(circuit)의 세상으로 바뀐 것을 의미한다."라고 했다(Marshall McLuhan, ibid, 62쪽). 각 분야의 전문화 시대를 거쳐 앞으로 서로 연결하여, 상호작용을 하게 되는 총괄적 세상이 올 것을 예측한 것이다.

맥루한은 기술을 몸의 확장으로 봤다. 기술에 따라, 감각 기관은 계속 확장되는 것이다. 정신과 육체가 함께 상호작용하는 것이 필요한 시점이다. 그는 1965년 「전자시대의 인류의 미래」에 대해서 논하면서 "기술이 환경을 창조하게 된다. 모든 기술은 나오는 즉시 인간관계의 유형을 바꾸어 놓으며 못 알아차리겠지만 변화된 감각 비율과 감각 유형에 있어서 아마도 가장 강하게 느껴지는 새로운 환경을 강조한다."라고 했다(Marshall McLuhan, 2003/ 2008, 75쪽).

물론 기술에 따라 언론의 글쓰기 유형도 달라지게 마련이다. 인공지능의 글쓰기, 즉 알고리즘을 적극 사용하면서 '모형 만들기'에 더욱 박차를 가할 필요가 있게 된다. 「로봇 저널리즘의 프레임워크」로 유혁 교수는 "①데이터 수집-분석의 대상이 되는 데이터를 모은다(Data Crawling). ②이벤트 추출-통계적 방법을 통해 데이터 속의 의미 있는 이벤트를 찾아낸다(event Extraction). ③핵심이벤트 선별-각 이벤트에 가중치를 부여해 중요한 이벤트를 도출한다(Key Event Detection). ④분위기 결정-사건의 맥락을 파악하고 기사 서술의 관점을 설정한다(Mood Detection). ⑤뉴스기사 생성-준비된 틀에 세부적 정보를 넣어 완전한 문장을 만든 후 문장들을 순서에 맞게 배치한다(유혁, 2016.11.29, 14쪽).

랜덤 포리스트(Random Forests, Rose Data Science Professional Practice Group)는 알고리즘(algorithm) 회사 중에서 가장 으뜸 회사로 데이터 서비스에서 가장 정확한 것으로 평가받고 있다. 〈랜덤 포리스트 알고리즘(Radom Forests Algorithm)〉에서 마이클 월크(Michael Walker, September 2013)는 많은 정보를 정확하게 분석하고, 이에 대한 교육을 겸한다(http://www.datasciencecentral.com/profile/MichaelWalker). 브라이멘과 쿠트르(Leo Breiman and Adele Cutler)에 의해 개발된 랜덤 포리스트 알고리즘 프로그램은 초보자에게도 데이터를 사용해서 다양한 정보, 많은 정보 그리고 빠르게 분석할 수 있는 '특징'[6]이

---

6 렌덤포리스트의 주요 이점(Random Forests)은 ①정확성(Accuracy), ②용량이 큰 데이터베이스의 효과적 운영, ③변수의 삭제 없이 투입변수의 여러 각도로 운용, ④중요하게 규정하는 변수에 대한 평가, ⑤포리스트가 수행하는 과정에서 일반적으로 오류 발견의 내적 편향의 평가를 도출, ⑥누락된 데이터를 평가하기 위한 효과적 방법을 제공, ⑦많은 부분의 데이터가 누락되었을 때도 정확성을 유지, ⑧계층 인구의 불균형 데이터 집합에서 균형의 오류에 대한 방법을 제공함, ⑨다른 데이터에 관한 미래의 사용을 위해 저장함, ⑩원형이 각 변수와 그 규정 사이에 관계에 대한 정보를 주도록 입력, ⑪클러스터링에서 사용되어 지는 각 케이스들의

있다(http://www.datasciencecentral.com/profiles/blogs/random-forests-algorit hm).

글쓰기 뿐 아니라, 전 삶의 영역에서 인공지능의 기술과 함께 살아간다. 그 실상을 소개하면 "인공지능이 탑재된 로봇이 삶의 다양한 분야로 스며들고 있다. 언제, 어디서나 '가상현실(VR)'과 '증강현실(AR)'의 서비스를 받고, 최적의 정보를 접하는 시대로 접어든 것이다. 인공지능은 빅데이터와 연동되어 제조업 현장, 병원, 게임 산업, 교육, 국방 분야 등에 광범위하게 활용되고 있다."라고 했다(강태진 2016.6.9).

강태진 서울대 교수는 계속 "구글은 '나보다 나를 더 잘 아는' 인공지능 비서인 '구글 보조원', IBM은 헬스케어와 의료진단에 응용하기 위한 자연어 소통의 '왓슨(Watson)'을 선보여 화제를 모았다. '엔리틱(Enlitic)'은 X선이나 MRI 영상을 분석·진단하는 인공지능을 개발했다. 이 기술은 암 진단에서 전문의보다 더 정확한 진단을 내려주고 있다. 서비스 로봇 또한 생산 현장을 바꾸고 있다. 페치로보틱스의 프레이트 로봇은 인간 근로자를 따라다니며 선반에서 물건을 꺼내주고 드는 등 운반 작업을 도와 근로자의 부상을 방지하고 작업효율을 높여준다."라고 했다(강태진 2016.6.9).

인공지능은 수많은 양의 다양한 정보를 능동적으로 분석하고, 빠르게 전달할 수 있다. 과학정신이 더욱 필요한 시점이다. 이 사회는 잘 사용하면 인류에게 큰 발전을 가져올 수 있다. 지금까지 방송에 의한 '지구촌'을 다시 바꿀 수도 있다. 인간이 접하는 시간과 공간을 뛰어넘는 것이다. 이때 사회를 대중사회라고 한다.

맥루한은 " '대중(mass)'의 의미는 많은 사람들의 활동에 있어서 '동시성

집합 사이에 거리를 측정, ⑫레벨이 다른 데이터를 확장시켜, 클러스터를 도울 수 있게 하는 능력, ⑬갖가지 상호관련을 추적할 경험적 방법 제공 등이다(http://www.datasciencecentral.com/profile/MichaelWalker).

(simultaneous)'을 의미한다. 대중은 같은 장소나 시간에 동시에 존재하는 사람들이다. 대중을 정의하는 데 있어서 특정한 숫자가 아니라 동시성을 만들수 있는 속도가 문제가 된다.

'지구촌'이 가능하게 되니, 엄청난 사람을 동시에 만나게 된다. 혼란스러울 만큼 많은 사람을 만나고 살아가지만, 그들은 전부 일회성 만남이다. 익명의 사람들과 함께 더불어 살아가는 것이다.

전자시대의 특징인 "즉시성과 동시성이 지배하는 세상에서는 순서가 정해진 법칙이나 논리는 없다. 그저 사전 예측이나 예고 없이 발생하는 사건이 전체 사회를 뒤흔든다."라고 했다(Marshall McLuhan, 2003/2008, 402쪽). 예측 불가능한 사회가 전개되는 것이다.

대형 사고와 사건은 꼬리를 물고 늘어난다. 그 사고와 사건을 접하는 현대인들은 "개인들이 자신의 처한 위치를 보여주는 정체성을 잃게 되면 그것이 폭력으로 이어진다. 정체성을 잃게 되는 상황은 너무 빠른 변화가 일어남에 따라 사람이 박탈감을 느끼게 되고 사전에 경고도 없이 다른 환경으로 옮겨감에 따라 발생한다."라고 했다(Marshall McLuhan, 2003/2008, 401쪽).

물론 그 미디어 기술의 발전 단계를 보면, 폭력으로 변한 사회의 모습에 대한 해결책도 찾을 수 있다. 수용자의 정체성을 찾아주는 방법인데, 과학적 접근이 그 한 방법일 수 있다. 파이어아벤트는 견고한 법과 질서와는 다른, 더욱 인본주의적이며 과정을 중시함으로써 과학이 기본적 아나키스트 접근이라고 했다(Paul Feyerabend, 1975, p.17). 설령 기술, 즉 '권력에서의 의지'가 있더라도, 과학적 방법으로 해결할 수 있다고 봤다.

그에 따르면 혁명의 역사에서 보듯, 역사가나 좋은 방법론자들이 예상했던 것보다 혁명은 콘텐츠의 다양성, 다각적 언급, 역동적 산물로 본 것이다. 설령 과학의 역사는 사실(facts)을 두고도 아이디어, 사실의 해석, 해석의 갈등에서 창출된 문제, 오류 등이 즐비하게 많다. 콘텍스트가 사실보다 더욱 부각될 필요가 있다. 즉, 과학의 역사는 단순한 사실을 전하는 것이 아니라,

그 사실이 우리의 지식이 어떤 방향으로 흐르게 하는 것이고, 기본적으로 관념화적(ideational) 경향을 지닌 것이다(Paul Feyerabend, 1975, p.19). 이러한 사실의 아이디어는 복잡하고, 난립하고, 오류투성이이며, 그리고 발견자의 즐거움 등이 포함되어 있다.

또한 과학의 역사는 기술 방식에서도 좀 지루하고, 단순하고, 일관적이고, 객관적이고, 엄격하고, 변하지 않는 규칙 등을 포함시킨다(Paul Feyerabend, idid, p.19). 원리·원칙에 따른 현장의 합리성이 그만큼 중요한 요소이다. 그에 따라 새로운 형태의 뉴스 프레임이 형성된다.

파이어아벤트는 과학을 단순한 감각의 분리만이 아닌, 인본주의적, 유기체의 역동성 등의 관점에서 본 것이다. 여기서 '강철 팩트'는 사실 자체 뿐 아니라, 현장의 합리성과 콘텍스트가 충분할 때 의미를 지닌다. 양자가 함께 동행함을 의미한다. 물론 양자는 양자역학의 역동성의 과정 속에서 사실과 콘텍스트가 함께 규명이 된다. 베르그송의 '지속'이 파이어아벤트에게도 여전히 작동한다.

신문경영에도 아나키즘 과정의 작동이 도움을 줬다. 즉, 신문에도 '콘텍스트'와 현장의 합리성이 크게 작동하는 것이다. 예를 들면 대도시 신문은 50개 중 19개가 마이너스성장을 한 반면, 지역신문에서 웹사이트를 잘 운영하고, '강철 팩트'를 열심히 찾고, 현장을 누빈 조그만 지역신문은 오히려 재정 건전성을 유지했다. 광고, 전단지, 웹의 클릭, 부대사업 등이 재정적 도움을 준 것이다. 신문이 망한다고 하는 일반적 예측과는 달리 평균 20% 이상의 성장률을 보였다(Alex S. Jones, 2009, p.175). 그 만큼 이들 신문은 독자들에게 신뢰를 쌓은 곳이다. 파이어아벤트의 정체성 확보 및 '관념화적 경향'을 잘 반영한 것이다.

한편 맥루한은 어떤 해결책을 내놓기보다, 탐험하는데 관심을 뒀다. 그의 분석 내용을 보자. 그는 지배적인 커뮤니케이션 미디어를 기준으로 인류역사를 4개로 구분했다(Marshall McLuhan, 1964/1997, 522쪽). 즉, 1단계는 복수

감각이 지배하는 부족사회 체제였다고 말한다. ②2단계는 모두 공유하는 구두(oral)와 문자(literate) 문화시대 ③3단계 구텐베르크 시대는 인쇄기술의 발달로 시각 위주의 부분 감각형으로 변하고 사회체제도 탈부족화 시대로 전환되었으며 ④마지막으로 전자 매체의 출현으로 시각형에서 점차 탈피하여 복수감각형으로 복귀하고 사회도 재부족화(retribalization)시대로 옮아갔다(Marshall McLuhan, 1964/1997, 522쪽).

여기에서 문제가 되는 것은 15세기 구텐베르크의 활판 인쇄술의 발명 이후부터 전자 매체가 발명되기 이전까지 약 4세기 동안의 시대가 관심거리가 된다. 이 세대의 사람들은 주로 인쇄물에 커뮤니케이션을 크게 의존하게 됨으로써 시각의 편향을 나타낸다. 이는 시각형 인간의 삶이다.

그 때의 인간의 사고는 선형 내지 연속적인 패턴(linear sequential patterns)을 띠게 되었으며, 인쇄 매체의 발달은 개인주의와 지방어가 발전된 민족주의 경향을 촉진하게 되었다. 그리고 나머지 단계는 '20세기의 전기 매체 시대(electric age)'이다. 전기 매체의 발달로 세계는 점차 하나의 지구촌락(a global village)으로 발전케 되어 인류를 과거의 구술문화(oral culture)가 우세한 세대로 복귀토록 하였다. 그리하여 일종의 재부족화(retribalization) 현상이 일어나 사람들은 시각형 인간에서 복수 감각형으로 되돌아가게 된다(Marshall McLuhan, 1964/1997, 520쪽).

전자에 의해 세계가 좁혀져서 하나의 촌락이 되었지만 이것은 전자의 빠른 속도로 모든 사회적, 정치적, 문화적 기능을 갑작스레 하나로 만들어 진 것이다. 그 결과 책임에 대한 인간의 의식이 극도로 높아졌지만 사실은 공동체를 위한 도덕률을 따리가지 못한 상태이다.

이 사회에서 언어와 인간의 이해력을 꽈배기처럼 꼬이게 만들거나 편향성(bias)을 띠게 만들게 되었다. 그 편향성을 인쇄매체에서 찾을 수 있다. 전자시대와 더불어 발전된 것이 인쇄신문이었다. 서적이 그 해결책을 제시할수 있다. 그것이 아니라면 인쇄미디어 가운데 가장 빠른 속도로 정보를 전달하는 대중신문이다. 대중신문은 전자미디어와 더불어 발전했다. 대중신문의 미래는 알고리즘, 그리고 인터넷과 공존하게 된다.

대중신문은 점점 다른 매체의 속성과 융합되고 있다. 대중신문은 전술했던 객관보도를 주도하면서, 경험주의 내용을 퍼 나른다. 신문은 "참여도가 높고 집단 고백 형태이다. 책이 한 사람의 고백 형식인 것과는 분명히 다르다. 신문은 특히 내용에 있어서 텔레비전처럼 모자이크적이다. 잡다한 제목과 크고 작은 본문 활자와 사진, 또는 정치, 사회, 경제, 문화, 스포츠 등 서로 전혀 관계없는 기사 내용으로 구성되어 모자이크적인 특성을 가지고 있다. 그리하여 신문은 독자를 적극적으로 참여시키고 개입시킨다."라고 했다(Marshall McLuhan, 1964/1997, 529쪽).

대중신문은 포퍼가 이야기하는 열린사회의 제3세계 영역이다. 이 세계는 제1세계 '자연적인 사물과 물질적인 속성들의 세계'의 객관화가 필요하다. 특히 제3세계의 자율성은 그 세계가 객관적으로 존재한다는 사실, 즉 실재성의 토대가 가능하게 된다(여명숙, 1998, 93쪽). 토대가 흔들리면 제3세계는 역동성을 상실하게 된다. 같은 논리로 제3세계의 가상공간은 제2세계인 인간의 감각기관을 통해서야 비로소 드러난다. 이들 제1, 2세계의 융합이 필요한 시점이다. 5가지 감각의 복원이 필요한 시점이다. 이 세계가 확장되면 될수록 융합과 그 세계를 아우를 수 있는 도덕적 감정이 필요한 시점이다. 자유가 그만큼 확장되었으니, 그에 대한 책임 의식도 엄청나게 확장될 필요가 있다.

신문과 TV, 인터넷 등과 같은 매체의 융합의 생태계적 발전이 관심거리로 떠오른다. 더욱이 앞날의 예측 같은 것은 물론 5감의 갈라진 것을 복원시키는데 관심을 갖고 있다. 동시에 시간과 공간의 '편향'을 바로잡는 일이다. 먼저 시간에 관한 일이다. 베르그송은 "시간은 원래 순간들이 모여서 성립하는 실체로서 시간의 운동은 순간의 연속과 하등 다르지 않다(강영계, 1982, 20쪽)." 쪼개면 단절이 되고, 연결시키면 지속이 된다. 그의 생의 철학은 '지속'에서 찾는다.

베르그송에 따르면 "시간은 단지 지속에 관한 상징이고, 반면에 참다운 시간으로서의 지속을 동적이면서 언제나 변화하고 있는 자아로서의 삶 자체가 아닐 수 없다."라고 했다(강영계, 1982, 20쪽).

그렇다면 현대사회가 가는 방향은 시간과 공간 안에서 연속적 시간과 공간 안에서 공동체를 이루는 것이다. 이건 어떤 패러다임의 경향성을 보이는데 맥루한은 "현시대의 모든 전자적 이미지와 양식들은 중세의 특징적인 요소들을 아주 많이 보여주고 있다. 대신에 시각보다는 청각에 의존한다. 현대인들은 여전히 시각에 의존한 체제에 길들여져 있기 때문에 청각이 요구되는 상황이 펼쳐지면 공포를 느끼게 된다."라고 했다(Marshall McLuhan, 2003/2008, 419쪽). "주요 현상으로 과거에 대한 향수(nostalgia)가 나타난다. 이에 따라 현대인의 생활 속에 있는 옷과 춤, 음악, 쇼 등에 있어 복고풍이 활발하고 또 일상적으로 나타나고 있다."라고 했다(Marshall McLuhan, 2003/2008, 381쪽).

그럴지라도 베르그송은 "'지속의 흐름'은 참다운 개념으로 '삶 자체'를 나타냄에 비하여 측정 가능한 수학, 물리적인 시각은 사이버 삶을 표현한다. 피상적인 개인이 표출된 것이다."라고 했다(강영계, 1982, 20쪽). 인공지능시대의 시간의 개념은 여전히 사이버 시간과 공간 안의 삶으로 진정한 '삶의 철학'과는 거리가 멀다. 가상세계(virtual reality)는 'virtual'은 중세의 'virtualis'에서 온 것인데, 그 뜻은 'strength', 'power'라는 말이다(여명숙, 1998, 83쪽). 이는 '제어(control)'의 의미를 지녔다. 또한 'reality'는 현실의 세계이다. 물리학 영역의 시간과 공간의 세계이다. 이는 객관화가 가능한 세계이다.

이런 형태라면 언론사가 객관성을 지닌 '강철 팩트'를 전한다면 최근 '시민 저널리즘(citizen journalism)'은 웹상에서 얼마든지 상호 커뮤니케이션이 가능하게 되었다. 그들은 슘페터(Joseph Schumpeter)의 '창조적 파괴(creative destruction)'가 언제든 가능하다.

물론 인간의 '삶의 철학'은 현실에 발을 딛고 일어서 있다. 그러나 인공지능 시대는 가상공간의 힘으로 파괴시키기 쉬운 영역이다. 그러나 '모형 만들기'는 커뮤니케이션과 제어에서 기술과 자연과학이 사회과학이 함께 만날 수 있는 영역이다. 언론인은 가끔 이를 도외시할 수 있다.

한편 멈포드(Lewis Mumford, 1895~1990)는 "'살아 있는 기술의 단계(bio-technic phase)'에서는 과학적 기술이 새롭게 인간화되며, 예술은 이것과 조화하여 풍부한 내용을 지닐 수 있게 된다."라고 했다(Marshall McLuhan, 1962/2001, 319-20쪽). 기술과 과학이 함께 만날 수 있는 영역이다.

멈포드는 과학적 기술은 새롭게 인간화 되도록 하며, 예술은 이것과 조화하여 풍부한 내용을 지닐 수 있게 된다. 더욱이 예술가는 "과학 분야이건 인문 분야이건 어떤 분야에 있어서도 자기 행위와 그 시대의 새로운 지식이 갖는 의미를 파악하는 인간이다. 예술가는 사물을 전체적으로 파악하는 인간이기 때문이다."라고 했다(Marshall McLuhan, 1964/1997, 108쪽).

뿐만 아니라 시각의 인쇄술을 청각의 전자매체로 바꾸는 작업이 필요하다. 인쇄 매체가 갖고 있는 집단의 지성에 더하여 공동의 억양을 사용하고 같은 리듬을 가진 언어습성이 중요한 요소이다.

베르그송은 "일반적으로 자연과학적 기계론은 첫째로 미래가 예견가능하다고 보며, 둘째로 인간의 행위는 창조적인 한에서 자유롭다고 주장한다. 물론 자연과학적 기계론은 인과율의 논리를 제공한다."라고 했다(강영계, 1982, 21쪽). 물론 자연과학의 기계론은 지성의 세계이고, 물리학과 수학의 세계이다. 현장의 합리성은 지성만으로 불가능하고, 직관이 필요한 영역이다. '파수견'은 경험세계의 직관이 요구된다. 이런 정치적 노력 하에 콘텍스트를 읽는 혜안이 필요하다. 이게 다름 아닌 현장의 합리성이다.

'의회는 스피치와 언론의 자유를 방해하는 법을 만들 수 없다.'라는 명제를 다시 생각하고, 언론의 공적 기능에 관심을 가져야 한다. 기술은 항상 '권력에의 의지'라는 측면을 강조할 필요가 있다. 맥루한의 '미디어는 메시지'라는 명제가 융복합 시대의 미디어는 정파성의 '편향'으로 혼란스럽게 된다. 즉, 콘텐츠의 '편향성'은 커뮤니케이션의 왜곡을 가져온다. 이런 때일수록 통제할 수 없는 환경 그리고 그 환경이 움직이는 자연과학의 원리를 삶의 철학으로 끌고 오는 직관의 노력이 필요한 시점이다. 새로운 뉴스 프레임이 출현할 시기가 된 것이다.

참고문헌

강영계(1982). 『베르그송의 삶의 철학』. 제일출판사.

강태진(2016.6.9). 〈로봇과 함께 살아야 할 미래〉. 《매일경제신문》.

경향닷컴(2015.12.08). 〈경향신문 '성완종 리스트' 보도 이기수 부장 '관훈언론상' 수상〉. 《경향신문》.

고인석(1998). "포퍼의 '합리성' 개념은 쓸 만한가?". 『이성과 과학』. 명지대/서강대/연세대 철학연구소 공동주최 '98 학술대회.

고인석(2003 봄). "파이어아벤트의 포퍼 비판: 이론증식 테제의 의미". 《범한철학》 28집.

길현모(1975). "랑케사관의 성격과 위치". 전해종·길현모·차하순. 『역사의 이론과 서술』. 서강대학교인문과학연구소.

김경일(2016.3.28). 〈그날. '전원 구조' 오보의 재구성〉. 《한겨레 21》.

김달아(2016.2.3). 〈로봇저널리즘. 시황 기사에서 끝날까〉. 《기자협회보》.

김보현(1998). "논평: 파이어아벤트와 '늙은 창녀'". 『이성과 과학』. 명지대/서강대/연세대 철학연구소 공동주최 '98 학술대회.

김동일(2017.1.9). 〈'세월호 전원구조!' 그 미스테리의 70분〉. 《뉴스 타운》.

김신영(2017.5.16). 〈가짜 뉴스 시대..진실 가려줄 존재는 AI 아닌 인간〉. 《조선일보》.

김장현(2017.5.29). 〈AI(인공지능)도 결국 인간이 만든 것〉. 《동아일보》.

김준경(2016.12.24). 〈'좋은 뉴스' 골라주는 알고리즘? 그게 가능할까?〉. 《미디어 오늘》.

김창남(2017a.1.4). 〈저널리즘이 돌아온다〉. 《기자협회보》.

김창남(2017b.1.4). 〈사업에 치이고 윗선 눈치..'이러려고 기자했나' 자괴감〉. 《기자협회보》.

김철중(2017.1.14). 〈만물상: 인공지능 의사(醫師)〉. 《조선일보》.

김철환(2005). 『민중 엣센스 국어사전(5판)』. 민중서림.

김형효(2000). 『원효에서 다산까지』. 청계출판사.

김형효(2002). 『하이데거와 화엄의 사유』. 청계.

뉴시스(2016.12.21). 〈알파고 열풍 및 로봇저널리즘〉. 《기자협회보》.

마이어. 에르스트(1998). 『진화론 논쟁』. 사이언스북스.

문창옥(1998). "자연과학. 자연철학. 화이트헤드". 『이성과 철학』. 명지대/서강대/연세대 철학연구소.

박만엽(2008.11). "포퍼의 사회과학 논리에 대한 비판적 고찰". 《철학탐구》 24.

박미라 · 양경은(2015.11). "다윈 진화론의 발견법". 《철학사상》 58.

박영환(2016.12.27). 〈[특파원칼럼]트럼프의 '탈진실과 언론'〉. 《경향신문》.

변희원(2016.11.17). 〈포스트 트루스〉. 《조선일보》.

빗토리오 회슬레(1998). "형이상학으로서의 다원주의". 『이성과 과학』.

손현경(2017.7.5). 〈'스마트 캠퍼스' 구축…교과목 정보 · 학사 관리. AI가 돕는다〉.
    《조선일보》.

신일철(1990). "비판적 합리주의". 신일철 편. 『포퍼』. 고려대학교 출판부.

신중섭(1990). "구획기준의 문제". 신일철 편. 『포퍼』. 고려대학교 출판부.

신중섭(1992). 『포퍼와 현대의 과학철학』. 서광사.

신중섭(1999). 『포퍼의 열린사회와 그 적들』. 자유기업센터.

여명숙(1998). "사이버스페이스의 현상과 실제". 『과학과 이성』. 명지대/서강대/연세
    대 과학연구소 공동주최 '98 학술대회.

오선영(2017). 〈대학가도 혁신 바람…'4차 산업혁명' 이끌 인재 키운다〉. 《조선일보》.

우병현(2017.6.28). 〈온란인 DNA=고객의 마음까지 자로 재라〉. 《조선일보》.

유혁(2016.11.29). "4차 산업혁명─우리의 '파티'는 계속될 것인가". 『언론 AMP─4차
    산업혁명과 미래 사회』. 고려대학교 언론대학원.

이기수 · 홍재원 · 심혜리(2015.4.10). 〈성완종 인터뷰 음성파일 공개 '김기춘에게 10
    만달러. 허태열에게 7억원 줬다'〉. 《경향신문》.

이정민(2012). "쿤과 과학적 철학의 이념". 《과학철학》 15─2.

이철호(2014.4.28). 〔이철호의 시시각각〕 〈세월호 진짜 살인범은 따로 있다〉. 《중앙
    일보》.

이초식(1990). "생애와 사상". 신일철 편. 『포퍼』. 고려대학교 출판부.

이한구(1990). "비판적 합리주의 열린사회". 이한구 · 신일철 편. 『포퍼』. 고려대학교
    출판부.

임현석(2017.5.24). 〈인간 기보 따라하던 알파고. 바둑규칙 스스로 공부〉. 《동아일보》.

정규호(2017.5.18). 〈지미 웨일즈 '위키 트리뷴으로 가짜 뉴스 잡겠다'〉. 《뉴데일》.

정낙림(2013.9). "니체는 다원주의자인가?". 《니체연구》 제24집.

조인래(2015.5). "도전받는 과학방법론". 《철학사상》 제56권.

진성배(2000.6). "포퍼의 성향해석에 대한 비판적 고찰". 《대동철학》 제8집.

천현득(2013.5). "토마스 쿤의 개념 이론". 《철학》 제115집.

최승영(2016.12.21). 〈'뉴스 알고리즘' 논의 본격화하나〉.《기자협회보》.

최영재(2007). "민주화 이후 한국 언론의 변화. 그리고 미래: 이념. 시장. 뉴스 만들기". 한국언론학회 2007 봄철 학술대회 발표 논문.

최준호(2016.7.31). 〈기초연구 집중 투자하면 한국도 선진 AI 따라잡을 것〉.《중앙 SUNDAY》.

퀸턴(Quinton, 1990). 신일철 옮김. "본질 없는 정치". 신일철 편. 『포퍼』. 고려대학교 출판부.

Ackermann, R.J.(1976). 〔PKP〕 The Philosophy of Karl Popper. University of Mass. Press.

Allan, Wolter(1962). Philosophical Writings: John Duns Scotus. New York: Bobbs—Merrill.

Anders, Guenther(1980). "Die Welt als Phantom und Matrize". in Guenther Anders. Die Antiquiertheit Band1. Muenchen; Beck. p.131.

Bacon(1869), Novum Organum. Vol Ⅲ., of the works of Francis Bacon, eds. J. Spedding, R.L. Ellis, and D.D Heath. New York. pp.170~203.

Baker, Keith(1975). Condorcet. Chicago.

Barnes, Barry(1980). T.S. Kuhn and Social Science. University of Edinburgh. 정창수 옮김(1986). 『토마스 쿤과 사회과학—패러다임』. 정음사.

Benedikt, Michael(1993). 'Cyberspace: Some Proposals' in Benedikt, eds. Cyber Space: First Stress. Cambridge. MA: MIT Press.

Benigers, James(1986). The Control Revolution. Cambridge. MA: Harvard University Press.

Bennett, Amanda(April 13. 2000). Interview by author Rosenstiel.

Bergson, Henry(1974). 『도덕과 종교의 두 원천』. 박영사.

Bergson, H.(1957). L'Evolution Creatrice. P.U.F.

Berland, Jody(1996). "Mapping Space: Imaging Technologies and The Planetary Body". Techno—Science and Cyber Culture. New York: Routledge.

Bird, A.(2000). Thomas Kuhn. Princeton: Princeton University Press.

Birdwhistell, Ray L., et al.(1960). Explorations in Communication. Beacon

Press.

Brian, Denis(2001). A Life Pulitzer. 김승욱 옮김(2002). 『퓰리처』. 작가 정신.

Butterfield, Herbert(1960). Man on His Past. Beacon Press.

Carey, James(1997). James Carey: A Critical Reader. eds. Eve Stryker Munson and Catherine A. Warren. Minneapolis and London: University of Minnesota Press.

Coser, Lewis(1971). Masters of Sociological Thought. 신용하 · 박명규(1994). 『사회사상사』. 일지사.

Crowley, David and Paul Heyer(2007). Communication in History. Allyn &Bacon. 김 지운 옮김(2012). 『인간 커뮤니케이션 역사. 기술 · 문화 · 사회』. 커뮤니케이션북스.

Darwin, Charles(1860). The Origin of Species. 하영칠(1984). 『종의 기원(前)』. 박영사.

Devito, Joseph A.(1997). Human Communication. 5eds. New York: Longman.

Dewey, John(1927). The Public & Its Problems. Attens: Ohio University Press.

Durkheim, Emile(1972). Emile Durkheim— Selected Writings. Cambridge University Press.

Eisenstein, Elizabeth(2005). The Printing Revolution in Early Modern Europe 2nd ed. 전영표 옮김(2008). 『근대 유럽의 인쇄 미디어 혁명』. 커뮤니케이션북스.

Ellul, Jacques(1964). The Technological Society. New York: Vintage Books.

Emmert, Philip and William C. Donaghy(1981). Human Communication— Elements and Contexts. Addison Wesley Publishing Company.

Engleberg, Isa N. and Dianna R. Wynn(2015). Think communication. Boston: Pearson.

Fassler, Manfred(1998). Was ist Kommunikation?. Muenchen; Fink(UTB).

Feyerabend, Paul(1975). Against Method. : Outline of an anarchistic theory of Knowledge. London: Verso. 정병훈 옮김(1987). 『방법에의 도전: 새로운 과학관과 인식론적 아나키즘』. 한겨레신문.

Feyerabend, Paul(1978). Science in A Free Society. Great Britain: Thetford

Press Limited.

Feyerabend, Paul(1995). Killing Time: The Autobiography of Paul Feyer-
abend. The University of Chicago Press 정병훈 · 김성이 옮김(2009). 『킬링
타임』. 한겨레출판사.

Fuller, Steve(2003). Kuhn vs Popper-The Struggle for the Soul of Science.
Columbia University Press. 나현영 옮김(2007). 『쿤 / 포퍼 논쟁』. 생각의 나무.

Galileo, Galilei(1953). Dialogue Concerning the Two Chief World Systems.
Berkeley.

Geyl, Pieter(1958). Debates with Historians. Meridian Book.

Hans, Reichenback(1957). Philosophy of Space and Time. trans.. M.
Reichenbach and J. Freude. New York: Dover Pub. Inc. 이정우(1986).
『시간과 공간의 철학』. 서울:서광사.

Hardt, Hanno(1979). Social Theories of the Press. Sage Publications.

Hartmann, Frank(2006). Medienphilosophie. 이상엽 · 강웅경 옮김(2008). 『미
디어 철학』. 북코리아.

Heidegger, Martin(1977). William Lovitt trans.. The Question Concerning
Technology and Other Essays. Harper Torchbooks.

Heidegger, Martin(1977). Aus der Erfahrung des Denkens. Bande 13.
Guenther Neske.

Heidegger, Martin(1986). Nietzsche: der europaeische Nihilismus. Band 48.
p.297.

Herder, Johann Gottfried(1784). Ideen zur Philosophie der Geschichte der
Menschheit. Viertes Buch Abs Ⅱ. Wiesbaden Fourier.

Herder, Johann Gottfried(1953) Ursprung der Sprache. Werke in zwei
Baenden. Gerold(Hg).

Hindess, Barry(1977). Philosophy and Methodology in the Social Science.
Sussex: The Harvester Press. 신중섭 옮김(1990). "과학방법론". 신일철
편. 『포퍼』. 고려대학교 출판부.

Histoire de l'Edition Francaise(1984). eds. Henri-Jean Martin and Roge
Chartier. 4 vols. Paris.

Horkheimer, Max und Theodor W. Adorno(1997). Dialektik der Aufklaerung. Philosophische Fragmente(1947). Frankfurt; Fisher.

Hoyningen-Huene, P.(1993). Reconstructing Scientific Revolutions: Thomas S. Kuhn's Philosophy of Science. Chicago: University of Chicago Press.

Johnson, David R. & Post. David G.(1997). "The Rise of Law on the Global Network". Kahin. Brian. & Nesson. Charles. eds. Borders in Cyberspace Information Policy and the Global Information Infrastructure. Cambridge: MIT Press.

Jones, Alex S.(2009). Losing The News. New York: Oxford University Press.

Kant, Immanuel(1781). Kritik der reinen Vernunft. Methodenlehre. 2. Haupstueck.

Kant, Immanuel(1784/2014). Was ist Aufklaerung. Kindle edition.

Kim, Bo-Hyun(1991). Kritik des Strukturalismus; Eine Auseinandersetzung mit dem Strukturalismus vom Standpunkt der falsifikationistischen Wissenschafts Theorie. Rodopi. Amsterdam.

Kovach, Bill & Tom Rosenstiel(2014). The Elements of Journalism— What News People Should Know and the Public Should Expect. New York: Three Rivers Press.

Kroker, Arthur(1984). Technology and the Canadian Mind. New World Perspectives.

Kroker, Arthur(1996). Virtual Capitalism. Stanley Aronowitz eds.. Techno Science and Cyber Culture. New York: Routledge.

Kuhn, Thomas S.(1970). The Structure of Scientific Revolution. 조형 옮김(1980). 『과학혁명의 구조』. 이화여자대학교 출판부.

Kuhn, Thomas S.(1970). The Structure of Scientific Revolutions. The University of Chicago.

Kuhn. Thomas S.(1962). The Structure of Scientific Revolutions. The University of Chicago. 김명자(1992). 『과학혁명의 구조』. 동아출판사.

Leclerc, I.(Fall. 1973). "The Necessity Today of the Philosophy of Nature". Process Studies. Vol.3.

Lenin, V.I.(1967). "Left Wing Communism: An Infantile Disorder". Selected Works. Vol.3. London..

Levinson, Paul(1999). Digital mcluhan. London: Routledge.

Lippmann, Walter(1995). Liberty and the News. New Brunswick NJ: Transaction Publishings.

Marchand, Philip(1989). The Medium and The Message. MIT Press.

Marcuse, H.(1964). One-Dimensional Man. New York: Bacon Press.

Mauthner, Fritz(1997). Woerterbuch der Philosophie. Neue Beitraege zu einer Kritik der Sprache. Zweiter Band. Wien: Boehlau.

McLuhan, Marshall(1951). The Mechanical Bride-Folklore of Industrial Man. 박정순 옮김(2015). 『기계신부』. 커뮤니케이션북스.

McLuhan, Marshall(1962). The Gutenberg Galaxy. University of Toronto Press. 임상원 옮김(2001). 『구텐베르크 은하계-활자 인간의 형성』. 커뮤니케이션북스.

McLuhan, Marshall(1964). Understanding Media: The Extensions of Man. London: Routledge. 박정규 옮김(1997). 『미디어의 이해』. 커뮤니케이션북스.

McLuhan, Marshall(2003). Understanding Me: Lectures and Interviews. 김정태(2008). 『매클루언의 이해-그의 강연과 대담』. 커뮤니케이션북스.

Menser, Michael, and Stanley Aronowitz(1996). On Cultural Studies. Science and Technology. techno-science and cyberculture. New York: Routledge.

Mindich, David T.Z(1998). Just the Facts. New York University Press.

Mumford, Lewis(1963). Technics and Civilization. Harcourt: Brace and World.

Nelkin, Dorothy(1996). Perspectives on The Evolution of Science Studies. techno-science and cyberculture. New York: Routledge.

Newton, Sir Issac(1952). Optics. Book 2. part2. proposition 8. New York.

Nietzsche, Friedrich(1974). The Gay Science. Walter Kaufmann(Trans). New York: Vintage Books.

Peirce, Charles S. and Justus Bucher(2011) . Philosophical Writings of Peirce. Kindle Books.

Popper, Kar(1945). The Open Society and Its Enemies Ⅰ. Ⅱ. Routledge.

이한구(2013). 『열린사회와 그 적들 1』. 민음사.

Popper, Karl(1957). The Poverty of Historicism. Haper and Row.

Popper, Karl(1959). The Logic of Scientific Discovery. 박우석 옮김(1994). 『과학적 발견의 논리』. 고려원.

Popper, Karl(1968). The Logic of Scientific Discovery. New York: Harper Torchbooks.

Popper, Karl(1969). "Die Logic der Sozialwissenschaften" in Adorno T. W.(eds). Der Postivismusstreit in der deutches Soziologie. Darmstadt: Hermann Luchterhand Verlag.

Popper, Karl(1979). Objective Knowledge: An Evolutionary Approach. Oxford: Oxford Univ. Press.

Popper, Karl(1994). The Framework: In Defence of Science and Rationality. London: Routledge.

Poulet, Georges(1956). Studies in Human Time. E. Coleman trans. Baltimore: Johns Hopkins Press.

Quinton, A.(1990). Karl Popper: Politics without Essence in Contemporary Political Philosophy. eds. K. Minoque. New York: Dodd. Mead Co.

Reichenback, Hans(1957). Philosophy of Space and Time. trans., M. Reichenback and J. Freude. New York: Dover Pub. INc. 이정우 옮김(1986). 『시간과 공간의 철학』. 서광사.

Sardar, Ziauddin(2000). Thomas Kuhn and the Science Wars. 김환석 · 김명진(2002). 『토마스 쿤과 과학전쟁』. 이제이북스.

Sardar, Ziauddin(1988). ed.. The Revenge of Athena: Science. Exploitation and The Third World. Lond: Mansell.

Shi, David(1850~1926). Facing Facts: Realism in American Thought and Culture. New York: Oxford University Press.

Shils, Edward and Henry Finch(1949). eds.. Max Weber on the Methodology of the Social Science. New York: The Free Press.

Spedding, J., R.L. Ellis. and D.D. Heath, ed.(1869). Bacon's Novum Organum vol.VIII . The Works of Francis Bacon. New York.

Steinberg, S.H(1961). Five Hundred Years of Printing rev. ed. Bristol.

Stephens, Mitchell(1997). A History of News. 이광재 · 이인희(1999). 『뉴스의 역사』. 황금가지.

Tuchman, Gaye(1972). "objectivity as Strategic Ritual: An examination of Newsmen's Notions of Objectivity". American Journal of Sociology 77. no4. pp.660~79.

Weber, Max(1964). Basic Concepts in Sociology. New York: The Citadel Press

White, Leslie A.(1926). The Science of Culture. New York: Macmillan.

Whity, Monica T. and Adam N. Joinson(2009). Truth. Lies and trust on the Internet. New York: Routledge.

Wolter, Allan(1962). Philosophical Writings: John Duns Scotus. New York: Bobbs-Merrill.

Wood, Gordon(June 27, 1991). 〈Novel History〉. New York Review of Books.

New York Times. 1896.4

http://bit.ly/1OTgVHG

http://www.datasciencecentral.com/profiles/blogs/random-forests-algorithm

http://terms.naver.com/entry.nhn?docId=1124387&cid=40942&categoryId=32249

http://terms.naver.com/entry.nhn?docId=1119542&cid=40942&categoryId=31500.

http://terms.naver.com/entry.nhn?docId=1071160&cid=40942&categoryId=32335.

http://terms.naver.com/entry.nhn?docId=1124387&cid=40942&categoryId=32249

http://terms.naver.com/entry.nhn?docId=1137636&cid=40942&categoryId=32202

http://terms.naver.com/entry.nhn?docId=814914&cid=42344&categoryId=42344.

http://terms.naver.com/entry.nhn?docId=982373&cid=42456&categoryId=42456

http://terms.naver.com/print.nhn?docId=3534133&cid=58537&categoryId=58537

http://100.daum.net/encyclopedia/view/b22k0021n2.

http://terms.naver.com/print.nhn?docId=3534133&cid=58537&categoryId=58537.

http://terms.naver.com/print.nhn?docId=3552023&cid=40942&categoryId=31528

http://www.datasciencecentral.com/profile/MichaelWalker

See: http://bit.ly/1OTgVHG

http://www.datasciencecentral.com/profiles/blogs/random-forests-algorithm

색인

ㄱ